児童や家庭に対する支援と児童・家庭福祉制度

Social support and welfare services for Children and their families

【編著者】

大溝　茂

太田由加里

電気書院

現代の社会福祉士　養成シリーズ
「児童や家庭に対する支援と児童・家庭福祉制度」の学び方

　本書は初めて児童家庭福祉を学ぶ、大学や専門学校の学生のために編集されました。今日、児童の成長・発達や子育て環境は大きく変化し、家庭機能を支える社会的支援が行政における大きな政策課題となっています。このような社会背景や動向を踏まえて、社会福祉士の資格取得を目指す方にとって、最低限必要な児童家庭福祉制度やその周辺に関係する知識や情報だけでなく、児童や家庭への援助の土台となる考え方や理念を盛り込んでいます。したがって児童家庭福祉の入門書であり、社会福祉士養成に限らず、福祉現場で働く専門職の方、児童福祉全般を学びたい方にも、一定レベルの内容の提供を意図しており、実践・実務を深めるために手引書としても期待に応え得る内容となっています。

　また、授業で使いやすいように内容構成を15回にわけ、それぞれの本文の後にその回のテーマに関連して、「さらに深く学ぶために」「参考文献」「学習課題」を示しています。これは入門書という性格から、本文はできるだけその事項の簡潔で要点に絞った内容に限り、より詳細を学びたい人のために、自学自習の具体的手がかりを提示したものです。書籍や報告書、公的機関の運用規定からインターネット情報まで、広範囲で多様な手がかりを駆使したテキスト内容を基本とし、児童家庭福祉領域の専門性を深め実践への取組みに役立つ学びに拡大していただけると期待します。

　また執筆者には現場経験豊かな実践経験者を含め、全国の社会福祉系大学の若手教員や研究者が集まりました。児童家庭福祉制度と実践を網羅するテキストとして、簡潔で中立的な記述を心がけましたが、細部では現状批判や将来への思いで筆が走るところ、また不備な点も多々あるかと思います。すべて日本の子どもへの福祉への思い、児童家庭福祉制度の将来の期待から来るものとご理解ください。

　最後に執筆者一同を代表して、本書を活用される方々が、日本の児童家庭福祉を理解し身近な子どもたちへの支援に活用していただけることを、心から祈念いたします。

編著者代表

桜美林大学　大溝　茂

目 次

第1章 児童・家庭を取り巻く状況、児童福祉の展開
- 第1回 児童・家庭を取り巻く社会環境 ——————————— 2
- 第2回 児童・家庭福祉の展開 ——————————————— 12

第2章 児童・家庭にかかわる法制度
- 第3回 児童福祉法の概要 ————————————————— 22
- 第4回 児童虐待の防止等に関する法律（児童虐待防止法）の概要 ——— 44
- 第5回 DV防止法及び売春防止法の概要 ——————————— 54
- 第6回 母子及び父子並びに寡婦福祉法、母子保健法の概要 ————— 68
- 第7回 次世代育成支援対策推進法、少子化社会対策基本法の概要 ——— 82

第3章　児童・家庭に関する手当の概要

- 第 8 回　児童手当法の概要 ── 90
- 第 9 回　児童扶養手当法及び特別児童扶養手当制度の概要 ── 100

第4章　児童・家庭福祉を担う組織・団体の役割と実際

- 第10回　児童・家庭福祉制度における組織及び団体の役割と実際 ── 120
- 第11回　児童・家庭福祉制度における専門職の役割と実際 ── 136
- 第12回　児童・家庭福祉制度における公私の役割関係 ── 144
- 第13回　児童相談所の役割と実際 ── 154
- 第14回　児童・家庭への相談援助活動の理論と基本 ── 178
- 第15回　児童・家庭への施設と地域での援助活動 ── 188

第1章
児童・家庭を取り巻く状況、児童福祉の展開

この章で学ぶこと

　今日、わが国は世界の先進国として大きく発展した。しかし、社会経済の発展は、私たちの日常生活の基盤となる家庭、地域や生活構造に大きな変化をもたらし、少子化の進行や高齢者の増加等への社会的対応が求められている。

　特に少子化の進行の背景として、男女共同参画社会に向けた女性の就労の増加があげられている。そこで、就労をとおしての社会参画と安心して子どもを産み育てることの両立を可能とする社会の実現に向けた施策・制度の拡充が取り組まれている。

　本章では、児童が健やかに成長し次代の社会の担い手として育まれるために必要な社会環境の整備を考えるため、児童・家庭を取り巻く現状及び課題に目を向け、これを支援・援助していくための子育て支援をはじめとする施策・制度の展開について理解する。

　また、児童・家庭福祉制度の発展を児童の権利保障や児童観の推移を中心に、社会経済の発展や文化との関連、その形成過程について学習する。

第1回：児童・家庭を取り巻く社会環境

学びへの誘い

1990年代後半から2000年代前半にかけて、子どもや家庭を取り巻く情勢はめまぐるしく変化してきている。まずは、わが国が直面している少子高齢社会の進行や現代的な価値変容によって生じるさまざまな問題について理解する。そして、子どもや家庭にどのような影響が及ぶのかを概観する。

1．少子化の現状とその背景
(1) 出生数・出生率の推移

合計特殊出生率
1人の女性が15～49歳の間に産むとされる子どもの数。

わが国の**合計特殊出生率**は、2005（平成17）年に過去最低の1.26を記録した（図表1－1）。戦後直後の1947（昭和22）年から1949（昭和24）年にかけて、第1次ベビーブームが起き、出生率は4以上を記録し、この3年間の合計出生数は約800万人に達していた。

図表1－1　出生数及び合計特殊出生率の年次推移

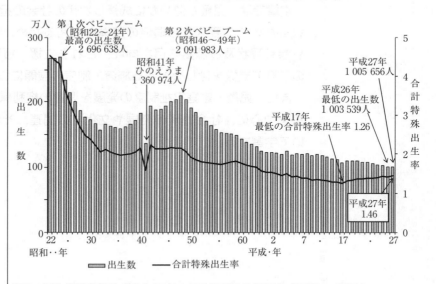

資料：厚生労働省統計「平成27年人口動態統計月報年計（概数）の概況」

その後、高度経済成長期に突入し、経済や工業の発展にともない、生活も豊かになっていった。出生数・出生率ともに第2次ベビーブームを境に減少を続けている状況にある。

2015（平成 27）年には出生率が 1.46 となり、最低値を記録した 2005（平成 17）年から微増しているが、いまだに低い水準にあり、長期的な少子化傾向が続いている。なお、近年の出生率上昇には、これまでに出産経験がなかった女性が、高齢出産を経験したことが影響しているといわれている。

（2）少子化の進行と対策

　1989（平成元）年に出生率は 1.57 を記録し、それまでの最低出生率であった 1966（昭和 41）年の 1.58 を下回った。これは「**1.57 ショック**」と呼ばれ、少子化に対する社会的な問題意識が高まった契機でもある。

　わが国は、それ以降、少子化対策として、様々な施策を講じていく。1994（平成 6）年にいわゆる「エンゼルプラン」を策定し、その後、「新エンゼルプラン」「健やか親子 21」「男女共同参画基本計画」などの子育て支援施策を進めていく。2015（平成 27）年 3 月には、「少子化社会対策大綱」が閣議決定され、同年 4 月、子ども・子育て支援新制度が施行されることとなった。

（3）非婚化・晩婚化

　少子化が進行する背景のひとつに、非婚や晩婚があげられる。例えば、2035（平成 47）年には、生涯未婚率が男性で約 29％、女性で約 19％になると見込まれている。これは、現代社会に生きる人々のライフスタイルの変化や女性の働き方の変化などに影響を受けてきていると考えられる。

　また、結婚後の夫婦の働き方に関しても変化が生じている。戦後長らく、専業主婦世帯（男性雇用者と無業の妻からなる世帯）の方が夫婦共働き世帯よりも多かったが、1990 年代後半には、後者の方が前者を上回るようになった（図表 1 - 2）。近年では、そうした働き方の変化は、各個人が充実した生活時間を確保することに苦慮する状況を同時に生み出している。政府は、**ワークライフバランス**を謳っているものの、そのような社会の実現には程遠い現状がある。

　結婚に対する価値観や結婚後の女性の働き方に対する社会的な認識

1.57 ショック
「ひのえうま」という特殊要因により過去最低であった 1966（昭和 41）年の合計特殊出生率 1.58 を下回ったことが判明したときの衝撃を表現している。

ワークライフバランス
仕事と個人生活の調和を意味し、個人が生きがいを持って働き、家庭や地域でも充実した生活をライフステージに応じて多様に選択できること。

の変化、仕事を中心とする社会へと転換してきたことは、少子化問題を助長する要因となっている。少子化問題を改善していくには、子育てしやすい環境づくりや働き方とその制度的な整備が急務となる。

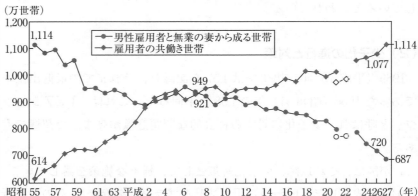

図表1-2 共働き等世帯数の推移

(備考) 1. 昭和55年から平成13年までは総理庁「労働調査特別調査」（隔年2月。ただし、昭和55年から57年は各年3月）、平成14年以降は総務省「労働力調査（詳細集計）」より作成。「労働力調査特別調査」と「労働力調査（詳細集計）」とでは、調査方法、調査月等が相違することから、時系列比較には注意を要する。
2. 「男性雇用者と無業の妻から成る世帯」とは、夫が非農林業雇用者で、妻が非就業者（非労働力人口及び完全失業者）の世帯。
3. 「雇用者の共働き世帯」とは、夫婦共に非農林業雇用者（非正規の職員・従業員を含む。）の世帯。
4. 平成22年及び23年の値（白抜き表示）は、岩手県、宮城県及び福島県を除く全国の結果。

資料：内閣府「平成28年版男女共同参画白書」

2. 子育てをめぐる動向
(1) 母親と父親の育児の状況

　母親と父親の育児に関する状況について、6歳未満の子をもつ夫婦の生活時間をもとに概観する（図表1-3）。統計データを参照してもわかる通り、夫婦共働き世帯であっても妻が無業の世帯であっても、父親の育児や家事に費やす時間は1時間程度となっている。他方で、母親の育児に費やす時間が多くを占めている。

　各世帯の特徴として、夫婦共働き世帯の場合は、仕事と育児の両立を迫られていることがうかがえる。妻が無業の世帯の場合は、夫婦共働き世帯の妻よりも育児時間が長くなるため、家庭にこもってしまい、孤立した状態での子育てになってしまう危険性もある。

　いずれにしても、母親は生活時間の多くを子育てに費やしており、そのことから生じるストレスや育児不安に陥ってしまう可能性があ

る。いかに、育児のストレスを解消するかが問われている。

図表1-3　6歳未満の子をもつ妻・夫の1日あたりの家事関連（うち育児）時間、仕事等時間（週全体）

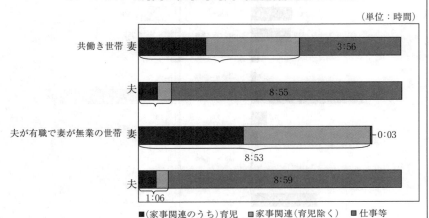

資料：総務省統計局「平成23年社会生活基本調査」
出所：内閣府「男女共同参画会議計画策定専門調査会　参考資料」2014

（2）母親の相談者

　それでは、母親は育児に関する相談を誰にしているのだろうか。有職、無職問わず、多くが「配偶者」「自分の親」「知人・友人」といった相談者に相談していることがわかる（図表1-4）。母親にとって、身近な存在が相談相手になっている。

　有職の母親は、その次に「保育士」に相談している数値が高くなっている。子どもの送迎時に、成長・発達や子育てに関する相談を、直接保育士にしている様子がうかがえる。

　無職の母親は、上位の身近な存在を除くと、「親子ひろば、子育てひろばなどの職員」があげられるが、高い数値にはない。身近な存在からのサポートが十分に得られない場合、孤立する可能性は極めて高くなり、育児不安やストレスから、児童虐待をしてしまうことも想起される。有職、無職問わず、公的な子育てサービスの充実が喫緊の課題である。

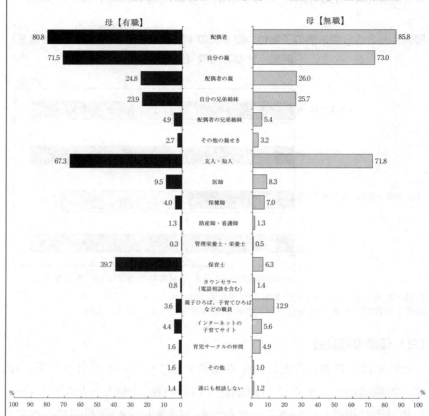

図表1-4 母の就業の有無別にみた子育ての相談相手（複数回答）

注：1）第1回調査から第3回調査まですべて回答を得た者で、ずっと「母と同居」の者のうち就業状況「不詳」を除いた者（母「有職」14,184人、母「無職」16,014人）を集計。
2）子育ての相談相手については、複数回答である。

資料：厚生労働省「第3回21世紀出生児縦断調査（平成22年出生児）の概況」

（3）ひとり親過程の増加

2011（平成23）年の厚生労働省「平成23年度全国母子世帯等調査結果報告」では、母子世帯数が123.8万世帯、父子世帯数が22.3万世帯となっている。ひとり親家庭になった要因の死別・性別の分類では、離婚がもっとも多くを占めている（母子世帯：80.8％、父子世帯：74.3％）。なお、離婚件数は、ここ数年約25万件を推移している状況にある。離婚に対する抵抗感を弱めていることの懸念があり、今後ますますひとり親家庭が増加すると予想される。

ひとり親家庭において、特に問題視されるのは、貧困問題である。厚生労働省が実施した調査では、母子世帯の平均収入（世帯）は291万円、父子家庭のそれは455万円となっている。一方で、児童のいる

世帯（全世帯）の平均収入は658.1万円であり、ひとり親家庭の所得が相対的に低位であることがわかる（図表1－5）。さらに、母子世帯は極めて低所得であることから、生活保護受給に至るケースも多く存在する。ひとり親家庭への所得保障のひとつに児童扶養手当があるが、それを受給してもなお、低収入であるため、ひとり親家庭の貧困問題は深刻であるといえる。

図表1－5　母子世帯および父子世帯の平均収入

		平成17年の収入	平成22年の収入（自身の収入）	平成22年の収入（世帯の収入）
平均収入	母子世帯	213万円	223万円	291万円
	父子世帯	421万円	380万円	455万円
	児童のいる世帯	－	－	658.1万円

注：1)「平均収入」とは、生活保護法に基づく給付、児童扶養手当等の社会保障給付金、就労収入、別れた配偶者からの養育費、親からの仕送り、家賃・地代などを加えた全ての収入の額である。
　　2)「自身の収入」とは、母子世帯の母自身又は父子世帯の父自身の収入である。
　　3)「世帯の収入」とは、同居親族の収入を含めた世帯全員の収入である。
出所：厚生労働省「全国母子世帯等調査結果報告」をもとに作成

3．子どもの成長・発達
（1）子どもの学校生活

　子どもが成長・発達する過程で大きな影響を受けるのが、学校である。日本国憲法第26条において、教育を受ける権利が保障されており、学校で受ける教育を通して、子どもの健やかな成長が期待されている。しかし、現代社会において、学校生活との関連から様々な問題が指摘されている。例えば、不登校やひきこもり、いじめなどである。

　不登校については、2015（平成27）年度の小・中学生の不登校児童生徒数は126,009人となっており、近年はやや増加傾向にある。また、不登校児童生徒のいる小・中学校の割合は、62.3％となっている。

　不登校になったきっかけと考えられる状況（図表1－6）について、本人に係る要因として「無気力」や「不安」、「学校における人間関係」などの問題を抱えていることが明らかになっている。その他、学校生活で直面する学業成績や進路、家庭環境と関連しており、不登校になるきっかけは、あるひとつの現象によって引き起こされるのではなく、複数の要因が影響し合って生起されるものだと理解する必要がある。

図表1－6　不登校の要因

本人に係る要因（分類） \ 学校、家庭に係る要因（区分）	分類別児童数	学校に係る状況									家庭に係る状況
		いじめ	いじめを除く友人関係をめぐる問題	教職員との関係をめぐる問題	学業の不振	進路に係る不安	クラブ活動・部活動等への不適応	学校の決まり等をめぐる問題	入学・転編入学・進級時の不適応	
「学校における人間関係」に課題を抱えている。	21,620	511	15,325	1,632	2,523	495	1,061	456	1,411	3,387
	−	2.4%	70.9%	7.5%	11.7%	2.3%	4.9%	2.1%	6.5%	15.7%
	17.2%	72.6%	46.2%	47.7%	10.1%	9.9%	36.6%	8.2%	16.1%	7.1%
「あそび・非行」の傾向がある。	7,848	4	678	229	1,968	255	90	2,662	214	3,223
	−	0.1%	8.6%	2.9%	25.1%	3.2%	1.1%	33.9%	2.7%	41.1%
	6.2%	0.6%	2.0%	6.7%	7.9%	5.1%	3.1%	47.8%	2.4%	6.8%
「無気力」の傾向がある。	38,029	38	4,660	500	11,017	1,463	675	1,334	2,103	16,789
	−	0.1%	12.3%	1.3%	29.0%	3.8%	1.8%	3.5%	5.5%	44.1%
	30.2%	5.4%	14.0%	14.6%	44.1%	29.2%	23.3%	24.0%	24.0%	35.4%
「不安」の傾向がある。	38,557	110	10,770	815	7,338	2,395	860	731	3,865	12,947
	−	0.3%	27.9%	2.1%	19.0%	6.2%	2.2%	1.9%	10.0%	33.6%
	30.6%	15.6%	32.4%	23.8%	29.4%	47.7%	29.6%	13.1%	44.1%	27.3%
「その他」	19,955	41	1,766	243	2,120	410	215	383	1,169	11,107
	−	0.2%	8.8%	1.2%	10.6%	2.1%	1.1%	1.9%	5.9%	55.7%
	15.8%	5.8%	5.3%	7.1%	8.5%	8.2%	7.4%	6.9%	13.3%	23.4%
計	126,009	704	33,199	3,419	24,966	5,018	2,901	5,566	8,762	47,453
	100.0%	0.6%	26.3%	2.7%	19.8%	4.0%	2.3%	4.4%	7.0%	37.7%

（注1）「本人に係る要因（分類）」については「長期欠席者の状況」で「不登校」と回答した児童生徒全員につき、主たる要因一つを選択。二つ以上の要因があり、いずれが主であるかを決め難い場合は、分類欄のより上段のものから選択。
（注2）「学校、家庭に係る要因（区分）」については、複雑回答可。「本人に係る要因（分類）」で回答した要因の理由として考えられるものを「学校に係る状況」「家庭に係る状況」より全て選択。なお、学校及び家庭に係る状況に当てはまるものがない場合は、回答していない。
（注3）「家庭に係る状況」とは、家庭の生活環境の急激な変化、親子関係をめぐる問題、家庭内の不和等が該当する。
（注4）中段は、各区分における分類別児童生徒数に対する割合。下段は、各区分における「学校、家庭に係る要因（区分）の「計」に対する割合。
出所：文部科学省「児童生徒の問題行動等生徒指導上の諸問題に関する調査（平成27年度速報値）」

である。文部科学省は、いじめの定義を「当該児童生徒が、一定の人間関係のある者から、心理的、物理的な攻撃を受けたことにより、精神的な苦痛を感じているもの」としている。また、個々の行為がいじめに該当するかどうかの判断は、表面的・形式的に行うのではなく、いじめられた児童生徒の立場に立って行うとしている。すなわち、行為をした側ではなく、受けた側からいじめを理解することが重要な視点である。

　文部科学省の調査（児童生徒の問題行動等生徒指導上の諸問題に関する調査（平成27年度速報値））によれば、2015（平成27）年に、いじめとして認知された件数は、小・中学校合わせて約21万件となっ

ている。他方で、いじめを認知していない学校は約3割程度存在する。いじめは、陰湿化、潜在化する危険性を有しているため、学校側で把握できないこともある。また、それが引き金となって、自殺に至るケースもある。

現在、このような学校現場に顕在化あるいは潜在化する問題に対して、教師やスクールカウンセラーとともに連携して解決に取り組む**スクールソーシャルワーカー**の活躍が期待されている。

(2) 子どもの非行

子どもの非行・犯罪の発生件数は、ここ10年近くは減少傾向にある。しかし、1990年代後半の未成年者による凶悪犯罪が多発したことで、その後の非行問題への対応が変化していくことになる。とりわけ1998（平成10）年に起こった神戸連続児童殺傷事件は、社会的なインパクトを与え、子どもによる非行・犯罪への対応が厳罰化の流れになった契機でもある。例えば、少年法が2000（平成12）年に改正され、刑事処分が可能だった年齢が16歳以上から14歳以上へと引き下げられることになった。このように、未成年の凶悪犯罪によって、厳罰化に対する社会的な関心が高まることになる。しかし、罪を犯した子どもに対して単純に罰則をもって更生させることが、子ども自身にとっての成長・発達となりうるのかという問題が残されている。

児童福祉法は、「すべて国民は、児童が心身ともに健やかに生まれ、且つ、育成されるよう努めなければならない（法第一条）」と定めている。心身が未成熟な子どもに対して、罰則のみを主張するのではなく、その子ども自身の将来の成長を期待した支援の在り方を検討するとともに、子どもが非行・犯罪をしない社会を形成していくことが必要である。

(3) 子どもの貧困

子どもの貧困が社会問題としてクローズアップされるようになってから、数年が経過した。子どもの相対的貧困率は、1990年代半ば頃から上昇傾向にあり、2012（平成24）年は16.3％となっている（図表1-7）。また、子どもがいる現役世帯の相対的貧困率は15.1％であり、

> **スクールソーシャルワーカー**
> 学校及び日常での生活を営む上で課題解決を要する児童生徒とその家庭及びその児童を取り巻く環境・学校・社会・制度等を対象としたソーシャルワークの業務を行う者をいう。

そのうち、大人が1人の世帯の相対的貧困率は54.6％と極めて高い数値を示している。子どもの貧困は、経済的な問題のみならず、教育格差を生んだり、成長発達する過程で経験する社会体験の機会を剥奪したりすることが指摘されている。それはやがて、進学意欲や就労意欲の低下につながり、若者ホームレスやニート・フリーターなどの問題へと派生していくことになる。

図表1－7　子供の相対的貧困率

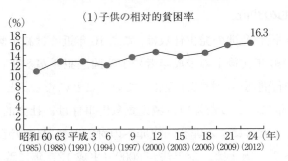

(1)子供の相対的貧困率

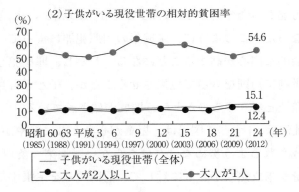

(2)子供がいる現役世帯の相対的貧困率

(注) 1．相対的貧困率とは、OECDの作成基準に基づき、等価可処分所得（世帯の可処分所得を世帯人員の平方根で割って調整した所得）の中央値の半分に満たない世帯員の割合を算出したものを用いて算出。
　　2．平成6年の数値は兵庫県を除いたもの。
　　3．大人とは18歳以上の者、子供とは17歳以下の者、現役世帯とは世帯主が18歳以上65歳未満の世帯をいう。
　　4．等価可処分所得金額が不詳の世帯員は除く。
資料：厚生労働省「国民生活基礎調査」
出所：内閣府「平成27年度版　子供・若者白書」

このような中、2015（平成27）年に生活困窮者自立支援法が施行され、子どもの貧困対策として、学習支援事業が法定化された。貧困が世代を超えて継承されることがないよう、教育の機会を確保し、貧困

問題を子ども時代に解消することをねらっている。

さらに深く学ぶために
1）本田由紀編『若者の労働と生活世界－彼らはどんな現実を生きているか－』大月書店、2007
2）ホームレス支援方策検討委員会『若者ホームレス白書』特定非営利活動法人ビッグイシュー基金

社会福祉実践との関連を考えるために
1）子ども・家庭を取り巻く問題について、その背景とわが国が取り組んでいる政策について整理し、子ども・家庭に対してどのような支援が必要かを検討してみよう。
2）子ども・家庭を取り巻く問題をひとつ取り上げ、その解決のために、教育、保健、司法等とどのような連携を図っていく必要があるか、検討してみよう。

参考文献
1）内閣府「平成28年版　子供・若者白書」
2）高橋重宏、山縣文治、才村純編『社会福祉基礎シリーズ　子ども家庭福祉とソーシャルワーク』有斐閣、2002

第2回：児童・家庭福祉の展開

学びへの誘い

わが国と欧米の児童家庭福祉の歴史を戦前から現代までたどり、子どもが社会の中でどのように認識されてきたのかを学ぶ。

また、歴史的に子どもの主体的な権利がどのように保障され、子ども観が変遷してきたのかを理解し、これからの児童家庭福祉に必要な子ども観について考えていく。

1. わが国における児童福祉の歴史

(1) 明治期の先駆的な児童福祉事業

わが国において、子どもが福祉政策の対象となったのは、1874（明治7）年の恤救規則である。恤救規則では、13歳以下の孤児をその対象としていながらも、無告の窮民に限定していたために、子どもへのサービスは十分ではなかった。そのような状況に代わり、キリスト教や仏教関係の宗教団体や篤志家などの民間団体・人による慈善事業が展開されることになった。

①孤児等のための施設

子どもへの慈善事業の中でも、特に孤児や棄児を収容する施設が数多く設置された。現在でいう児童養護施設にあたる。例えば、「浦上養育院（1874（明治7）年）」、「福田会育児院（1879（明治12）年）」などがある。

なかでも、1887（明治20）年に石井十次が設立した「岡山孤児院」は、社会福祉の歴史においても重要な慈善事業として位置づけられている。石井十次は、キリスト教思想に影響を受け、1,200名もの子どもを入所させ、養護したことで知られている。また、「岡山孤児院十二則」を策定し、施設運営・実践の近代化を目指している。1,200名の子どもを入所させながらも、家庭的な環境の中で子どもを生活させる小舎制を採用したり、里親制度を導入したりと、現代に通じる先駆的な実践に取り組んでいた。

②障害児施設

障害児施設の先駆的な実践としては、1891（明治24）年に石井亮一

の創設した「滝乃川学園」があげられる。これは、わが国最初の知的障害児施設であった。

石井亮一は、濃尾地震の際、孤児となった十数名の少女を引き取り、滝乃川学園の前身である弧女学院を設立する。この時、引き取った子どもの中に知的障害児がいたことから、知的障害児を専門に保護し教育する滝乃川学園の創設に至った。

③非行・不良行為児童のための施設

非行や不良行為を犯す子どもに対する**感化事業**も活発的に展開されている。池上雪枝が大阪に設立した「池上感化院（1884（明治17）年）」がそのはじめとされ、その他にも「私立予備感化院（1885（明治18）年）」などがある。

1899（明治32）年には、留岡幸助が東京に「家庭学校」を開設する。留岡幸助は、北海道での教誨師としての経験、その後のアメリカ留学で得た知見から、非行や不良行為を犯す子どもには、適切な養育環境と教育が重要であると説き、その手法を取り入れた実践を展開した。この「家庭学校」での取り組みは、現在の児童自立支援施設での実践に通じている。

④保育施設

保育事業では、1890（明治23）年、赤沢鍾美によって新潟に設立された私立静修学校が、わが国最初の保育施設であると言われている。その後、1900（明治33）年に野口幽香が森島峰とともに、スラム街で暮らす貧困家庭の子どもを対象とした二葉幼稚園を設立した。貧困家庭にいる子どもこそ健全育成が重要であると説いた先駆的実践であった。

> **感化事業**
> 非行や不良行為のある子どもを保護・教育してその矯正を図る事業。

（2）児童福祉法制定以前の展開

大正期になると、大正デモクラシーと呼ばれる民主主義の発展や自由主義的な運動・風潮が広がっていく。一方、貧困層の苦しい生活状況は続き、子どもの犯罪や非行が増加、深刻化していく。政府は、そのような状況に鑑み、徐々に子どもに関する行政機関の整備を始めた。

1919（大正8）年大阪児童相談所、1921（大正10）年東京府児童研究所が設立され、1920（大正9）年東京府児童保護委員制度が開始さ

れた。児童保護委員の業務は、不良時・浮浪児・不就学児・欠席児・貧困児・知的障害児への保護や調査であった。

昭和期に入ると、政府の戦時体制に影響されつつも、児童福祉関連法制度の整備が進められていく。1929（昭和4）年には、恤救規則を改め、救護法が公布、1932（昭和7）年に施行された。救護法では、保護の対象の中に、13歳以下の幼者に加え、妊産婦が規定されている。今日の生活保護法の原型にあたる。

1933（昭和8）年には、感化法が少年教護法と改められ、感化院が少年教護院に改称された。また、同年、児童虐待防止法も制定され、入所施設としての児童虐待防止施設が規定された。今日の児童福祉法に引き継がれる禁止行為もこの法律で明文化された。

2．欧米における児童福祉の歴史
（1）戦前の児童福祉の展開
①エリザベス救貧法

1601年、英国はエリザベス救貧法を制定した。これが、政策としての福祉の起源と言われている。救貧法の対象は、有能貧民（働ける能力があるのに仕事がないなどの理由で貧困であるもの）、無能貧民（障害や高齢、乳幼児のいる女性など、働くことができない状況にあるため貧困であるもの）、子ども、の3つとされており、子どもが救済の対象となっていた。しかし、孤児や親が養育できない子どもの場合、教育徒弟制度などが行われていた。

②新救貧法

1834年、救貧法を大幅に改正した新救貧法により、労役場（ワークハウス）が整備され、大人と子どもが一緒に収容される混合型では、子どもの肉体労働が課せられた。産業の発達により、工場では単純作業にかかる労働力が求められる事態となり、新救貧法の対象とする子どもを安価な労働力として扱うようになった。

その後も、工業の発展により、工場で働かされる子ども、いわゆる児童労働が増加した。しかし、事故死や労働の悪循環による病気や教育の機会を剥奪されることに疑問を呈する人道主義者たちが児童保護に動き出すことになる。工場主であったロバート・オーエンは、働か

ざるを得ない貧困家庭の子どもの現状に疑問を呈し、児童労働の制限を働きかけた人物であり、1802年の最初の工場法制定に貢献した。その後1833年の工場法では、9歳未満の雇用や労働時間の制限が規定され、1870年の初等教育法は、児童を労働から解放する嚆矢となった。

③児童虐待への対応

英国では、救貧法の対象として認識のなかった児童虐待に対して、1884年に全国児童虐待防止協会が設置され、1889年には児童虐待防止法が成立する。なお米国では、すでに1875年にニューヨーク市児童虐待防止協会が設立している。

英国はその後、児童法（1908年）、養子法（1926年）、児童青少年法（1933年）を制定し、要保護児童の保護や児童虐待防止の強化、罪を犯した子どもへの福祉的処遇の転換など、子どもに対するケア体制確立の萌芽となった。

（2）戦後の児童福祉

①福祉国家の誕生

1942年、英国において「ゆりかごから墓場まで」をスローガンとするベヴァリッジ報告書が提案された。正式名称は「社会保険と関連サービス」となっており、第2次世界大戦後の英国における社会保障制度の基礎となった。提案された社会サービスは、スローガンにあるとおり、子どものいる家庭への経済的保障として児童手当、健康保険、失業保険、高齢者への年金など、あらゆる国民がその対象となるよう整備され、福祉国家のモデルとなった。

②児童福祉白亜館会議

米国では1909年、ルーズベルト大統領のもと「要保護児童の保護に関する会議」が招集された。いわゆる第1回児童福祉白亜館会議である。そこでは、「家庭生活は、文明の所産のうち最も高い、もっとも美しいものである。児童は緊急なやむを得ない理由がない限り、家庭生活から引き離されてはならない」という声明が発表され、以降ほぼ10年ごとに子どもの福祉のための会議として開催され戦後に引き継がれた。

③ホスピタリズム問題

　ホスピタリズムとは、長期間にわたって、施設や病院などでの入所生活をした結果として表出する、身体的特性や性格的特性のことを指す。子どもにおいても、施設生活をしている子どもは、そうでない子どもに比べて発達が遅れているという指摘がある。精神科医ボウルビィの提唱したアタッチメント（愛着）理論は、乳幼児期における特定の養育者との愛着関係の形成が重要であり、施設入所によってその関係性が形成されずに子どもの心身に影響を及ぼすということで広く知られている。

　わが国においても、1950年代頃に話題となったが、その後50年近くの間、その指摘に応えるような転換はなかった。

3．権利主体としての子ども

(1) 児童福祉法

　1947（昭和22）年、戦後のわが国の状況に鑑み、戦災孤児の救済や次代を担う子どもの育成を企図し、児童福祉法が成立した。第1条から第3条には、児童福祉の理念や原理が定められている（第3回参照）。

　第1条には、基本的理念が掲げられている。国民すべてに対して、子どもの基本的人権を保障する責任を明示しているとともに、子ども自身の存在意義を示している。第2条には、第1条で掲げられた子どもの心身の健やかな育成の責任を、保護者のみならず、国や地方公共団体にも課している。第3条には、第2条にある児童の健全育成にかかる責任は、子どもに関連するあらゆる法令等において、常に尊重すべきことを謳っている。

(2) 児童憲章

　1951（昭和26）年6に児童憲章が制定され、児童福祉法の理念をより具体化する国民の協約を宣言するものとなっている。児童憲章は、前文と12項からなっており、とりわけ前文には簡潔に子ども観が示されている（第3回参照）。

　児童福祉法や児童憲章は、すべての子どもを対象に、基本的人権を尊重し、健全育成を進めるものであることを明らかにしている。しか

し、わが国における子どもへの公的サービスは、施設を中心とした保護的な実践が中心となっており、子どもを一人の人間として捉える主体的・能動的権利の保障が不十分であったといっても過言ではない。この点については、子どもの権利条約の批准や1997（平成9）年の児童福祉法改正を待たなければならない。

（3）子どもの権利条約

1989（平成元）年の第44回国連総会において、児童の権利に関する条約（子どもの権利条約）が採択された。わが国は、1994（平成6）年に158番目の批准国となった。

子どもの権利条約は、生きる権利、守られる権利、育つ権利、参加する権利の大きく分けて4つの柱からなっている。なかでも、参加する権利として位置づけられている「**意見表明権**（第12条）」は、「子ども」である以前に、一人の「人間」としての権利主体であるという認識のもと、能動的権利としての子どもの権利を保障する画期的なものとなった。

批准国は、条約に従い、国連の子どもの権利委員会に対して、権利の実現のためにとった措置や権利の享受についてもたらされた進歩を報告することになっている。わが国も過去に3度の報告をし、それに対する権利委員会からの見解も示されている。例えば、3回目の報告に対する権利委員会からの見解では、児童虐待相談件数が増加し続けていることに警鐘を鳴らし、児童虐待防止の取組を強化するように勧告したり、外国籍や障害のある子どもへの偏見や差別を解消するための措置を促したりしている。

（4）民法に規定される親の権利

民法第818条に「成年に達しない子は、父母の親権に服する」とあり、親権について規定している。この親権は、古い歴史をもつ**パターナリズム**と密接に関連しており、民法には次のような内容が規定されている。第820条に監護教育の権利義務、第821条に居所指定権、第822条に懲戒権、第823条に職業許可権、第824条に財産管理権と代表権がある。

意見表明権
第12条第1項に「締約国は、自己の意見を形成する能力のある児童がその児童に影響を及ぼすすべての事項について自由に自己の意見を表明する権利を確保する。この場合において、児童の意見は、その児童の年齢及び成熟度に従って相応に考慮されるものとする」と規定されている。

パターナリズム
父権主義とも呼ばれる。父と子との関係のような保護的・支配的関係性を表しており、強い立場の者が弱い立場の者に対して考え方などを押し付けることを意味する。

民法に規定される親権は、未成年者の保護・育成という目的をもっているため、保護者は、子どもの成長や発達を阻害しないよう適切に行使しなければならない。近年の児童虐待の急増や**児童福祉法28条事件**が後を絶たない状況は、保護者が適切に親権を行使していないと言わざるを得ない。2011（平成23）年の児童福祉法改正と同時に民法も改正され、親権にかかる条文に、「子どもの利益のため」という文言が付加され、子どもの権利を保障する観点が導入されたことは、大きな前進となった。

4．子ども観
（1）西洋近代の子ども観

現代の子ども観の源流に大きな影響を与えたのは、**ルソー**の著書『エミール』である。ルソーは、大人になる過程の子どもという捉え方を批判した。そして、子どもにはその時期にある固有の世界観や成長が存在し、今を生きる主体として認識した。この「子どもの発見」により、成長の手助けが教育であると論じている。この流れは、近代教育の父といわれる**ペスタロッチ**に継承されている。ペスタロッチはとりわけ初等教育の実践を中心に展開し、また**フレーベル**は、それを幼児教育へと応用、展開したことで著名な人物となっている。

子どもへの積極的な関心が高まってくるのは、20世紀に入ってからである。特に、**エレン・ケイ**の著書『児童の世紀』はその代表的なものとして有名である。20世紀は子どもの権利が認められる時代になると予言し、教育の重要性を主張した。

（2）これからの子ども観

子どもや家庭を取り巻く情勢が目まぐるしく変わっていく今日、子どもに関連する問題は複雑・多様化している。問題解決に向けては、子どもを保護的に支援するのではなく、権利の主体として捉え、子ども自身が能動的意思決定できるように関わっていく観点が求められるようになっている。それは、1990年代後半から2000年代前半にかけて行われた社会福祉基礎構造改革でいう、利用者本位の考え方でもある。

児童福祉法28条事件
児童福祉法第28条1項1号では、保護者に児童を監護させることが著しくその児童の福祉を害する場合等において、施設入所等の措置が保護者である親権者等の意思に反するときは、家庭裁判所の承認を得て施設入所等の措置を採ることができることを規定しており、全国の家庭裁判所では毎年200件以上の事件処理が行われている。

ルソー
Jean-Jacques Rousseau、1712-1778年
フランス革命に思想的な影響を与えた哲学者、教育思想家である。『社会契約論』は人民主権の思想的バイブルとなっている。

ペスタロッチ
J.H.Pestalozzi、1746-1827年
スイスの幼児教育者で、フランス革命の影響で、人権保障や人間解放の思想にふれ、子どもの個性や能力に応じた教育指導の重要性を説いた。

フレーベル
Friedrich Fröbel、1782-1852年
ペスタロッチに師事して幼児教育の実践者となる。フレーベルの研究は日本の幼稚園、保育所に多大な影響を与えている。

児童福祉法が制定されて以降、大きな改革はなされてこなかった。しかし、1989（平成元）年の子どもの権利条約、1994（平成6）年の**国際家族年**といった流れを受け、1997（平成9）年に大幅な改正が行われる。これは平成の大改正と呼ばれ、児童福祉法が制定されてちょうど50年の節目であった。この時の改正では、法に定められている施設の目的に「自立支援」が明記されたり、一部のサービスで利用者による選択制度が導入されたりと、保護的な子ども観からの脱却を図る契機となった。また、子どもに関する福祉観は、子どものみを対象とする呼称であった「児童福祉」から、子どもとその家庭を含む「子ども家庭福祉」へと変わることになる（図表2-1）。

エレン・ケイ
Ellen Key、1849-1926年
スウェーデンの教育者であり社会思想家である。母性と児童の尊重を基軸とした社会問題を論じ、教育の重要性を主張した著名なフェミニストの1人である。

国際家族年
家族の重要性を強調し、家族問題に対する政府、国民の関心を高めることにより、家族の役割、構造及び機能に対する理解、家族の関心事、現状及び問題に対する認識を深め、もって家族の福利を支援、促進するための施策を助長することを目的としている。

図表2-1　伝統的な「児童福祉」と新たな「子ども家庭福祉」

項目	児童福祉	子ども家庭福祉
理念	ウェルフェア 児童の保護	ウェルビーイング（人権の尊重・自己実現） 　子どもの最善の利益 　自己見解表明権 自立支援 　エンパワメント 　ノーマライゼーション
子ども観	私物的我が子観	社会的我が子観
対象	児童	子ども、子育て家庭（環境）
サービス提供のスタンス	供給サイド中心	自立支援サービス 利用者サイドの権利の尊重
モデル	illness model	wellness model
性格・特徴	救貧的・慈恵的・恩恵的（最低生活保障）	権利保障（市民権の保障）
	補完的・代替的	補完的・代替的・ 支援的・協働的（パートナー）
	事後処理的	事後処理的 予防・促進・啓発・教育（重度化・深刻化を防ぐ）
	行政処分・措置	行政処分・措置（個人の権利保障を担保） 利用契約
	施設入所中心	施設入所・通所・在宅サービスとのコンビネーション ケースマネジメントの導入 セーフティ・ネットワーク（安全網）
権利擁護	消極的	積極的 子どもの権利擁護サービス（救済・代弁・調整） 子どもの権利・義務ノート等の配布 ケア基準のガイドライン化 子どもの虐待防止の手引き

出所：高橋重宏『子ども家庭福祉論』放送大学教育振興会、1998、p.13を一部修正

さらに深くまなぶために

1）細井勇『石井十次と岡山孤児院：近代日本と慈善事業』ミネルヴァ書房、2009
2）マーガレット・ハンフリーズ著、都留信夫、都留敬子訳『からのゆりかご－大英帝国の迷い子たち－（改訂版）』近代文藝社、2012

社会福祉実践との関連を考えるために

1）欧米の子どもにかかる歴史的展開や人権思想、わが国の明治期における慈善事業について、現代にどのように影響を及ぼしてきたかを整理してみよう。
2）子どもの権利条約がわが国に与えた影響と、現代社会において取り組まれているその保障に向けた具体的な実践について調べてみよう。

参考文献

1）山縣文治『シリーズ・福祉を知る③　子ども家庭福祉論』ミネルヴァ書房、2016
2）厚生省児童家庭局編『児童福祉五十年の歩み』厚生省児童家庭局、1998

第2章
児童・家庭にかかわる法制度

この章で学ぶこと

　児童・家庭にかかわる諸制度及び施策は、日本国憲法を基本理念とした法体系として整備されている。

　本章では、児童・家庭福祉にかかわる法律等についての理解をとおして、児童・家庭への支援・援助の目的・方法・展開等の仕組みについて学習する。

　特に児童・家庭福祉の推進・充実が求められる中で、基本法としての児童福祉法は、児童虐待への対応や子育て支援等の施策の拡充に取り組んでおり、近年、再々の法改正が行われている。児童虐待防止法（児童虐待の防止等に関する法律）やDV防止法（配偶者からの暴力の防止及び被害者の保護に関する法律）も改正がなされている。

　また、近年の少子化の進行は、次代のわが国の社会経済のあり方に大きな影響を及ぼすものであり、少子化対策の推進と次世代育成対策を促進するための取り組みが進められている。少子化社会対策基本法及び次世代育成対策推進法は、さまざまな取り組み、施策の基軸となるものである。

第3回：児童福祉法の概要

学びへの誘い

児童福祉法は、児童福祉分野における根本的かつ総合的な法律であり、第3回では、その概要について基礎的かつ根拠的に学んでいく。具体的には、児童福祉法の目的、児童福祉施設の種類および里親制度などのほか、子ども家庭福祉サービスの最近動向などについて、事項学習的かつ実践検討的に取り扱う。これらの学びが子ども家庭生活問題に対する社会福祉実践（子ども家庭ソーシャルワーク）の基礎（根拠）づけとして活用されることを期待したい。

1．児童福祉法の理念と経緯

（1）制定の経緯

児童福祉法（法律第164号）は、1947（昭和22）年12月に公布され、翌年1月に施行された。当時わが国では、敗戦による混乱と窮乏が国民生活全般に深刻な影響を与えていた。

1945（昭和20）年9月厚生省（当時）は、「戦災孤児等保護対策要綱」を決定し、戦災孤児等の保護に取組み始めた。1946（昭和21）年4月、「浮浪児その他の児童保護等の応急措置実施に関する件」（社会局長通知）を通知した。同年9月には「主要地方浮浪児等保護要綱」を決定した。本要綱にもとづき施設への強制収容も行われた（当時「狩りこみ」とよばれた）が問題の抜本的な解決には至らなかった。

1946（昭和21）年、厚生大臣は、中央社会事業委員会に児童保護法要綱案を諮問した。同委員会は、法の名称を「児童福祉法」とすること、児童保護の国家責任の明確化や法の対象を「すべての児童」とすること等を骨子とした「児童保護法要綱案を中心とする児童保護に関する意見書」を答申した。1947（昭和22）年、政府は第1回国会に児童福祉法案を提出した。同法案は若干の修正を経て可決成立し、児童福祉法が制定された。

（2）児童福祉法の構成

児童福祉の法体系は、**児童福祉六法**を中心に構成されている。なか

> **児童福祉六法**
> 「児童福祉法」「児童扶養手当法」「特別児童扶養手当等の支給に関する法律」「母子及び父子並びに寡婦福祉法」「母子保健法」「児童手当法」

でも児童福祉法は、児童福祉分野における根本的かつ総合的な法律である。児童福祉法は、すべての児童を対象とし、その理念として児童福祉の原理を掲げている（法第１～３条）。児童福祉法は、総則（第１章）、福祉の保障（第２章）、事業、養育里親及び施設（第３章）、費用（第４章）、国民健康保険団体連合会の児童福祉法関係業務（第５章）、審査請求（第６章）、雑則（第７章）、罰則（第８章）で構成されている（図表３-１参照）。

図表３-１　児童福祉法の構成

第１章　総則（第１条～第３条）
　第１節　国及び地方公共団体の責務（第３条の２・３）
　第２節　定義（第４条～第７条）
　第３節　児童福祉審議会等（第８条・第９条）
　第４節　実施機関（第10条～第12条の６）
　第５節　児童福祉司（第13条～第15条）
　第６節　児童委員（第16条～第18条の３）
　第７節　保育士（第18条の４～24）
第２章　福祉の保障
　第１節　療育の指導、小児慢性特定疾病医療費の支給等
　　第１款　療育の指導（第19条）
　　第２款　小児慢性特定疾病医療費の支給
　　　第１目　小児慢性特定疾病医療費の支給（第19条の２～８）
　　　第２目　指定小児慢性特定疾病医療機関（第19条の９～21）
　　　第３目　小児慢性特定疾病児童等自立支援事業（第19条の22）
　　第３款　療育の給付（第20条～第21条の３）
　　第４款　雑則（第21条の４・５）
　第２節　居宅生活の支援
　　第１款　障害児通所給付費、特例障害児通所給付費及び高額障害児通所給付費の支給（第21条の５の２～５の14）
　　第２款　指定障害児通所支援事業者（第21条の５の15～24）
　　第３款　業務管理体制の整備等（第21条の５の25～27）
　　第４款　肢体不自由児通所医療費の支給（第21条の５の28～31）
　　第５款　障害児通所支援及び障害福祉サービスの措置（第21条の６・７）
　　第６款　子育て支援事業（第21条の８～17）
　第３節　助産施設、母子生活支援施設及び保育所への入所等（第22条～第24条）
　第４節　障害児入所給付費、高額障害児入所給付費及び特定入所障害児食費等給付費並びに障害児入所医療費の支給
　　第１款　障害児入所給付費、高額障害児入所給付費及び特定入所障害児食費等給付費の支給（第24条の２～８）
　　第２款　指定障害児入所施設等（第24条の９～19）
　　第３款　業務管理体制の整備等（第24条の19の２）
　　第４款　障害児入所医療費の支給（第24条の20～23）
　　第５款　障害児入所給付費、高額障害児入所給付費及び特定入所障害児食費等給付費並びに障害児入所医療費の支給の特例（第24条の24）
　第５節　障害児相談支援給付費及び特例障害児相談支援給付費の支給
　　第１款　障害児相談支援給付費及び特例障害児相談支援給付費の支給（第24条の25～27）

```
          第2款  指定障害児相談支援事業者（第24条の28～37）
          第3款  業務管理体制の整備等（第24条の38～40）
     第6節  要保護児童の保護措置等（第25条～第33条の9の2）
     第7節  被措置児童等虐待の防止（第33条の10～17）
     第8節  雑則（第34条・第34条の2）
  第3章  事業、養育里親及び施設（第34条の3～第49条）
  第4章  費用（第49条の2～第56条の5）
  第5章  国民健康保険団体連合会の児童福祉法関係業務（第56条の5の2～4）
  第6章  審査請求（第56条の5の5）
  第7章  雑則（第56条の6～第59条の8）
  第8章  罰則（第60条～第62条の7）
  附則
```

出所：厚生労働省ホームページ「厚生労働省法令等データベースサービス」掲載の児童福祉法（28（'16）年法律63号）」
　　　http://wwwhourei.mhlw.go.jp/hourei/html/hourei/contents.html

（3）児童福祉の理念

　児童福祉法は、「児童の権利に関する条約」の精神にのっとり、すべての児童が適切な養育を受け、健やかな成長・発達、自立等を保障されることを児童福祉の理念としている（法第1条）。この理念は、憲法第25条1項を受けて、児童の生存権の保障を明示している。児童福祉法第2条は、児童育成に対する第一義的責任を保護者が負うことに加え、公的責任を明示している。これは憲法第25条2項を受けたものである。児童福祉法第3条1項は、児童福祉の理念（法第1条）と児童育成の責任（法第2条）を児童福祉の原理とし、児童に関する法令は、この原理を常に尊重することとしている。そのため、児童福祉法は、児童に関する基本法として位置づけられている。

第1条（児童福祉の理念）
全て児童は、児童の権利に関する条約の精神にのっとり、適切に養育されること、その生活を保障されること、愛され、保護されること、その心身の健やかな成長及び発達並びにその自立が図られることその他の福祉を等しく保障される権利を有する。

第2条（児童育成の責任）
全て国民は、児童が良好な環境において生まれ、かつ、社会のあらゆる分野において、児童の年齢及び発達の程度に応じて、その意見が尊重され、その最善の利益が優先して考慮され、心身ともに健やかに育成されるよう努めなければならない。
②　児童の保護者は、児童を心身ともに健やかに育成することについて第一義的責任を負う。
③　国及び地方公共団体は、児童の保護者とともに、児童を心身ともに健やかに育成する責任を負う。

第3条（原理の尊重）
前二条に規定するところは、児童の福祉を保障するための原理であり、この原理は、すべて児童に関する法令の施行にあたって、常に尊重されなければならない。

> 第3条の2（国及び地方公共団体の責務）
> 国及び地方公共団体は、児童が家庭において心身ともに健やかに養育されるよう、児童の保護者を支援しなければならない。ただし、児童及びその保護者の心身の状況、これらの者の置かれている環境その他の状況を勘案し、児童を家庭において養育することが困難であり又は適当でない場合にあっては児童が家庭における養育環境と同様の養育環境において継続的に養育されるよう、児童を家庭及び当該養育環境において養育することが適当でない場合にあっては児童ができる限り良好な家庭的環境において養育されるよう、必要な措置を講じなければならない。

　子どもの権利という観点からとらえると、かつては子どもが大人から守られ、養育を受ける存在であること（受動的権利）が重視されていた。これは児童福祉法や児童憲章においても同様であった。今日における子ども観とは、子どもの受動的権利に加え、子どもが権利の主体であること（能動的権利）を重視するものである。このような子ども観の転換に影響を与えたのが1989年に国連総会で採択された「子どもの権利条約」（公定訳では「児童の権利に関する条約」）である。本条約は、子どもに関するすべての措置をとるにあたって、「子どもの最善の利益」が主として考慮されるとして、受動的権利だけでなく能動的権利も保障している。

　わが国は、子どもの権利条約を1994（平成6）年に批准し、158番目の締結国となった。本条約の批准後、「児童虐待の防止等に関する法律」（2000（平成12）年法律82号）等、国内法の整備が進められている。2007（平成19）年に児童虐待の防止等に関する法律が改正され、法の目的として「児童の権利利益に資すること」が明記された。また2011（平成23）年の民法改正により、親権を行う者は、「子の利益のために」監護、教育の権利を有し、義務を負うことが明記された。2016（平成28）年の児童福祉法改正により、児童福祉の理念（法第1条）が全面改正され、「すべての児童は、適切な養育を受け、健やかな成長・発達、自立等を保障される権利を有すること」が明示された。また、第2条において、「児童の意見が尊重され、その最善の利益が優先して考慮されること」が明示された。

> 児童憲章前文〔1951（昭和26）年〕
> 　われらは、日本国憲法の精神にしたがい、児童に対する正しい観念を確立し、すべての児童の幸福をはかるために、この憲章を定める。
> 　　　　児童は、人として尊ばれる。
> 　　　　児童は、社会の一員として重んぜられる。
> 　　　　児童は、よい環境のなかで育てられる。

> 子どもの権利条約（抄）
> 第3条（子どもの最善の利益）
> 1　児童に関するすべての措置をとるに当たっては、公的若しくは私的な社会福祉施設、裁判所、行政当局又は立法機関のいずれによって行われるものであっても、児童の最善の利益が主として考慮されるものとする。
> 2　締約国は、児童の父母、法定保護者又は児童について法的に責任を有する他の者の権利及び義務を考慮に入れて、児童の福祉に必要な保護及び養護を確保することを約束し、このため、すべての適当な立法上及び行政上の措置をとる。
> 3　締約国は、児童の養護又は保護のための施設、役務の提供及び設備が、特に安全及び健康の分野に関し並びにこれらの職員の数及び適格性並びに適正な監督に関し権限のある当局の設定した基準に適合することを確保する。

（4）児童福祉法の対象

児童福祉法の対象は、児童、**妊産婦**、保護者である。児童とは、「満18歳に満たない者」であり、以下のように分類されている（法第4条1項）。

> 児童の定義（法第4条1項）
> ①乳児　満1歳に満たない者
> ②幼児　満1歳から、小学校就学の始期に達するまでの者
> ③少年　小学校就学の始期から、満18歳に達するまでの者

妊産婦
妊産婦とは「妊娠中または出産後1年未満の女子」である（法第5条）。保護者とは「親権を行う者、未成年後見人その他の者で、児童を現に監護する者」である（法第6条）。

（5）関係機関と専門職

児童福祉法は、児童福祉に関する専門機関として、児童福祉審議会等（法第8～9条）および実施機関（市町村、都道府県、児童相談所、保健所）を規定している（法第10～12条の6）。また専門職として、児童福祉司（法第13～15条）、児童委員（法第16～18条の3）、保育士（法第18条の4～24）について規定している。この他、要保護児童対策地域協議会等（法第25条の2～5）について規定している。

①児童福祉審議会

児童福祉審議会は、児童や妊産婦および知的障害者の福祉に関する事項等を調査審議する機関であり、都道府県知事等は、児童や保護者の意向が児童相談所の措置と一致しない場合や**一時保護の見直し**等について児童福祉審議会に諮問する。児童福祉審議会は、都道府県（指定都市含む）に設置が義務づけられている（法第8～9条）。ただし、都道府県が地方社会福祉審議会に児童福祉に関する事項を調査審議させる場合、設置義務はない。また、市町村は任意で設置することができる。

児童福祉審議会
国レベルでは中央児童福祉審議会が設置されていたが、2001（平成13）年の省庁再編に伴い、社会保障審議会に統合された。

一時保護の見直し
2011（平成23）年の児童福祉法改正により、都道府県知事は2か月を超える親権者等の同意のない一時保護については、その延長の是非について児童福祉審議会の意見を聴かなければならないとされた（法第33条5項）。

②市町村（福祉事務所）

　福祉事務所とは、社会福祉法（1951（昭和26）年法律第45号）に規定される「福祉に関する事務所」であり、都道府県、市（特別区含む）に設置が義務づけられている（町村は任意設置）。2016（平成28）年4月現在、1,247か所設置されている。

　児童福祉法が規定する市町村（福祉事務所）の主な業務は、以下のとおりである（法第10条）。

　　a．児童や妊産婦の福祉に関する実情把握や情報提供
　　b．児童や妊産婦の福祉に関する相談・調査・指導・支援
　　c．助産施設・母子生活支援施設への入所事務
　　d．要保護児童の通告先
　　e．要保護児童の児童相談所への送致

③都道府県

　児童福祉法が規定する都道府県の業務は、以下のとおりである（法第11条）。なお、都道府県知事は、都道府県の事務の全部または一部を、その管理に属する行政庁に委任することができる（法第11条3項）。

　　a．市町村援助（市町村間の連絡調整、市町村に対する情報提供、市町村職員の研修等）
　　b．広域的な見地からの実情把握
　　c．児童に関する専門的な知識・技術を必要とする相談
　　d．調査・判定
　　e．児童や保護者に対する指導
　　f．一時保護
　　g．里親援助（相談、情報提供、研修等）

④児童相談所

　児童相談所は、児童福祉法にもとづいて設置される行政機関であり、都道府県および指定都市に設置が義務づけられている（法第12条）。2015（平成27）年4月現在、208か所設置されている（支所除く）。なお児童相談所は、必要に応じ、一時保護所を設置しなければならない（同条の4）。

　2004（平成16）年の児童福祉法改正により、中核市等でも児童相談所が設置できるようになった。さらに2016（平成28）年の児童福祉

児童福祉法改正

2004（平成16）年の児童福祉法改正により、児童家庭相談については、市町村が一義的な役割を担うことになった。それに伴い児童相談所の業務は、より専門的知識や技術が必要な事案に重点が置かれるようになった。市町村は児童家庭相談に応じ、必要な調査・指導を行うことになった。そのため市町村は、児童福祉主管課だけでなく、福祉事務所が設置する家庭児童相談室を相談窓口としている。2011（平成23）年4月現在、229市町村が福祉事務所に家庭児童相談室を設置している。

法改正により、①政令で定める特別区にも設置すること（法第59条の4）、②児童福祉司の数は、政令で定める基準を標準として都道府県が定めること（法第12条の2）、③都道府県は、児童相談所に児童心理司、医師または保健師、指導・教育担当の児童福祉司を配置するとともに、弁護士の配置またはこれに準ずる措置を行うこと（同条の3）等が規定された。

児童相談所は、主として都道府県の業務（法第11条）および**障害者総合支援法（2005（平成17）年法律第123号「障害者の日常生活及び社会生活を総合的に支援するための法律」）第22条2〜3項、第26条1項に規定する業務**を行う（法第12条）。法第12条に規定する児童相談所の主な業務は、以下のとおりである。

a. 市町村援助（市町村の職員の研修を除く）
b. 児童に関する専門的な知識・技術を必要とする相談
c. 調査・判定
d. 児童や保護者に対する指導
e. 一時保護
f. 里親援助（相談、情報提供、研修等）

その他、施設入所等の措置（法第26〜27条）、家事審判の申立（法第27〜28条）、立入調査（法第29条）、親権代行（法第33条）、親権喪失宣告の請求等（法第33条）がある。

親権代行については、これまで施設入所中の児童に親権者等がいない場合、施設長が親権を代行するが、里親委託中または一時保護中の親権者等がいない児童については、親権を代行する者が規定されていなかった。2011（平成23）年の児童福祉法改正により、里親委託中または一時保護中の児童に親権者等がいない場合、児童相談所長が親権を代行することとされた（法第33条の2）。また児童相談所長は、一時保護中の親権者等がいる児童についても監護、教育、懲戒に関し、その児童の福祉のために必要な措置をとることができるものとし、親権者等は、措置を不当に妨げてはならないと規定された（法第33条の2）。なお、児童の生命、身体の安全を確保するために緊急の必要がある場合、児童相談所長は、親権者等の意向に反してもその児童の福祉のために必要な措置をとることができるとされた（法第33条の2）。

障害者総合支援法第22条2〜3項、第26条1項に規定する業務
a. 支給要否決定の際の市町村からの意見聴取（第22条2項）
b. 支給要否決定の際の関係者の意見聴取（同条3項）
c. 支給決定および障害支援区分認定に関する市町村援助（第26条1項）

親権喪失宣告の請求等については、これまで児童相談所長は、親権喪失についてのみ家庭裁判所への請求権を有していたが、2011（平成23）年の児童福祉法改正により、児童相談所長は、親権喪失、親権停止、管理権喪失の審判とこれらの審判の取消しについて家庭裁判所への請求権を有することとされた（法第33条の7）。

⑤保健所

保健所は、地域保健法（1947（昭和22）年法律第101号）にもとづいて設置される行政機関である。保健所は、疾病の予防、健康増進、環境衛生等、公衆衛生活動の中心的機関として、地域住民の生活と健康に重要な役割をもっている。2016（平成28）年4月現在、都道府県364、政令市93、特別区23、合計480か所設置されている。

児童福祉法が規定する保健所の主な業務は、以下のとおりである（法第12条の6）。

 a. 児童の保健に関する衛生知識の普及
 b. 児童の健康相談・健康診査・保健指導
 c. 療育指導
 d. 児童福祉施設に対する栄養の改善、衛生に関する助言

⑥児童福祉司

児童福祉司は、児童福祉法にもとづき児童相談所に置かれる専門職員である（法第13条1項）。児童福祉司の職務は、「児童相談所長の命を受けて、児童の保護その他児童の福祉に関する事項について、相談に応じ、専門的技術にもとづいて必要な指導を行う等児童の福祉増進に努める」ことである。2016（平成28）年4月現在、児童福祉司は3,030人であり、前年度に比べ96人増員されている。

⑦児童委員

児童委員は、市町村の区域に置かれる児童福祉に関する民間奉仕者である。児童委員は、民生委員が兼務しており、その任期は3年である。また、民生委員・児童委員の中から、主に児童への支援を担当する**主任児童委員**が選任されている。児童福祉法が規定する児童委員の主な職務は、以下のとおりである（法第17条）。

 a. 児童や妊産婦の生活・環境状況の把握
 b. 児童や妊産婦の保護

主任児童委員
1994（平成6）年に発足し、2001（平成13）年の児童福祉法改正により法定化された（法第17条2項）。主任児童委員は、担当地区を持たず、地区を担当する児童委員と協力して、地域全体の児童福祉に関する事項を担当することとされている。

c. 児童や妊産婦に対する情報提供や援助・指導
d. 社会福祉施設との連携
e. 児童福祉司、社会福祉主事への協力等

⑧要保護児童対策地域協議会

　地方公共団体は、要保護児童等の適切な保護、支援を図るために関係機関等が情報交換等を行う要保護児童対策地域協議会の設置に努めなければならない（法第25条の2）。協議会を設置した地方公共団体の長は、支援の実施状況の把握等を行う要保護児童対策調整機関を指定する（同条の2）。協議会は、関係機関等に対し、必要な情報提供を求めることができる（同条の3）。また、協議会を構成する関係機関等の役職員等に対して、守秘義務が規定されている（同条の5）。なお、2016（平成28）年の児童福祉法改正により、市町村が設置する要保護児童対策地域協議会の調整機関は、「専門職（調整担当者）を置くものとする」ことが規定された（同条の2の6）。

（6）児童福祉の施策内容

　児童福祉法は、**障害のある児童**等の保護、地域における子育て支援事業の実施、要保護児童の保護措置、児童福祉施設への入所等について規定している（法第19～34条の2）。

①療育の指導等

　保健所長は、身体に障害のある児童について、必要な**療育**の指導を行わなければならない。また、疾病により長期療育が必要な児童について、必要な療育の指導を行うことができる（法第19条）。保健所では、身体障害児に対する療育指導が定期的に行われている。また、長期療育が必要な場合、保健所だけでなく、障害児入所施設等で、医療、機能訓練、生活指導等のサービス提供が行われる。

②療育の給付

　都道府県は、結核にかかっている児童に対し、療育の給付を行うことができる（法第20条）。療育の給付の内容は、厚生労働大臣が指定した医療機関での医療、学習、療養生活に必要な物品の支給である。

③居宅生活の支援

　市町村は、障害児通所支援（児童発達支援、医療型児童発達支援、

障害のある児童
児童福祉法に規定する障害のある児童とは、「身体に障害のある児童又は知的障害のある児童又は精神に障害のある児童（発達障害児含む）」または治療方法が確立していない疾病や特殊な疾病（難病等）のある児童である。（法第4条2項）。児童福祉法は、原則として満18歳までを対象としているが、里親委託および特定の施設への入所措置については満20歳までを対象としている（法第31条）。

療育
療育の療とは「医療」、また育とは「療育・保育・教育」を意味する。療育とは、医学的配慮のもとに行われる心身障害児の育成を意味する。「肢体不自由児の父」といわれる高木憲次の造語とされる。中央法規出版編集部編『新版社会福祉用語辞典（第2版）』中央法規出版、2004、p.593

放課後等デイサービス、保育所等訪問支援）等の給付を受けた障害児の保護者に対し、障害児通所給付費等を支給する（法第21条の5の2～同条5の31）。なお、障害児通所支援の概要は、以下のとおりである。

　a．児童発達支援

　障害児に対し、児童発達支援センター等において日常生活上の基本的動作の指導、知識技能の付与、集団生活への適応訓練等を行う（法第6条の2の2項）。

　b．医療型児童発達支援

　肢体不自由のある児童に対し、医療型児童発達支援センターにおいて児童発達支援、治療を行う（同条の2第3項）。

　c．放課後等デイサービス

　放課後や夏休み等に修学している障害児に対し、児童発達支援センター等において児童発達支援や交流の促進等を行う（同条の2第4項）。

　d．保育所等訪問支援

　保育所等を利用している障害児に保育所等において集団生活への適応等、専門的な支援等を行う（同条の2第5項）。

④障害児通所支援・障害福祉サービスの措置

　市町村は、障害児通所支援または**障害者総合支援法第5条1項に規定する障害福祉サービス**を必要とする障害児の保護者が、やむを得ない理由で障害児通所給付費等の支給を受けることが著しく困難だと認める場合、その障害児に対して障害児通所支援または障害福祉サービスを提供または提供の委託をすることができる（法第21条の6）。

⑤子育て支援事業

　2004（平成16）年の児童福祉法改正により、子育て支援事業（放課後児童健全育成事業、子育て短期支援事業、乳児家庭全戸訪問事業、養育支援訪問事業、地域子育て支援拠点事業、一時預かり事業等）が法定化された。これに伴い、子育て支援事業の体制整備や着実な実施に向けた措置の実施については、市町村の努力義務とされた（法第21条の8～9）。また、市町村に対し、子育て支援事業に関する情報提供等が義務付けられた（同条の11）。

⑥母子保護の実施

　都道府県等は、保護者から申込があった場合、その保護者と児童を

> **障害者総合支援法第5条第1項に規定する障害福祉サービス**
> 居宅介護、重度訪問介護、同行援護、行動援護、療養介護、生活介護、短期入所、重度障害者包括支援、施設入所支援、自立訓練、就労移行支援、就労継続支援、共同生活援助

母子生活支援施設で保護しなければならない（法第23条）。母子生活支援施設は、1997（平成9）年の児童福祉法改正により、従来の母子寮から名称変更が行われた。また、母子家庭に住居を提供するだけでなく、母子家庭の自立支援を行う役割も付加された。なお、2014（平成26）年10月現在、243か所設置されている。

⑦保育の実施

市町村は、保護者の労働または疾病その他の事由により、その監護すべき乳児、幼児その他の児童に保育を必要とする場合、保育所等において保育を実施しなければならない（法第24条）。

⑧障害児入所給付費等の支給

都道府県は、保護者が障害児入所施設等から施設支援を受けたときは、保護者に対し、障害児入所給付費を支給する（法第24条の2）。施設入所に関するその他の給付費として、高額障害児入所給付費（同条の6）・特定入所障害児食費等給付費（同条の7）、障害児入所医療費（同条の20）等がある。

⑨要保護児童の保護措置等

　a. 発見者の通告義務

要保護児童を「発見した者」は、市町村、福祉事務所、児童相談所に通告しなければならない（法第25条）。

　b. 市町村等の採るべき措置

市町村等は、必要に応じ、児童相談所への送致等の措置をとらなければならない（同条の7、同条の8）。

　c. 児童相談所長の採るべき措置

児童相談所長は、必要に応じ、児童・保護者への指導等の措置をとらなければならない（法第26条）。

　d. 都道府県の採るべき措置

都道府県は、(a) 児童・保護者への訓戒等、(b) 児童福祉司等指導、(c) 施設入所等、(d) 家庭裁判所への送致、等の措置をとらなければならない（法第27条）。

これらの措置のうち、施設入所等の措置は、保護者の同意にもとづく措置（27条措置）と家庭裁判所の承認にもとづく措置（28条措置）の2つに分けられる。なお、2004（平成16）年の児童福祉法改正に

より、28条措置に「2年を超えない期間」と制限が設けられた（法第28条2項）。ただし、2年を超えて措置を継続する必要がある場合、家庭裁判所の承認を得て期間を更新することも可能である。

（7）児童福祉施設の種類

児童福祉法では、助産施設、乳児院、母子生活支援施設、保育所、幼保連携型認定こども園、児童厚生施設、児童養護施設、障害児入所施設、児童発達支援センター、児童心理治療施設、児童自立支援施設、児童家庭支援センターの12種類の施設を規定している（法第7条、法第36条～44条の2）。なお、障害児入所施設および児童発達支援センターはそれぞれ、「福祉型」と「医療型」の種類がある（法第42、43条）。児童福祉施設の種類および目的は、図表3－2に示すとおりである。

（8）里親制度

里親制度とは、保護者のいない児童または保護者に監護させることが不適当であると認められる児童の養育を、都道府県が里親に委託する制度である（法第6条の4）。2009（平成21）年の児童福祉法改正により、養子縁組を前提とした里親（養子縁組里親）と社会的養護の担い手である養育里親が区分された（図表3－3）。養育里親に養育里親研修を義務づけるとともに、欠格要件も規定された。また、2016（平成28）年の児童福祉法改正により、養子縁組里親を法定化し、都道府県（児童相談所）の業務として、養子縁組に関する相談・支援が位置づけられた。なお、里親（養子縁組里親を除く）と委託児童数の推移については、図表3－4に示すとおりである。

（9）費用

児童福祉施策の財源は、公費と民間資金に大別される。公費は、主に法律に基づく事業等の実施に用いられる。児童福祉法は、支弁義務者ならびに国・都道府県・市町村等の負担割合について規定している（法第49条の2～第56条の5）。

児童福祉施設の種類
2010（平成22）年の児童福祉法改正により、これまで障害種別等で分かれていた障害児施設が障害児入所施設と通所型の児童発達支援センターに一元化された（2012（平成24）年4月施行）。また、2016（平成28）年の児童福祉法改正では、情緒障害児短期治療施設を環境上の理由により、社会生活への適応が困難な児童に心理に関する治療及び生活指導を主として行う施設とし、名称を児童心理治療施設とすることが盛り込まれている（2017（平成29）年4月施行）。

児童福祉施設の利用・入所方式
措置施設（養護系施設）、障害者総合支援法にもとづく契約施設（障害児関係施設）、行政への申請、契約による施設（保育所・助産施設・母子生活支援施設）、直接利用施設（児童厚生施設、児童家庭支援センター）の4つに分けられる。

図表3-2　児童福祉施設の種類

施設の種類	施設の目的および対象者
助産施設 （法第36条）	経済的理由により、入院助産を受けることができない妊産婦を入所させて助産を受けさせる。
乳児院 （法第37条）	乳児（特に必要のある場合には、幼児を含む）を入院させて養育する。また退院した者について相談その他の援助を行う。
母子生活支援施設 （法第38条）	配偶者のない女子、その者の監護すべき児童を入所させて保護するとともに、自立の促進のために生活を支援する。また退所した者に対する相談等の援助を行う。
保育所 （法第39条）	保護者の下から日々通わせて、保育を必要とする乳児または幼児を保育する。
幼保連携認定こども園 （法第39条の2）	義務教育及びその後の教育の基礎を培うものとしての満3歳以上の幼児に対する教育及び保育を必要とする乳児・幼児に対する保育を一体的に行う。
児童厚生施設 （法第40条）	児童遊園、児童館等児童に健全な遊びを与えて健康を増進し、または情操をゆたかにする。
児童養護施設 （法第41条）	保護者のない児童（乳児を除く。特に必要のある場合には、乳児を含む）、虐待されている児童等を入所させて養護する。また退所した者に対する相談等の援助を行う。
障害児入所施設 （法第42条）	障害児を入所させて、以下の支援を行う施設 ①福祉型障害児入所施設 保護、日常生活の指導、独立自活に必要な知識技能の付与 ②医療型障害児入所施設 保護、日常生活の指導、独立自活に必要な知識技能の付与、治療
児童発達支援センター （法第43条）	障害児を日々通わせて、以下の支援の提供を目的とする施設 ①福祉型児童発達支援センター 日常生活における基本的動作の指導、独立自活に必要な知識技能の付与、集団生活への適応訓練 ②医療型児童発達支援センター 日常生活における基本的動作の指導、独立自活に必要な知識技能の付与、集団生活への適応訓練、治療
児童心理治療施設 （法第43条の2）	環境上の理由により社会生活への適応が困難な児童に心理に関する治療及び生活指導を主として行う。
児童自立支援施設 （法第44条）	不良行為をなし、またはなすおそれのある児童等を入所させ、または通わせて、個々の児童の状況に応じて必要な指導を行い自立を支援する。また退所した者に対する相談等の援助を行う。
児童家庭支援センター （法第44条の2）	地域の児童福祉に関する問題について、家庭その他からの相談のうち、専門的な知識技術を要するものに対して、必要な助言を行う。また市町村の求めに対し、技術的助言や援助を行う。児童相談所長および都道府県の措置に基づき児童・保護者に指導を行う。児童相談所、児童福祉施設等との連絡調整等の援助を総合的に行う。

（注）表中「法」とは「児童福祉法」の略
出所：厚生労働省ホームページ「厚生労働省法令等データベースサービス」掲載の「児童福祉法」（28（'16）年法律63号）をもとに筆者作成
http://wwwhourei.mhlw.go.jp/hourei/html/hourei/contents.html

(10) 国民健康保険団体連合会の児童福祉法関係業務

　国民健康保険団体連合会は、国民健康保険法に規定する業務の他、都道府県の委託を受け、障害児入所給付費等の支払いに関する業務を行う。また、市町村の委託を受けて障害児通所給付費、障害児相談支援給付費の支払いに関する業務を行う（法第56条の5の2～4）。

図表3－3　里親の種類

里親の種類	対象児童	里親としての要件
養育里親	要保護児童	①心身ともに健全であること ②児童の養育についての理解、熱意、児童に対する豊かな愛情を有していること ③経済的に困窮していないこと ④虐待等の問題を起こしたことがないと認められること ⑤児童福祉法、児童買春、児童ポルノに係る行為等の処罰及び児童の保護等に関する法律の規定により、罰金以上の刑に処せられたことがないこと
親族里親	以下の要件を満たす要保護児童 ①当該親族里親と3親等以内の親族 ②両親その他要保護児童を現に監護する者が死亡、行方不明、拘禁等の状態になったことにより、養育が期待できないとき	養育里親と同じ（ただし、「③経済的に困窮していないこと」の要件は適用されない）
短期里親	要保護児童	養育里親と同じ
専門里親	児童虐待等の行為により心身に有害な影響を受けた要保護児童	①養育里親の要件に加え、次のいずれかに該当すること ア　養育里親として3年以上の養育経験を有する者 イ　3年以上児童福祉事業に従事した者で都道府県知事が適当と認めた者 ウ　都道府県知事がア、イと同等以上の能力を有すると認めた者 ②専門里親研修の課程を修了したこと ③委託児童の養育に専念できること

出所：厚生労働省ホームページ『第7回社会保障審議会児童部会社会的養護専門委員会配布資料（社会的養護の現状と取組の方向性について）』を筆者一部改変

図表3－4　里親数・委託児童数の年次推移

各年度末現在

	認定および登録里親数	児童が委託されている里親	委託児童数
1990（平成2）年度	8,046	2,312	2,876
2000（平成12）年度	7,403	1,699	2,157
2005（平成17）年度	7,737	2,370	3,293
2010（平成22）年度	7,504	2,922	3,816
2013（平成25）年度	9,441	3,560	4,636
2014（平成26）年度	9,949	3,644	4,731

出所：厚生統計協会編『国民の福祉と介護の動向（2016年）』厚生統計協会、p.106を筆者一部改変

（11）審査請求

市町村の障害児通所給付費等に関する処分に不服のある保護者は、都道府県知事に対して審査請求をすることができる（法第56条の5の5）。

2. 子ども家庭福祉サービスの最近の動向

　児童福祉法とは、子ども家庭福祉分野の制度・施策などを支える根本的かつ総合的な基本法であり、その理念と児童育成の責任を定めている。制定後も時代や社会の変化に対応して、すべての子どもたちとその家族の福祉の実現のため、一部改正を重ねてきた。

　なお、本法の第2章「福祉の保障」および第3章「事業、養育里親及び施設」をみると、子ども家庭福祉の主なサービスとして、①保育・子育て（家庭）支援（母子保健、健全育成、ひとり親家庭支援を含む）、②養護・自立支援（社会的養護）、③障害児（者）支援（療育等）の3領域を区分することができる（図表3-5参照）。

図表3-5　子ども家庭福祉の領域

〈3領域〉
- □保育・子育て（家庭）支援（母子保健、健全育成、ひとり親家庭支援を含む）
　⊃保健相談、育成相談
- □養護・自立支援（社会的養護）⊃養護相談、非行相談
- □障害児（者）支援（療育等）⊃障害相談

出所：筆者作成

福祉関係八法改正
1990（平成2）年の「老人福祉法等の一部を改正する法律」によって、在宅（居宅）福祉サービスの推進などを目的として改正された。

　ところで、1990年代に入り、**福祉関係八法**（本法も含め、老人福祉法、身体障害者福祉法、（旧）精神薄弱者福祉法、母子及び寡婦福祉法、（旧）社会福祉事業法、老人保健法、（旧）社会福祉・医療事業団法）**改正**などの社会福祉基礎構造改革を経て、子ども家庭福祉も社会福祉事業としての新しいあり方が問われるに至った。

　以下、本法制定後50年目の1997（平成9）年改正を節目とみなし、子ども家庭福祉サービスの最近動向について領域ごとにながめることにする。なお、最近の法改正要点は、図表3-6にまとめておいた。

（1）保育・子育て（家庭）支援をめぐって

　今の国内情勢として、未婚や離婚の増加等を背景に少子化が著しく進行しており、また、1997年頃に老年人口と年少人口は逆転し、既に少子高齢社会の時代となった。最近の家庭等生活では、男女共同参画や心身健康増進等が意識されているものの、依然、育児や介護は母親（妻）の役割とされ、特に就労女性には負担が大きい。ひとり親家庭の状況や夫婦間暴力（DV）、子ども貧困等の問題も無視できない。

図表３－６　児童福祉法の改正（最近）

1997年改正
　要点（特記）：●保育・子育て（家庭）支援関連
　　　　　　　　　保育所の選択利用方式化（→情報提供＋保育に関する相談助言）
　　　　　　　　　　⇒　保育所保育指針改定（1999年改定、2000年施行）
　　　　　　　　　放課後児童健全育成事業の法定化（第２種社会福祉事業）
　　　　　　　●養護・自立支援（社会的養護）関連
　　　　　　　　　養護系施設の名称等変更（母子寮→母子生活支援施設、教護院→児童自立支援施設、虚弱児施設→他の養護系施設）、児童家庭支援センターの新設
　　　　　　　　　児童自立生活援助事業（自立援助ホーム）の法定化（第２種社会福祉事業）
　　　　　　　　　児童自立支援の視点化、懲戒権限濫用の禁止（施設長等）
　　　　　　　●その他　児童福祉審議会諮問の義務化
2000年改正←社会福祉法改正制定、児童虐待の防止等に関する法律制定
　要点（特記）：●養護・自立支援（社会的養護）関連
　　　　　　　　　助産施設、母子生活支援施設の選択利用方式化（2001年施行）
　　　　　　　　　一時保護期間の明示（最長２ヵ月）
　　　　　　　●障がい児（者）支援（療育等）関連　支援費制度の導入
　　　　　　　　　　　　　　　　　　　　　　　　　障害児相談支援事業の法定化
　　　　　　　●その他　中央児童福祉審議会の廃止（→社会保障審議会児童部会）
2001年改正
　要点（特記）：●保育・子育て（家庭）支援関連
　　　　　　　　　保育士の法定化（→国家資格、2003年施行）
　　　　　　　　　児童委員活動の活性化、主任児童委員の法定化（2001年施行）
　　　　　　　　　保育所の計画・効率的増設
　　　　　　　　　認可外保育施設の情報提供強化＋監督強化（届け出制）（2002年施行）
2003年改正←次世代育成支援対策推進法＋少子化社会対策基本法制定
　要点（特記）：●保育・子育て（家庭）支援関連
　　　　　　　　　子育て支援事業（事業、あっせん等）の実施（市町村）
　　　　　　　　　保育に関する計画の作成（都道府県・市町村）→待機児童対策
　　　　　　　　　子育て短期支援事業の法定化（第２種社会福祉事業）
2004年改正
　要点（特記）：●養護・自立支援（社会的養護）関連
　　　　　　　　　「市町村－児童相談所」（実施）体制の導入、要保護児童対策地域協議会の法定化（→市町村児童虐待防止ネットワーク）
　　　　　　　　　28条措置の親子再統合（再生）指導（２年間）＋勧告（家庭裁判所→児童相談所）
　　　　　　　　　親権喪失請求（児童相談所長）の年齢引き上げ（～未成年）
　　　　　　　　　里親の法定化＋「要保護児童」の定義
　　　　　　　　　乳児院、児童養護施設の入所年齢要件拡大、養護系施設の自立支援拡大（退所後～）
2006年改正←障害者自立支援法施行
　要点（特記）：●障がい児（者）支援（療育等）関連　「障害児」の定義
　　　　　　　　　　　　　　　　　　　　　　　　　障害者自立支援法関連の規定化
2008年改正
　要点（特記）：●保育・子育て（家庭）支援関連
　　　　　　　　　地域子育て支援事業の法定化（第２種社会福祉事業）　乳児家庭全戸訪問事業
　　　　　　　　　　　　　　　　　　　　　　　　　　　　　　　　　　養育支援訪問事業
　　　　　　　　　　　　　　　　　　　　　　　　　　　　　　　　　　地域子育て支援拠点事業
　　　　　　　　　　　　　　　　　　　　　　　　　　　　　　　　　　一時預かり事業
　　　　　　　　　家庭的保育の制度化←待機児童対策

	児童自立生活援助事業（自立援助ホーム）の見直し（本人の申し込み、利用年齢の引き上げ（〜20歳）、都道府県等の設置義務、財政支援の強化）
2011年改正 要点（特記）	●養護・自立支援（社会的養護）関連 児童相談所長の親権代行規定、施設長親権代行の改定 親権喪失宣告請求の改定（親権停止、管理権喪失の追加） 里親の行う養育基準の追加 ●障がい児（者）支援（療育等）関連 「障害児」定義の見直し（発達障害児の追加） 障がい系施設の変更（障害児入所施設、児童発達支援センター） 障がい児に関する各種支援などの改定
2012年改正←子ども・子育て関連3法制定 要点（特記）	●保育・子育て（家庭）支援関連 保育所関連の見直し（「保育に欠ける」→「保育を必要とする」、「保育の実施」→「保育の利用」、他） 幼保連携型認定こども園関連の追加 家庭的保育事業等関連の追加
2016年改正 要点（特記）	●総則関連 「成長・発達、自立の権利」の明記、意見尊重・「最善の利益」優先考慮 ←「子どもの権利条約」の遵守（権利の主体） 保護者の第一義的責任→家庭養育（養護）を原則化 国と地方公共団体の役割・責務を明確化 特別区の児童相談所設置が可能、児童相談所への専門職配置を規定 ●養護・自立支援（社会的養護）関連 養子縁組里親の法定化←児童相談所の養子縁組相談・支援を位置づけ 養護施設の名称変更（情緒障害児短期治療施設→児童心理治療施設）

出所：筆者作成

保育所保育指針
保育所保育の指針をなすものであり（(旧)厚生省児童家庭局発、1965（昭和40）年）、1990（平成2）年と1999（平成11）年の改定を経て、2008（平成20）年3月に告示化された（幼稚園教育要領改訂と連動）。なお、執筆時点において、乳児保育の充実や幼児教育の位置づけ、子育て支援の必要性などを要点とする第4次改定作業が進められている（2016（平成28）年度中に大臣告示、翌々年度から施行予定）。

　以上を背景として、国レベルでも、保育・子育て（家庭）支援が政策上の重点課題とされている。1989（平成元）年度に合計特殊出生率1.57が報告されて以来（1.57ショック）、育児と仕事の両立支援を中心とする政策が展開されてきた。
　保育サービスの中心をなす保育所とは、「子どもの最善の利益」に向けられた福祉の増進を図るものである（「**保育所保育指針**」）。1997（平成9）年の児童福祉法改正により、保育所は選択利用方式に変更され、「保育（サービス）の質」の確保（向上）がいっそう問われることになった。また、同年、「放課後児童健全育成事業」が法定化され、**放課後児童クラブ（学童保育）** の拡大・充実が目指されている。さらに、2000（平成12）年改正にて、助産施設と母子生活支援施設が選択利用方式に変更された。2001（平成13）年改正では、保育士が国家資格として定められ、主任児童委員も法定化された。加えて、2008（平

成 20) 年改正により、地域子育て支援事業は法定化され、家庭的保育の制度化が図られた。

さて、保育所保育指針は、保育所を「入所する子どもの保護者」および「地域の子育て家庭」に対する支援などを行う役割と機能も担うものとしている。2003（平成 15）年に制定された次世代育成支援対策推進法および少子化社会対策基本法と併せて、同年の本法改正は、「子育て短期支援事業」を法定化するとともに、子育て支援事業の実施を市町村に課し、**待機児童対策**を目的として、「保育に関する計画」の作成を都道府県・市町村に義務づけた。

その他、**母子及び父子並びに寡婦福祉法**の 2002（平成 14）年改正により父子家庭が日常生活支援事業の対象とされ、**育児休業、介護休業等育児又は家族介護を行う労働者の福祉に関する法律（育児・介護休業法）**の 2004（平成 16）年改正では、パート労働者も対象に加えられ、育児休業期間の延長（最長 1 年半）が図られた。2006（平成 18）年制定の就学前の子どもに関する教育、保育等の総合的な提供の推進に関する法律（就学前保育等推進法）に基づき、幼保一元型施設である「認定こども園制度」が導入された。また、同年には、**児童手当**の支給対象が小学 6 年生まで引き上げられ、2012（平成 24）年度からは中学 3 年生までとなっている。

2010（平成 22）年に閣議決定された「**子ども・子育てビジョン**」は、「ワーク・ライフ・バランス」等を中心に、より総合的かつ積極的な子育て社会づくりを進めるための具体的実施計画である。加えて、最近の政権交代を経て、新たな子ども・子育て支援構想が打ち出された。

2012（平成 24）年、子ども・子育て関連 3 法（子ども・子育て支援法、就学前の子どもに関する教育、保育等の総合的な提供の推進に関する法律の一部を改正する法律、子ども・子育て支援法及び就学前の子どもに関する教育、保育等の総合的な提供の推進に関する法律の一部を改正する法律の施行に伴う関係法律の整備等に関する法律）が成立し、「**子ども・子育て支援新制度**」が本格的に運用されることになった（「子ども・子育て支援給付」の開始、認定こども園制度の改正、「地域子ども・子育て支援事業」の充実など）。これにより、保育所は、その対象が「保育を必要とする乳児・幼児」と改定されるとともに、

放課後児童クラブ（学童保育）
平成 19 年度からは、文部科学省「放課後子ども教室推進事業（放課後子どもプラン）」による放課後子供教室と併存することになった。

待機児童対策
「待機児童ゼロ作戦」（2002（平成 14）年～）に続き、「新待機児童ゼロ作戦」が 2008（平成 20）年に策定され、10 年後目標として、保育サービス（3 歳未満児）の提供割合を 20% から 38% に引き上げることとした。さらに、2014（平成 26）年に策定された「待機児童解消加速化プラン」では、2013（平成 25）年度と翌年度を「緊急集中取組期間」として約 20 万人分の保育を集中的に整備し、続く 2015（平成 27）年度から 3 年間を「取組加速期間」として潜在的ニーズを含む約 40 万人分の保育の受け皿を確保することにより、2017（平成 29）年度末までに待機児童解消を図るものとしている。

母子及び父子並びに寡婦福祉法
2014（平成 26）年に、母子及び寡婦福祉法から名称変更された。

育児休業、介護休業等育児又は家族介護を行う労働者の福祉に関する法律（育児・介護休業法）
1995（平成 7）年に制定された。

第2章　児童・家庭にかかわる法制度

支給認定方式に変更され、「保育の必要性」の認定（要保育認定）に基づき施設型給付を受けることによる利用となった。また、幼保連携型認定こども園も施設型給付の対象として本法に追加規定され、「幼保連携型認定こども園の学級の編制、職員、設備及び運営に関する基準」（内閣府・文部科学省・厚生労働省令）および「幼保連携型認定こども園教育・保育要領」（内閣府・文部科学省・厚生労働省告示）が2014（平成26）年に策定された。その他、地域型保育給付による家庭的保育事業や小規模保育事業などの地域型保育事業が本法に規定され、さらに、放課後児童健全育成事業も地域型保育給付の対象となった。

現在、日本の子どもは約6人に1人が貧困状態にあるといわれている（2013（平成25）年の厚生労働省調査によると、子どもの貧困率は16.3%）。2013（平成25）年、**子どもの貧困対策の推進に関する法律（子どもの貧困対策推進法）**が制定され、翌年には、法規定に基づき「子供の貧困対策に関する大綱について」（閣議決定）が策定された。国レベルにおいて、子ども貧困問題に対する総合的対策の推進は喫緊に図られなければならない。

いずれにせよ、現状的には、「子育ち－親（保護者）育ち－子育て」支援に向けて、育み環境やネットワークの構築が必要であると考えられる。そのためにも、領域横断的な相談・支援の強化や関連サービス（母子保健サービス、育児休業・フレックス勤務、育児手当など）の制度拡充・活用促進をもって子育て（家庭）意識の向上を図ることのほか、就労支援（キャリア開発、雇用促進など）、親（養護）性育成（親業訓練など）が求められるところであろう。

（2）養護・自立支援をめぐって

近年、子どもの要保護問題が重視され、その対策・対応の強化が求められている。たとえば、市町村や児童相談所への養護相談が増加しており、とくに、実母などによる児童虐待はますます深刻になっている。また、今の学校にみられるいじめや不登校等に対し、教育上の指導・対応が必要であることはいうまでもなく、福祉的な配慮や支援等も求められる（最近の事業としては、**学校（スクール）ソーシャルワーク**）。さらに、少年犯罪について、その背景要因は複合的であること

児童手当
児童福祉六法の1つである児童手当法（1971（昭和46）年制定）にもとづく制度である。なお、2009（平成21）年に成立した民主党政権は、2010（平成22）年度から子ども手当に切り替えたが、翌々年度には児童手当の再開となった（支給対象は中学校修了まで）。

子ども・子育てビジョン
少子化社会対策基本法に基づき2004（平成16）年に策定された「少子化社会対策大綱」・「少子化社会対策大綱に基づく重点施策の具体的実施計画について（子ども・子育て応援プラン）」（少子化社会対策会議）を継承するものであり、2010（平成22）年度から2014（平成26）年度までの新実施計画である。なお、正式には、「子ども・子育てビジョン　～子どもの笑顔があふれる社会のために～」である。

子ども・子育て支援新制度
2011（平成23）年、民主党政権は、幼保一体化構想を盛り込んだ「子ども・子育て新システムに関する中間とりまとめについて」を発表した。その後、2012（平成24）年に政権奪回した安倍内閣（自由民主党）では、旧政権から継承する社会保障制度改革（「社会保障と税の一体改革」）の一環とし

が多く、被害者や遺族の救済・支援等だけでなく、加害少年自身の更生も問われるところである。他方、子どもをねらった犯罪は後を絶たず、地域ベースで被害防止等に努める必要がある。

　それでは、要保護児童に対する社会的養護の動向についてみてみよう。まず、児童福祉法の1997（平成9）年改正にて、一部の養護系施設の名称などの変更とともに、児童家庭支援センターの新設、「児童自立生活援助事業（自立援助ホーム）」の法定化がなされた（2008（平成20）年改正にて見直し）。また、「児童自立支援」の視点が明確にされ、施設長などに対する懲戒権限濫用の禁止が定められた。2000（平成12）年改正では、一時保護の期間が明示された（最長2か月）。

　2004（平成16）年には、「市町村－児童相談所」体制の導入とともに、**要保護児童対策地域協議会**の法定化がなされ、社会的養護の適正実施が図られることになった。また、本法第28条に基づく職権措置について、親子再統合（再生）の指導を2年間で行うこと（必要な場合、更新可）が義務づけられ、必要に応じて、家庭裁判所は児童相談所に対する指導措置の勧告を行うとされた。そのほか、児童相談所長による親権喪失請求の年齢引き上げ（未成年まで）をはじめ、里親の定義の条文化、乳児院と児童養護施設の入所年齢要件の拡大など、関連するいくつかの改正がなされた。

　2008（平成20）年改正では、要保護児童支援の強化策として、「小規模住居型児童養育事業（ファミリーホーム）」の創設や被措置児童等虐待（施設内虐待等）の通告義務が加えられた。2011（平成23）年改正では、児童相談所長の親権代行規定などのほか、民法改正を受けての親権喪失宣告請求の改定がなされ、また、里親の行う養育基準が追加された。

　さらに、最新改正（2016（平成28）年）においては、総則として、子どもを権利主体とみなしての「成長・発達、自立の権利」や意見尊重・「最善の利益」優先考慮が明記されるとともに、保護者の第一義的責任により家庭養育（養護）が原則化されることになる。また、国と地方公共団体の役割・責務が明確化され、特別区の児童相談所設置が可能になること、児童相談所への専門職配置が規定されること、等々が追加規定されるほか、養子縁組里親が法定化され、また、情緒障

て、2012（平成24）年に子ども・子育て関連3法が成立した。なお、この新制度は2015（平成27）年度から実施されたが、財源確保のための消費税引き上げ（10％税率）はその年見送られ、2019（平成31）年10月まで再延期されることになった。

子どもの貧困対策の推進に関する法律（子どもの貧困対策推進法）
同年には、生活困窮者自立支援法も制定され、生活困窮家庭の子どもに対する支援が盛り込まれている。

学校（スクール）ソーシャルワーク
2008（平成20）年度、学校における教育と福祉の両面的支援の一環をなす学校（スクール）ソーシャルワークが全国で展開されるようになり（文部科学省「スクールソーシャルワーカー活用事業」）、翌年度からは、国庫補助事業（国1/3・都道府県等2/3負担）に変更された。2014（平成26）年に策定された子供の貧困対策に関する大綱では、スクールソーシャルワーカーの増員が盛り込まれ、2019（平成31）年度までに全ての中学校区に配置することとされている（約1万人）。

児短期治療施設が児童心理治療施設に名称変更される。

社会的養護のあり方（課題）として、これまで、小規模型または中間型の養護・自立支援の展開、および、親子再統合・家庭復帰のための体制づくりやプログラムづくりが求められてきた。これらは、まさしくコミュニティ課題そのものをなしており、「家庭養育〔子育て（家庭）支援〕−社会的養護」の連続性といった視点から、要保護問題の対策・対応としての養護・自立支援ネットワークの構築と実働が果たされることが期待される。

（3）障害児（者）支援をめぐって

障害児（障害のある子ども）や障害者に対する支援（療育等）の実施は、障害保健福祉分野に属するものでもあり、その制度・施策などの基本は**障害者基本法**に定められている。また、2004（平成16）年に制定された発達障害者支援法は、発達障害者（児）の定義や支援策などを定めている。

児童福祉法においては、2000（平成12）年改正により、支援費制度の導入、および、「障害児相談支援事業」の法定化が図られた。その後、2005年に制定された障害者自立支援法を受けて、2006（平成18）年に「障害児」の定義を加えるとともに、同法に関連する各種規定が示された。また、2011（平成23）年改正では、障害児定義の見直し（発達障害児の追加）をはじめ、障害系施設の変更、障害児に関する各種支援などの改定がなされた。

地域で生活する障害・難病のある子ども（大人）やその家族にとって、福祉サービス等に関する資源・情報は欠かせない。最近では、発達障害児（者）も含めた総合支援も積極的に進められている。この点、2002（平成14）年の「障害者基本計画」（閣議決定）には、「リハビリテーション−ノーマライゼーション」理念の継承が掲げられており、障害者の社会参加（参画）に向けた**障害者施策（2003（平成15）〜）**が展開されている。2013（平成25）年には、障害者自立支援法は**障害者の日常生活及び社会生活を総合的に支援するための法律（障害者総合支援法）**に改正され、施策上の見直しや総合（生活）支援の充実などが図られることになった。加えて、2013（平成25）年、**障害を**

要保護児童対策地域協議会
広く、地域ベースにおける要保護児童対応（早期からの発見・介入や問題解決、未然防止、事後ケアなど）に資するための協議会型ネットワーク資源であり、児童福祉法に追加規定された（第25条の2〜同条の5）。従来の「市町村児童虐待防止ネットワーク」をより発展させる形で、その実効性が期待されるところである。

障害者基本法
1993（平成5）年に、障害者福祉の理念や対象（身体障害、知的障害、精神障害）などを規定する基本法として改正制定された。最新の2011（平成23）年改正では、「共生社会」の視点が盛り込まれたほか、障害者定義の改定（発達障害を追加）と「社会的障壁」の定義追加、「差別禁止」や「国際的協調」の努力義務化、「療育」の規定、防災・防犯等の配慮規定などが盛り込まれた。

障害者施策（2003（平成15）年〜）
障害者施策推進本部は、2007（平成19）年度までの「重点施策実施5か年計画（新障害者プラン）」、および、2012（平成24）年度までの「重点施策実施5か年計画〜障害の有無にかかわらず国民誰もが互いに支え合い共に生きる社会へのさらなる取組〜」を策定・実施した。また、2009（平成21）年から、

理由とする差別の解消の推進に関する法律（障害者差別解消法）が制定され、行政機関・事業者などによる解消推進の措置や国民の解消推進への寄与が求められている。当事者本位の視点に立った障害保健福祉の実施がいっそう望まれるところである。

　以上、第3回では児童福祉法について、その概要や最近の改正点、加えて子ども家庭福祉サービスの動向などをみてきた。

　本法の最新改正（2016（平成28）年）においては、いよいよ、日本が1994（平成6）年に批准した**児童の権利に関する条約（子どもの権利条約）**（国際連合、1989（平成元）年採択）の遵守が盛り込まれることになった。条約にある「子どもの最善の利益」を子ども家庭福祉の基本理念としていかに実現するか、との議論や取り組みは常に重要であり、地域での健全な家庭生活や養育の実現こそ、「子ども－親（保護者）－家族」の最善利益につながるといえよう。

さらに深く学ぶために

1）百瀬孝『日本福祉制度史』ミネルヴァ書房、1997
2）許斐有『子どもの権利と児童福祉法　増補版』信山社、2001
3）水野光博『ちいさいひと　青葉児童相談所物語』（少年サンデーコミックス1－6巻）小学館、2013

社会福祉実践との関連を考えるために

1）子ども家庭福祉に関連する最近の法改正を取り上げ、体系的に整理しよう。
2）現行の子ども家庭福祉の制度・サービスや実施などについて、「子どもの最善の利益」と「子どもの権利の保障」の観点から、自分なりに点検・検討してみよう。

障害者施策推進本部は障がい者制度改革推進本部に改組された。最近では、近年の国際社会の動向や国内における取り組みの進展などを踏まえ、平成25年度から29年度までの障害者基本計画が策定されている。

障害者の日常生活及び社会生活を総合的に支援するための法律（障害者総合支援法）
障害者自立支援法の改正により制定された。総合（生活）支援の充実としてサービス提供主体の一元化や就労支援の強化などを目的としており、施策上の見直しとして、難病の追加や「障害支援区分」への変更などが行われた。

障害を理由とする差別の解消の推進に関する法律（障害者差別解消法）
障害者基本法第4条にある「差別・権利利益侵害の禁止」、および、同条第2項にある「必要かつ合理的配慮」に基づく「社会的障壁の除去」を踏まえ、差別解消の推進を図っていく。

児童の権利に関する条約（子どもの権利条約）
併せて、2006（平成18）年12月には、障害者の権利に関する条約（障害者の権利条約）が決議・採択された（国際連合）。

第2章　児童・家庭にかかわる法制度

第4回：児童虐待の防止等に関する法律（児童虐待防止法）の概要

学びへの誘い

　心身ともに健やかに生まれ、育成されなければならない児童が虐待を受けている。虐待を受けた児童は、心と体に深い傷を受ける。児童虐待の内容を理解し、「児童虐待の防止等に関する法律」の目的や内容、虐待予防の取り組みや虐待発見時の対応のあり方を理解しよう。

1．児童虐待の防止等に関する法律の背景と目的
（1）児童虐待の急激な増加への対応

　日本における児童虐待に関する法律は、「児童虐待防止法」が1933（昭和8）年、既に制定されていた。しかし、その当時は、経済不況による絶対的な貧困や農村部での凶作などを背景とした、親子心中や子殺し、欠食児童、人身売買などの問題が発生したことに対応したものであり、児童の労働を禁止する目的もあった。したがって、今日のものとは、性格を異にしている。また、この時の「児童虐待防止法」は、1947（昭和22）年に「児童福祉法」が制定して廃止された。

　1996（平成8）年以降、急激に増加した児童虐待を受けて、2000（平成12）年に「児童虐待の防止等に関する法律」（以下、「児童虐待防止法」）が制定、施行された。当初、その目的は、児童虐待が児童の心身の成長と人格形成に重大な影響を与えることから、児童に対する虐待の禁止や、児童虐待の防止に関する国と地方公共団体の責務、児童虐待を受けた児童の保護のための措置等を定めることにより、児童虐待の防止等に関する施策を促進することであった。

　しかし、その後も児童相談所に寄せられる児童虐待相談件数は増加する一方で、子どもの生命が奪われるほどの悲惨な児童虐待事件は後を絶たなかった。児童相談所に児童虐待相談件数が増加した背景には、児童虐待の重大さや状況について、広く一般に知られることとなり、意識や理解の高まりの結果、通告が増加したためともいえるが、施行後3年を経て、この法律の見直しがなされた。

　2004（平成16）年の改正では、法律の目的に、児童虐待が児童の人権を著しく侵害するものであるとし、将来の世代の育成にも懸念を及

ぼすことを明言し、予防と早期発見を含む児童虐待の防止に関する国と地方公共団体の責務を定めた。児童相談所だけでなく市町村も虐待の通告先となり、二層構造で対応する仕組みとなった。また、児童虐待を受けた児童への対応として、迅速で適切な保護だけでなく、**自立支援**のための措置を定めることを追加した。さらに3年後の2007（平成19）年の改正、2008（平成20）年4月施行により、法律の目的に、児童の権利利益を擁護することが追記され（第1条）、児童相談所の権限が強化された。親の同意が得られなくても、一定の手順を踏んで強制立入ができることとなったのである。

> **自立支援**
> 児童虐待を受けた後18歳となった者に対する支援も含まれる。

2016（平成28）年5月27日に、児童福祉法等の一部を改正する法律が成立、6月3日に公布され、それにともなって、児童虐待防止法も同年6月3日に改正された。改正の主な内容は、施行日により、以下の通りである。

① 〈2016（平成28）年6月3日施行〉親権者によるしつけを名目とした児童虐待を抑制するため、「監護及び養育に必要な範囲を超えて当該児童を懲戒してはならず、当該児童の親権の適切な行使に配慮しなければならない」と明記された（第14条）。

② 〈2016（平成28）年10月1日施行〉児童虐待が疑われる場合に、安全確認を迅速に行う必要があるが、保護者が出頭の求めに応じず、さらに立入りや調査を拒み、妨げ、忌避した場合に、裁判所裁判官の許可状によって**臨検**・捜査ができるよう、手続の簡素化が可能となった（第9条の3）。また、児童虐待に係る資料などの提供主体を、病院、診療所、児童福祉施設、学校などの医師（歯科医含む）、看護師、児童福祉施設職員、学校教職員などにも拡大した（第13条の4）。施設入所などの措置や一時保護を解除する時などは、慎重かつ継続的な支援が必要とされるため、助言の実施・安全確認などを行うことが新たに追加された（第13条、13条の2）。

> **臨検**
> 職務執行のため、他人の住所などの中に立入り、検査、検証を行うこと。児童虐待が疑われる場合の安全確認は、通告を受けてから48時間以内に直接目視により行うことを国は求めている。

③ 〈2017（平成29）年4月1日施行〉児童虐待の通告や保育や子育て支援の利用等が適当であるケースについては、児童相談所から市町村へも事案送致をし、情報共有と協働を図る（第8条）。一時保護や里親委託中に18歳を超えた場合でも、自立のための支援を継続できることとなった（第16条）などである。

全国の児童相談所における児童虐待相談件数は、2014（平成26）年度に88,931件となり、統計を取り始めた1990（平成2）年度の80.8倍、施行前の1999（平成11）年度に比べて7.6倍に増加しており、一向に増加の勢いはとどまる様子がない。2013（平成25）年度には、年間36例36人の死亡事例が報告されている。

図表4－1　児童虐待相談の対応件数及び虐待による死亡事例件数の推移

○ 全国の児童相談所での児童虐待に関する相談対応件数は、児童虐待防止法施行前の平成11年度に比べ、平成26年度は7.6倍に増加。

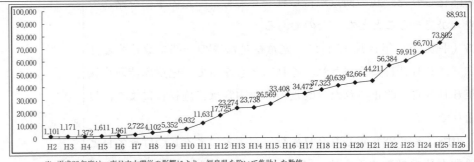

※ 平成22年度は、東日本大震災の影響により、福島県を除いて集計した数値

○ 児童虐待によって子どもが死亡した件数は、高い水準で推移。

	第1次報告 (H15.7.1〜H15.12.31) (6ヵ月間)			第2次報告 (H16.1.1〜H16.12.31) (1年間)			第3次報告 (H17.1.1〜H17.12.31) (1年間)			第4次報告 (H18.1.1〜H18.12.31) (1年間)			第5次報告 (H19.1.1〜H20.3.31) (1年3か月間)			第6次報告 (H20.4.1〜H21.3.31) (1年間)			第7次報告 (H21.4.1〜H22.3.31) (1年間)			第8次報告 (H22.4.1〜H23.3.31) (1年間)			第9次報告 (H23.4.1〜H24.3.31) (1年間)			第10次報告 (H24.4.1〜H25.3.31) (1年間)			第11次報告 (H25.4.1〜H26.3.31) (1年間)		
	心中以外	心中	計	心中以外	心中	計	心中以外	心中	計	心中以外	心中	計	心中以外	心中	計	心中以外	心中	計	心中以外	心中	計	心中以外	心中	計	心中以外	心中	計	心中以外	心中	計	心中以外	心中	計
例数	24	－	24	48	5	53	51	19	70	52	48	100	73	42	115	64	43	107	47	30	77	45	37	82	56	29	85	49	29	78	36	27	63
人数	25	－	25	50	8	58	56	30	86	61	65	126	78	64	142	67	61	128	49	39	88	51	47	98	58	41	99	51	39	90	36	33	69

※ 第1次報告から第11次報告までの「子ども虐待による死亡事例等の検証結果報告」より
出所：厚生労働省「児童虐待の現状」

（2）児童虐待防止法の目的

児童虐待は児童の人権侵害にあたり、親（保護者）であっても許されないことである。「児童虐待防止法」の目的は、そのことを明確に示し、児童虐待を禁止し、予防と早期発見に力を注ぎ、虐待された児童の保護、自立支援までの一貫した取り組みを国と地方公共団体の責任の下で行うことを明らかにし、児童の権利と利益を守ることにある。児童が体験した虐待が心身の成長や人格形成に与える重大性を示すことと、虐待された児童がいずれ親になりわが子を育てていくことを考えると、将来の世代の育成にも影響を与えるものであるという警鐘を鳴らしている。

虐待を受けた児童の年齢構成を見ると、小学校入学前の乳幼児期が43.5％と約半数に上り、3歳以前の場合、たとえ命をとりとめたとしてもその児童が受けた影響は計り知れない（平成26年度）。

図表4－2　児童相談所における児童虐待に関する相談の年齢構成

虐待を受けた子どもの年齢構成別

小学生が34.5％と最も多く、次いで3歳から学齢前児童が23.8％、0歳から3歳未満が19.7％である。なお、小学校入学前の子どもの合計は、43.5％となっており、高い割合を占めている。

被虐待児	0～3歳未満	3歳～学齢前	小学生	中学生	高校生等	総数
	17,479 (19.7%)	21,186 (23.8%)	30,721 (34.5%)	12,510 (14.1%)	7,035 (7.9%)	88,931 (100.0%)

資料：厚生労働省「児童虐待の現状」平成26年度

2．児童虐待の定義と分類

「児童虐待防止法」において、「**児童虐待**」とは、**保護者**がその監護する児童（18歳未満）に対する行為であるとし、次の4つに分類している（第2条）。ただし、法の第3条では、保護者だけでなく、「何人も、児童に対し、虐待をしてはならない」としている。

①**身体的虐待**

児童の身体に外傷が生じ、または生じるおそれのある暴行を加えること。

②**性的虐待**

児童にわいせつな行為をすること、または児童にわいせつな行為をさせること。

③**心理的虐待**

児童に対する著しい暴言や著しく拒絶的な対応、児童が同居する家庭における**配偶者**に対する暴力（面前DV：配偶者の身体に対する不法な攻撃であり生命や身体に危害を及ぼすものや心身に有害な影響を及ぼす言動をいう）、その他の児童に著しい心理的外傷を与える言動を行うこと。

④**育児放棄・怠慢＝ネグレクト**

児童の心身の正常な発達を妨げるような著しい減食や長時間の放置、保護者以外の同居人による身体的虐待や性的虐待・心理的虐待と同様の行為の放置、その他の保護者としての監護を著しく怠ること。

保護者
この場合、親権を行う者、未成年後見人その他、児童を実際に監護する者をいう。

身体的虐待
例として、殴る、蹴る、投げ落とす、首を絞める、熱湯をかける、タバコの火を押し付ける、溺れさせる、逆さづりにする、異物を食べさせる、異物を飲ませる、冬に戸外へ締め出す、鎖や縄で拘束するなど。

性的虐待
例として、児童への性的行為、性的行為を見せる、性器を触る触らせる、ポルノグラフィの被写体にするなど。

心理的虐待
例として、脅し、無視、拒絶、児童を否定し心を傷つけるような言動、きょうだい間での差別的な扱い、児童の目の前で配偶者や他の家族へ暴力を振るうなど。

配偶者
この場合、婚姻の届出をしていなくても事実上婚姻関係と同様の事情にある者を含む。

育児放棄・怠慢＝ネグレクト
例として、十分で適切な食事を与えない、不潔・不衛生な状態にしておく、乳幼児を家や車の中に放置する、病院に連れて行かない、学校へ行かせない、保護者以外の同居人による虐待を放置するなど。

また、**揺さぶられっ子症候群**や**代理によるミュンヒハウゼン症候群**のような特殊な虐待もある。

児童虐待の相談種別では、「心理的虐待」が最も多く、次いで「身体的虐待」となっている。心理的虐待では、児童が同居する家庭における配偶者に対する暴力（面前DV）のケースについて警察からの通告が増加している。

> **揺さぶられっ子症候群（shaken baby syndrome）**
> 頭部と頚部を支えないまま乳幼児の体を激しく揺さぶることによって、脳損傷を引き起こさせる。
>
> **代理によるミュンヒハウゼン症候群（Munchausen Syndrome By Proxy）**
> 自分の病気を捏造するものを「ミュンヒハウゼン症候群」というが、これは、子どもの病気を捏造して、医療機関に連れて行って治療を受けさせるものである。原因不明の病床にある子どもを献身的に看病する親を演じて、同情や関心を引くことが目的とされる。

図表4-3　児童虐待の相談種類別対応件数

種類別

心理的虐待が43.6％で最も多く、次いで身体的虐待が29.4％となっている。

種　類	身体的虐待	ネグレクト	性的虐待	心理的虐待	総　数
	26,181 (29.4％)	22,455 (25.2％)	1,520 (1.7％)	38,775 (43.6％)	88,931 (100.0％)

資料：厚生労働省「児童虐待の現状」平成26年度

3．児童虐待防止対策強化プロジェクト

図表4-4に示すように、主たる虐待者は、実母の割合が最も多い。核家族化が進み、閉鎖的な家庭環境の中での育児は、孤立しやすい。育児負担を軽減し、不安やストレスを解消して虐待を予防するためには、相談に来るのを待っているのではなく、必要な家庭に確実に支援が届くように**アウトリーチ**の手法が必要となる。さまざまな、家庭や地域の事情を踏まえて、地域全体で子育てを支援する取組がより一層必要とされている。

> **アウトリーチ**
> 相談機関で来談者を待つのではなく、地域へ出向いて積極的に援助活動を行うこと。

図表4-4　児童虐待相談の主な虐待者別構成割合

虐待者別

実母が52.4％と最も多く、次いで実父が34.5％となっている。※その他には祖父母、伯父伯母等が含まれる。

虐待者	実　父	実父以外の父	実　母	実母以外の母	その他※	総　数
	30,646 (34.5％)	5,573 (6.3％)	46,624 (52.4％)	674 (0.8％)	5,414 (6.1％)	88,931 (100.0％)

資料：厚生労働省「児童虐待の現状」平成26年度

2015（平成27）年12月21日に開催された第4回子どもの貧困対策会議において、児童虐待の発生予防から自立支援までの一連の対策を更に強化するために、「児童虐待防止対策強化プロジェクト」が始まった。以下は、「児童虐待防止対策強化プロジェクト」の概要である。

（1）児童虐待の発生予防

①妊娠期から子育て期までの切れ目ない支援

- 子育て世代包括支援センターを法定化し、センターを核として、産婦人科・小児科の医療機関等の地域の関係機関と連携しながら、妊娠期から子育て期までの切れ目ない支援を提供する仕組みの全国展開を図る。

> 子育て世代包括支援センターは、2017（平成29）年4月1日施行の母子保健法において、妊娠期から子育て期にわたるまで、切れ目のない支援を実施するためのワンストップ拠点として、市町村に設置（法律上は母子健康包括支援センター）。コーディネーターは、各機関との連携・情報の共有を図り、全ての妊産婦の状況を継続的に把握し、要支援者には支援プランを作成する。

子育て世代包括支援センター
平成32年度末までに、全国展開を目指す。（平成27年度150市町村）

- 支援を要すると思われる妊婦を把握した医療機関、児童福祉施設、学校等は、市町村に通知するよう努める。
- 施設（助産所、産科医療機関、母子生活支援施設等）を活用した妊婦への幅広い支援の在り方について検討する。

②孤立しがちな子育て家庭へのアウトリーチ

- 不安定な生活など、様々な事情により地域社会から孤立している子育て家庭に対するアウトリーチ支援を強化するため、乳児家庭全戸訪問事業を全ての市町村において実施する。養育支援訪問事業についても、全ての市町村において実施することを目指す。

> 乳児家庭全戸訪問事業は、生後4か月までの乳児がいる全家庭を保健師などが訪問し、子育て支援の情報提供や、母親（養育者）の不安や悩みに対する相談・指導、養育環境の把握などを行うものである。
>
> 養育支援訪問事業は、養育支援が必要にもかかわらず、自ら積極的に支援を求めることが困難な家庭に対し、保健師や助産師、看護師、保育士などが家庭訪問を行い、家事援助や相談、指導等を行い、負担を軽減して安定した子どもの養育ができるよう支援するものである。

乳児家庭全戸訪問事業
平成31年度までに、全ての市町村において実施する。（平成25年度1,660市町村（95.3％））

養育支援訪問事業
平成31年度までに、全ての市町村において実施することを目指す。（平成25年度1,225市町村（70.3％））

- 家庭教育支援チームなどによる、家庭教育に困難を抱えた家庭に対する幅広い相談対応などの訪問型家庭教育支援を推進する。

家庭教育支援チーム
平成31年度までに、訪問型家庭教育支援を行う家庭教育支援チーム数等（283チーム）を増加させる。

　　家庭教育支援チームは、文部科学省が教育振興基本計画に基づき、全ての保護者が安心して家庭教育を行えるように身近な地域において保護者へ支援を行っているチーム型支援であり、地域の子育て経験者や民生委員・児童委員などが構成員となり、公民館や小学校などで、子育てや家庭教育に関する相談に乗ったり、親子で参加する取組や講座等の学習機会、地域の情報などを提供している。

・低所得の妊婦に助産を行う助産施設や児童相談所全国共通ダイヤル（189）について、更なる周知を行う。

　　児童相談所全国共通ダイヤル（189）は、2009（平成21）年より、導入されたもので、全国共通の番号によって近くの児童相談所に電話がつながる仕組みである。2015（平成27）年7月1日から、10桁番号から3桁番号に変更して運用を開始している。

（2）児童虐待発生時の迅速・的確な対応

①児童相談所の体制整備

・児童相談所の体制や専門性を計画的に強化するため、「児童相談所体制強化プラン」を策定し、児童福祉司、児童心理司、保健師などの配置の充実や、子どもの権利を擁護する観点等からの弁護士の活用などを行う。

②市町村の要保護児童対策地域協議会の機能強化

・地域の関係機関等が連携して適切に対応するため、市町村における**要保護児童対策地域協議会**の設置を徹底する。

　　要保護児童対策地域協議会（子どもを守る地域ネットワーク）は、2004（平成16）年児童福祉法改正により設置された。地域の関係機関や団体が集まり、要保護児童や要支援児童とその保護者、要支援妊婦に関する情報を共有し、適切で迅速な保護や支援を図るため協議を行う。

児童福祉司
可能な限り早期に、全ての要保護児童対策調整機関に児童福祉司の資格を有する者等を配置する。（平成25年度1,276市町村（74.1％））

・要保護児童対策地域協議会が十分に機能を果たすため、要保護児童対策調整機関に**児童福祉司**の資格を有する者等の専門職の配置を拡大する。

・要保護児童対策地域協議会をより効率的に運営し、児童の置かれている状況に応じた手厚い支援を行うため、要保護児童対策調整

機関による次のような運用を促進する。
　a. 必要に応じて、関係機関が連携して支援等を行う児童か、まずは利用者支援事業などの利用を促す児童かを判断する。
　b. 関係機関などの協議に時間を要する場合に、必要に応じて、参加する1つの機関を主たる支援機関とする。

③関係機関における早期発見と適切な初期対応
・学校への**スクールソーシャルワーカー**及び**スクールカウンセラー**の配置を充実するとともに、これらの外部の専門家や教職員に対する児童虐待を含めた研修を充実する。
・医療機関において被虐待児童を早期に発見するとともに、被虐待児童やその保護者への対応を適切に行うため、医療従事者に対する研修や要保護児童対策地域協議会への参加を促進する。

④児童相談所などにおける迅速・的確な対応
・児童虐待の防止などに必要であるとして児童相談所や市町村から児童やその保護者の心身の状況等に関する資料などの提供を求められた場合に、地方公共団体の機関に加え、医療機関、児童福祉施設、学校などが資料などを提供できるものとする。
・虐待を受けていると思われる児童の安全を迅速に確保するため、臨検・捜索手続を簡素化し、都道府県は、再出頭要求を経ずとも、裁判所の許可状により、職員を児童の住所に臨検させ、児童を捜索させることを可能とする。
・児童虐待に関する地域のデータベースや統計調査の整備について、早急に対応を行う。
・都道府県や児童相談所による措置への司法の関与の在り方の見直しについて、早急に検討する。

⑤適切な環境における児童への対応
・里親などへの一時保護委託を推進するとともに、一時保護所についても必要な環境改善や量的拡大を図る。また、一時保護所について第三者評価の仕組みを設ける。
・児童相談所、警察及び検察が連携を強化し、個別事例に応じて、協同面接を実施するなど被虐待児童の心理的負担に配慮した試行的取組を実施する。

スクールソーシャルワーカー
平成31年度までに、全ての中学校区（約1万人（予算ベース））に配置する。

スクールカウンセラー
平成31年度までに、全公立小中学校（27,500校）に配置する。

情緒障害児短期治療施設
児童心理治療施設に名称変更（児童福祉法第43条の2、2017（平成29）年4月1日施行）。平成31年度までに、47カ所とする。（平成26年度38カ所）

・心理的問題を抱える被虐待児童を適切に支援するため、**情緒障害児短期治療施設**について、未設置の地域における整備を推進するとともに、通所指導の活用を促進する。

（3）被虐待児童への自立支援

①親子関係再構築の支援

・親子関係再構築を円滑に進め、児童の家庭復帰後の再度の虐待発生を防止するため、施設入所等措置の解除等に当たって、児童相談所が委託したNPO法人などによる助言・カウンセリングや、市町村、児童相談所、児童養護施設、NPO法人などの連携した対応による定期的な安全確認、相談・支援等を実施する。

②里親委託の推進

里親等委託
平成31年度までに、里親等委託率を22%とする。（平成26年度16.5%）

・**里親等委託**優先の原則を徹底するため、都道府県の業務として、里親の開拓から児童の自立支援までの一貫した里親支援を位置付けるとともに、社会福祉法人、NPO法人等への委託を推進する。

・乳児家庭全戸訪問事業、養育支援訪問事業及び乳幼児健康診査について、里親家庭も対象であることを明確化する。

③養子縁組の推進

・養子縁組里親を法定化し、研修の義務化や欠格要件、都道府県知事による名簿への登録などを定める。

・養子縁組の申し立て前から成立後のアフターケアまで、一貫した相談支援が重要であることから、児童相談所の業務として、養子縁組に関する相談・支援を位置付ける。

・育児・介護休業法上の育児休業などの対象に、養子縁組里親に委託された者などを加える。

児童家庭支援センター
平成31年度までに、340カ所とする。（平成26年度104カ所）

④施設入所児童への自立支援

・児童や保護者に対する相談・援助の強化を図るため、**児童家庭支援センター**の設置数を拡大する。

・施設入所等児童に対する効果的な自立支援のための職員を配置することなどにより、専門的支援を行う。

自立援助ホーム
平成31年度までに、自立援助ホームの箇所数を190カ所とする。（平成26年度118カ所）

・児童養護施設を退所した児童などの着実な自立を支援するため、**自立援助ホーム**の支援対象者について、22歳に達する日の属する

年度の末日までの間にある大学等就学者まで拡大することを目指す。
・児童養護施設を退所した児童などに対し、相談・支援などを行う退所児童アフターケア事業の実施地域を拡大するとともに、家賃相当額や生活費の貸付を行うことで安定した生活基盤を築くための自立支援資金貸付事業を創設する。
・18歳に達した者に対する継続的な自立支援の在り方について、関係者の意見を十分に踏まえながら、引き続き検討する。

（4）その他

施策の実施に当たっては、子どもへの支援は、社会全体で取り組むことが重要との認識の下、官・民のパートナーシップを構築し、民間の創意工夫を積極的に活用する。

また、既に、行政が未だ実施していない事業を民間投資によって行い、行政がその成果に対する対価を支払うといった手法が行われている。こうした取組をはじめとした先駆的な取組を幅広く参考とし、効果的な取組手法の検討・導入を目指していく。

さらに深く学ぶために

1）子どもの虹情報研修センター（日本虐待・思春期問題情報研修センター）http://www.crc-japan.net/index.php
2）児童虐待防止全国ネットワーク　オレンジリボン運動　http://www.orangeribbon.jp/zenkokunet/
3）すべての子どもの安心と希望の実現プロジェクト　児童虐待防止対策強化プロジェクト（内閣府ホームページ）http://www8.cao.go.jp/kodomonohinkon/kaigi/

社会福祉実践との関連を考えるために

1）児童虐待の事例を読み、なぜ児童虐待が起こったのか、なぜ予防できなかったのかを考えてみよう。
2）発見、対応はどのような経過を経て、どのような支援が行われたか検証してみよう。

第5回：DV防止法及び売春防止法の概要

学びへの誘い

　配偶者からの暴力がなぜ問題となるのか、その背景を理解しよう。配偶者からの暴力に逃げたくても逃げられない女性の社会的状況、被害女性への影響、発見時の対応、特に配偶者暴力相談支援センターの役割や自立支援のためのさまざまな制度について理解しよう。次に「売春防止法」が成立した当時と今日の社会情勢の変化を踏まえながら、法の目的と売春の定義について、また、要保護女子の発見や相談、指導、保護するための機関や補導処分となった女子の更生施設について理解し、児童買春との関連も考えよう。

1．配偶者からの暴力の防止及び被害者の保護等に関する法律の目的と背景

（1）「DV防止法」の背景

　ドメスティック・バイオレンス（Domestic Violence = DV）のドメスティックの原義は「家の主」であり、「家庭の」とか「家庭内の」と訳される。そして、ドメスティック・バイオレンスは「（主に夫の妻に対する）家庭内暴力」と訳される。DVは、単なる暴力の問題ではなく、暴力によって優位な立場にある者が下位の相手を支配しようとするものであり、男女間においてはほとんどが加害者は男性、被害者は女性である。女性が男性に暴力をふるうことはある。しかし、それによって男性が女性に支配し続けられてその立場から抜け出せないということはまれである。したがって、DVは、主に家庭内で夫の支配から抜け出せないでいる妻を対象としているのである。

　一般的に男性は、女性に比べて身体的に優位であり、社会的、経済的、意識的にも優位に立ち、力をもっている。それは、個人の問題ではなく、男性優位社会である社会構造に多くの原因がある。男女の賃金格差や昇進差別がある中、結婚し、妊娠、出産した女性は、一旦仕事を中断せざるをえず、その後は家事と育児の責任を負わされ、それを良しとしている文化も後押しをする。一旦仕事を中断すると、以前の職場やそれ以外でも条件の良い勤務につくことは困難であり、夫への経

DV防止法
「配偶者からの暴力の防止及び被害者の保護に関する法律」（配偶者暴力防止法）以下、「DV防止法」は、初め2001（平成13）年に公布、施行され、2004（平成16）年、2007（平成19）年、に改正された。2013（平成25）年の改正により、「配偶者からの暴力の防止及び被害者の保護等に関する法律」となった。（2014（平成26）年1月3日施行）

都道府県警察において、配偶者からの暴力事案を相談、援助要求、保護要求、被害届・告訴状の受理、検挙等により、認知・対応した件数は、34,329件（2011年）、43,950件（2012年）、49,533件（2013年）、59,072件（2014年）、63,141件（2015年）、となっている。
（警察庁調べ）

済的依存はますます強くなっていく。それによって、社会的地位をもつ夫の家庭内での立場はさらに優位になり、経済的に自立できない女性は、夫の支配から抜け出せなくなっていく。また、DVは、家庭内という密室の中で行われ、夫から受けている暴力を外へ訴えても問題として取り上げられないという意識や、夫の暴力の原因が妻の側にあるのではないかと詮索され、家庭生活がうまくいかないのは妻の責任、妻の問題とされ、家庭内の問題を口にしにくい状況もある。DVは単なる家庭内問題として捉えられ、家庭内に他人は立ち入らず介入しないほうがよいという文化、夫婦間の問題は夫婦で解決すべしとされ、家庭内においていかに妻が不利な立場に立たされているかについては理解されていない。

(2)「DV防止法」の目的

　その前文にあるように、たとえ夫婦であっても配偶者からの暴力が犯罪となる行為を含む重大な人権侵害であること、そして個人の尊厳を傷つける行為であることを社会に認識させることが目的である。被害者は、多くの場合が女性であり、経済的に自立が困難なために配偶者の暴力から逃げられずに我慢するほかなく、男女平等の実現の妨げになっている。そのため、配偶者からの暴力に係る通報、相談、保護、自立支援などの体制を整備し、配偶者からの暴力防止、被害者の保護を図ることなどを明言している。

　さらに、「DV防止法」(第2条)には国と地方公共団体の責務で、配偶者からの暴力を防止して被害者を保護し、自立支援を行うことを明確にしている。とくに、自立支援については、2004（平成16）年の改正時に追加されたものである。

　2007（平成19）年に改正された「DV防止法」(第1章の2) 基本方針と基本計画では、「内閣総理大臣、国家公安委員会、法務大臣、厚生労働大臣は、DV防止と被害者保護に関する基本的事項、施策の内容、その他重要事項についての基本方針を定めなければならない」とし、それに即して、都道府県は都道府県基本計画を定める義務を、市町村は（特別区を含む）市町村基本計画を定める努力義務を示している。

「DV防止法」は、単に、家庭内暴力を防止し被害者を助けようというものではなく、女性の人権を守り、真に男女平等社会を目指す、男性優位社会への挑戦でもあるといえよう。このことは、女性に対する暴力の根絶を目ざす**国際社会における取組み**に沿うものでもある。

2．DVの定義と背景

（1）「DV防止法」における暴力の定義

DV（配偶者からの暴力）とは、以下のことをいう。

①配偶者からの**身体に対する暴力**

身体に対する不法な攻撃であって生命または身体に危害を及ぼすもので、刑法上、暴行罪または傷害罪（身体的、精神的に障害を生じさせ生活機能に障害を与えるもの）に当たるような行為

②上記に準ずる**心身に有害な影響を及ぼす言動**

身体に対する暴力に当たらない精神的暴力や性的暴力、刑法上の脅迫（相手本人またはその親族の生命・身体・自由・名誉または財産に対して害悪を与える告知をすること）に当たるような言動

③配偶者からの身体に対する暴力等を受けた後に、離婚または婚姻が取り消された場合に、引き続き元配偶者から受ける身体に対する暴力等。

これは、離婚等の直後にDVが最も激しくなることへの配慮であるが、婚姻中にDVがなく離婚後に元配偶者から身体に対する暴力等が始まったような場合はDVに含まれない。

また、「DV防止法」（第1条の3）の「配偶者」とは、婚姻の届出をしていない婚姻関係と同様の事情（事実婚）の者を含み、「離婚」には、婚姻の届出に関係なく、事実上離婚したと同様の事情に入ることを含むとしている。

2013（平成25）年の一部改正により、生活の本拠を共にする交際相手からの暴力、その被害者についても、この法律を準用することとなった（2014（平成26）年1月3日施行）。その理由は、交際相手からの暴力が社会的に問題となっており、被害者やその親族が殺害されるという痛ましい事件も生じている中で、対象拡大が求められてきたからである。特に、被害者と加害者が同居している場合には、ストーカー規制法による禁止命令の適用が難しいこともある。そこで生活の本拠

国際社会における取組み
1993年国連「女性に対する暴力の撤廃に関する宣言」
1995年第4回世界女性会議における行動綱領
2000年国連特別総会「女性2000年会議」
などがあげられる。

身体に対する暴力
例として、殴る、蹴る、首を絞める、身体を傷つける、物を投げる、刃物で脅すなど。

心身に有害な影響を及ぼす言動
例として、人格を否定するような暴言、何を言っても無視をする、子どもに暴力をふるう、交友関係の制限や細かい監視、外出や仕事をさせない、女性に自由な言動を許さない、見たくないポルノグラフィを見せる、望まない時や場や方法で性行為を強要する、避妊をしない、妊娠を強要する、人工妊娠中絶を強要するなど。

を共にする交際相手と被害者をも対象とし、被害者保護のために加害者に退去命令をする場合も想定して準用に踏み切ったのである。

（2）DVを引き起こす家庭状況

　暴力によって生命や身体に危害を受けながらも、なぜ女性は抵抗しないのか。それは、抵抗しても無駄に終わってしまうからである。力では男性に及ばないし、男性は暴力の原因を女性のせいにし、抵抗するとよけいに暴力がひどくなる。では、なぜ女性は逃げないのか。それは、先にも述べたが、女性側に十分な経済力がないと家を出ても生活することができないからである。専業主婦の場合、夫が全ての財産を管理し、必要最低限の生活費しか与えられなければ、妻個人が使えるお金はない。多くの場合、家は男性名義のものであり、当面の生活費があったとしても、女性は家を失い、男性に経済的な依存をしていたために、将来どのように生計を立てていけばよいか危惧し、なかなか決心できない。子どもがいる場合はなおさらである。実際に、経済的自立は困難であり、2012（平成24）年の国民生活基礎調査によると、全世帯の1世帯当たり平均所得金額が548.2万円であるのに対して、**母子世帯**の1世帯当たり平均収入は**児童扶養手当**などの社会保障給付金も含めて250.1万円であり、全世帯の45.6％である。経済的にもこのような状況では、女性は逃げたくても逃げられないというのが現状である。さらに、強い恐怖感や無力感、敗北感により精神的にも大きなダメージを受け、これまで築いてきたものを失うことへの不安感なども判断力を奪ってしまうのである。

母子世帯
未婚、死別または離別の女親と、その未婚の20歳未満の子どものみからなる一般世帯（他の世帯員がいないもの）。

児童扶養手当
第9回児童扶養手当法の概要 p.100参照。

（3）DV特有のサイクル

　DVには、以下のような特有のサイクルがあるといわれている。

図表5－1　DV特有のサイクル

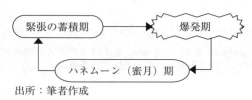

出所：筆者作成

図表5－2　配偶者暴力防止法の概要（チャート）

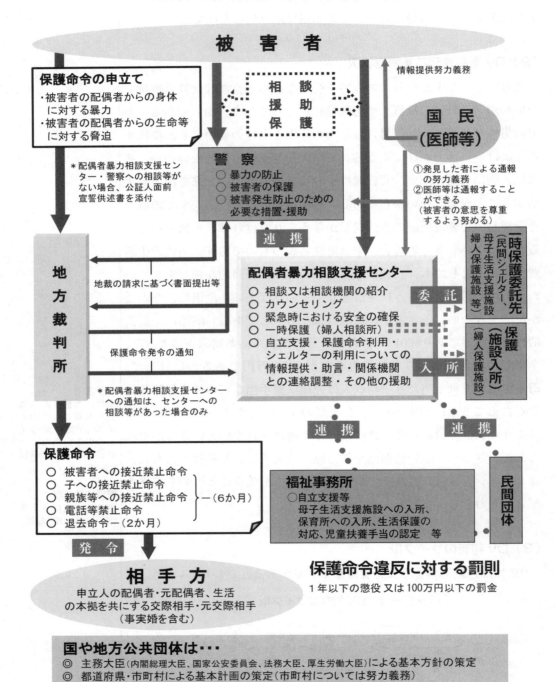

出所：内閣府「男女共同参画局　配偶者暴力防止法の概要（チャート）」

①緊張の蓄積期
　DV加害者は、些細なことでもストレスをためていき、そのはけ口を配偶者への暴力という形で爆発させる。

②爆発期
　配偶者にならストレスを発散させてもよいという意識、配偶者の人格を無視した、あるいは配偶者を見下した意識が隠されている。被害者がいくら気をつかって刺激しないようにしても、逆にそれを口実にし、怒りの原因を全て被害者に転嫁し、責めたて、加害者の気が済むまで暴力は止むことがない。矛先は子どもに向かうことも多い。暴力により、被害者は自尊心を失い、敗北感を感じさせられる。

③ハネムーン期
　爆発期の後、加害者は許しを請い、二度としないと約束をする。そして被害者を失うまいと必死になる。被害者は、自分の対応も悪かったのではと思い、もう一度だけと期待してしまう。被害者に頼る人や相談相手がいなければ、冷静に考えることもできない。友人や親、親戚などがいたとしても、連絡を制限し、社会との接点を絶って孤立させることにより、服従を強化したりする。やがて、加害者のストレスは蓄積されていき、再び爆発期へと向かう。

　DVのサイクルは繰り返されながら常習化し、暴力はエスカレートしていくのである。

3．DV発見時の対応

(1) DVの発見体制

　「DV防止法」（第6条）では、DVが家庭内で行われるために発見されにくいことと、被害者が援助を求めにくいことからDV被害者の発見者に対し、**配偶者暴力相談支援センター**または**警察官**への通報の努力義務を課している。ただし、通報の努力義務においてはDVの内容を「身体的暴力」に限定しており、精神的暴力や性的暴力は除かれる。その理由は、夫婦のプライバシーに抵触し、介入が難しいとされたためである。ただ、性的暴力は、身体的な暴力だけでなく、妊娠・出産・育児により、さらに女性の自立を阻むものとなってしまう。

　医師その他の医療関係者に対しても、医療行為などを行う場合に、

配偶者暴力相談支援センター
現在の設置数は、243か所（2014（平成26）年7月現在）。

警察官
通報やパトロールなどにより現場で「配偶者による身体的暴力」を認めた場合、その暴力を制止し、病院などの適当な場所に被害者を保護し、被害発生を防止するために警告などを与え、必要な措置をとるように努力義務が明記される。

医師その他の医療関係者
医師、歯科医師、保健師、助産師、看護師など。

負傷や疾病の原因が「配偶者からの身体的暴力」であるとわかれば、本人（DV被害者）の意思を尊重しながら配偶者暴力相談支援センターまたは警察官に通報できるとしている（第6条の2）。外国では、医師等に通報義務を課しているところもあるが、日本の場合、DVの被害者が多くの場合成人であり、本人の意思を尊重することになったようである。まだDVに対する十分な社会的理解と準備が整っていないことがうかがわれる。また、医師その他の医療関係者は、「配偶者からの身体的暴力」の被害者に配偶者暴力相談支援センターや婦人相談員、相談機関などの業務内容や連絡方法など、利用に必要な情報を提供する努力義務を負う。

（2）配偶者暴力相談支援センター

都道府県に必ず1ヶ所設置されている婦人相談所等が、その機能を果たしており市町村の婦人相談所や女性センター、市町村福祉事務所等に設置することもできる。配偶者からの暴力の防止、被害者保護のための業務を行う機関である。次のような業務を行う（第3条）。

①被害者に関するさまざまな問題（配偶者の暴力への対処方法や救済方法など）についての相談、**婦人相談員**や他の相談機関（公共職業安定所、法務局・地方法務局の人権擁護部門、警察署、児童相談所など）の紹介

②被害者の心身の健康を回復させるための医学的、心理学的な指導（カウンセリング）など

③被害者と同伴する家族（被害者の子どもや親など）の緊急時における安全の確保と一時保護

④被害者が自立して生活できるよう、就業の促進（公共職業安定所の職業紹介、職業訓練制度など）、住宅の確保（公営住宅の供給制度など）、援護などに関する制度（生活扶助・教育扶助・住宅扶助などの生活保護制度、児童扶養手当の支給制度など）やその他の制度（国民健康保険や国民年金などの社会保険に関する制度、児童の就学に関する制度など）の利用についての情報提供、助言、関係機関との連絡調整など

⑤保護命令制度の利用についての情報提供、助言、関係機関（裁判所

婦人相談員
もともと都道府県の委嘱を受けて、売春を行うおそれのある女子の発見、相談を行う者であったが、現在は、離婚問題や生活困窮問題、配偶者からの暴力問題など女性や家庭に関するさまざまな問題について相談に応じている。

など）への連絡調整など
⑥被害者を居住させて保護する施設の利用についての情報提供、助言、関係機関との連絡調整など

（3）DV 被害者の保護

被害者を居住させて保護する施設には、**婦人保護施設**や**母子生活支援施設**などの公的な施設、民間団体が運営するシェルターがある。

婦人相談所は、もともと「売春防止法」（第34条１項）により、性行または環境に照らして売春を行うおそれのある女子の保護更生を目的として、都道府県に設置されたが、今日では、婦人保護事業の中で女性に関するさまざまな相談に応じている。「DV 防止法」により、配偶者暴力相談支援センターの機能を担う機関の１つとして位置づけられ、DV 被害者の一時保護も行っている。厚生労働大臣が定める基準を満たす公的施設や民間シェルターに委託することもできる。

DV 被害者の生命や身体に危害が加えられることを防止するために、裁判所が、被害者からの申立により、身体的暴力や生命などに対する脅迫を行った配偶者に対し、一定期間、被害者やその子ども・親などへのつきまといなどを禁止し、被害者の生活の本拠としている住居からの退去などを命じ、命令違反した場合には刑罰が課されるというのが保護命令制度（第10条）である。

保護命令制度は、被害者の申立により裁判所が加害者に出す命令で、接近禁止命令、退去命令、電話禁止命令の三種類がある。被害者の子どもが15歳以上の場合は、接近禁止命令に対して本人の同意が必要である。

4．売春防止法の目的

売春防止法は、1956（昭和31）年に成立し、翌1957（昭和32）年に施行され、刑事処分については1958（昭和33）年から適用されることとなった。

この法律が成立した背景には、売春婦は、経済的理由のために身を売って生計を立てるしかすべがなく、社会的弱者であり、被害者であるという意識があった。貧困からくる生活問題であり、女性の社会的

婦人保護施設
「売春防止法」（第36条）「DV 防止法」（第5条）要保護女子を入所させて保護し、自立更生を図る施設。

母子生活支援施設
「児童福祉法」（第38条）配偶者のない女子またはこれに準ずる事情にある女子とその者の監護すべき児童を入所させて、保護するとともに、自立促進のために生活を支援し、退所した者について相談その他の援助を行う施設。

地位の低さでもあった。したがって、売春婦は保護すべきもの、罰するのではなく売春をさせないように保護更生を行い、処罰すべきは「売春を助長するもの」ということである。

「売春防止法」の目的は、売春が人としての尊厳を害し、性道徳に反し、社会の善良の風俗をみだすものであるから、売春を助長する行為などを処罰するとともに、性行や環境に照らして売春を行うおそれのある女子に対する補導処分と保護更生の措置を行うことによって、売春の防止を図ることであると記されている（第1条）。また、第3条には、「何人も、売春をし、またはその相手方となってはならない」と記されており、「売春防止法」は、①売春を助長する行為などを処罰することと、②売春を行うおそれのある女子に補導処分や保護更生の措置を行う、ことにより売春をなくそうとするものである。

（1）処罰される行為

①勧誘など（公衆の目にふれるような方法で、道路など公共の場所で、売春相手となるように勧誘したり、客待ちや広告などで売春相手となるように誘引すること）

②周旋など（売春の斡旋を行う目的で、勧誘や誘引する）

③困惑などによる売春（人をだましたり困惑させたり、あるいは親族などによる影響力を利用して売春させる。脅迫や暴行などを加えて売春をさせる）

④対償の収受など（「困惑などによる売春」をさせ、金銭などの対価を受け取る。あるいは、要求したり、約束をしたりする。親族関係による影響力を利用して、売春をした者に金銭などの対価を要求する）

⑤前貸など（売春をさせる目的で、金品や財産上の利益を前貸などにより与える）

⑥売春をさせる契約（売春をさせる内容の契約する）

⑦場所の提供（事情を知りながら売春を行う場所を提供する。あるいはそれを職業とする）

⑧売春させる業（相手を支配、管理下におき、売春させることを職業とする）

⑨資金などの提供（事情を知りながら、売春を行う場所を提供する職業や、売春させる業に資金・土地・建物を提供する）

（2）補導処分や保護更生

①補導処分

　売春をする目的で勧誘や誘引を行った満20歳以上の女子に対し、懲役や禁錮について執行猶予となった場合には、補導処分となる。**婦人補導院**での6か月間収容の更生補導を受ける。

②保護更生

　保護更生のために、婦人相談所や**婦人保護施設**が設置されている。また、要保護女子の発見や相談・指導などを行う婦人相談員が配置されている。民生委員・児童委員・保護司・更生保護事業を営むもの・人権擁護委員も婦人相談所や婦人相談員に協力するものとなっている。

5．売春の定義

　「売春防止法」（第2条）において、売春とは、対償を受け、または受ける約束で、不特定の相手方と性交することをいう。

　つまり、性交を行うことによって金銭などの報酬を受けることである。実際に受け取らなくても、金銭などの報酬を受ける約束をして性交しただけで売春となる。ただし、相手が特定の人物である場合は含まれないので、愛人など身元がわかっている場合は売春とはならない。

　女性のみを対象としていることも特徴であり、男性は含まれない。

　「売春防止法」では、売春婦はあくまでも被害者である。そのために、売春婦は処罰されることなく、保護更生が行われる。処罰されるのは売春を助長するものに対してである。しかし、今日では社会情勢が変化し、生活上の貧困がきっかけで行われる売春ばかりではなくなってきている。「性を商品化」し、第三者の強制や管理もなく、興味関心から、あるいは安易に収入を得る方法として自ら売春にかかわっていくものもいる。売春形態が多様化し、手口も巧妙化しているため、どこまでが売春でどこまでが売春でないのか、売春をしているという意識もないものもいるであろう。そして、売春する者は、知識も不十分なまま危険で不衛生な状況下におかれる。

婦人補導院
「婦人補導院法」（1958（昭和33）年、1972（昭和47）年改正）に詳細な規定がなされている。「売春防止法」（第17条）により、補導処分となった満20歳以上の女子を収容し、更生させるために補導を行う、法務省が設置する国立の矯正施設である。現在は東京婦人補導院の1か所しかない。

婦人保護施設
全国に48か所ある（2015（平成27）年）。「売春防止法」（第36条）に規定される、要保護女子を収容保護し、自立更生を図る施設である。都道府県に設置することができる。

また、「売春防止法」は、性交のみを対象としているため、さまざまな風俗関連営業の営業所、いわゆる性産業があふれているなかで、女性の尊厳や性道徳を守り、社会の善良な風俗を維持していくことができるかは大きな課題である。

6．売春発見時の対応
（1）婦人補導院
　1人ひとりの個性や心身の状況、家庭環境などを考慮しながら、社会生活に適応させるための生活指導や職業補導、心身の障害に対する医療を行い、自立生活ができる女性として復帰させることを目的としている。生活指導では、相談、助言などにより、婦人の自由と尊厳を自覚させ、家事などの基礎的教養を授け、その情操を豊かにさせるとともに、勤労の精神を身につけて自主自立の精神を体得できるように指導が行われる。

（2）婦人相談所
　「売春防止法」（第34条）に規定されている施設で、都道府県に設置義務がある。婦人相談所は、性行や環境に照らして売春を行うおそれのある女子（以下、要保護女子）の保護更生を行う。その内容は以下の通りである。
①要保護女子に関する、さまざまな問題の相談に応じる。
②要保護女子とその家庭について、必要な調査や医学的・心理的・職能的判定を行い、必要な指導を行う。
③要保護女子の一時保護を行う。
　一時保護所は、婦人保護施設への収容保護や関係諸機関などへ移送などの措置がとられるまでの間、あるいは短期間の更生指導を必要とする場合などに利用される。
　「配偶者からの暴力防止及び被害者の保護に関する法律」（「DV防止法」）の制定により、配偶者暴力相談支援センターとしての機能も果たすこととなり、婦人保護事業全般にかかわる第一線の機関である。
　2016（平成28）年6月3日の改正により、婦人相談所長は、母子保護の必要がある場合、都道府県又は市町村（特別区を含む）の長に報

図表5-3 婦人保護事業の概要

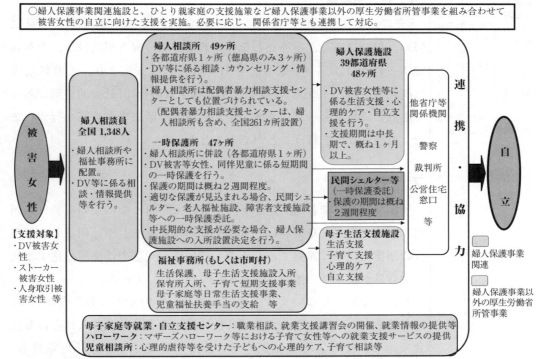

(注) 婦人相談員、婦人相談所及び婦人保護施設の数は平成27年4月1日現在。配偶者暴力相談支援センターの数は平成27年11月9日現在

出所：厚生労働省「女性に対する暴力に関する専門委員会　平成28年11月15日　児童相談所・婦人相談所での保護や自立支援について」

告、通知しなければならないことが追加された（第36条の2、2016（平成28）年10月1日施行）。婦人相談所により一時保護された女性の多くは児童を伴っており、夫等からの虐待を受けているケースが多いためである。

(3) 婦人保護施設

　入所者に対し、健全な環境の下で、社会福祉事業に関する熱意や能力をもつ職員により、社会で自立した生活をおくることができるように適切な支援や処遇が行われる。入所者の起床・就寝・食事・入浴など日常生活についての規定を定め、個人の生活を尊重しながら各入所者ごとに自立促進計画が作成され、就労や生活に関する指導・援助が行われる。民間の婦人保護施設もあるが、各都道府県の婦人相談所に併設されているケースが多く、婦人相談所を通して保護が行われる。

（4）婦人相談員

「売春防止法」（第35条）に規定されており、要保護女子の発見に努め、相談に応じ、指導などを行う者である。婦人相談員は、非常勤であったが、2016（平成28）年6月3日の改正により、非常勤規定は削除となった（2017（平成29）年4月1日施行）。社会的信望があって熱意と識見をもっている者の中から都道府県知事が委嘱を行う。また、市長もこれを行うことができるとなっている。

7．その他

今日、世界的にも児童買春が深刻な社会問題となっている。日本国内においても、児童買春は、もはや「児童福祉法」や「刑法」など現行の法律だけでは対処できなくなっている。児童の性を商品化する社会的背景が広がり、援助交際なるものも蔓延している。

十分な理解をしないまま売春にかかわっていく子どもたちがいる。何も知らない子どもたちが簡単に性に関する商品を手に入れられる社会である。そのような状況の中、1999（平成11）年に「児童買春、児童ポルノに係る行為等の処罰及び児童の保護等に関する法律（児童買春・児童ポルノ禁止法）」が制定され、児童に対する性的搾取と性的虐待が児童の著しい権利侵害であることを明言し、児童買春や児童ポルノに係る行為などが処罰されることになった。

また、携帯電話が幼い子どもにまで普及し、インターネットを利用して簡単に有害情報が子どもに届くようになった。これをうけて、「インターネット異性紹介事業を利用して児童を誘引する行為の規制等に関する法律（出会い系サイト規制法）」が、2003（平成15）年に施行された。携帯電話、コンピュータなどを子どもが手にするきっかけは、やはり大人に責任がある。

人権意識を高め、大人も子どもも、男性も女性も全ての人がかけがえのない存在として人権が尊重されるような社会づくりを目指していかなければならない。

さらに深く学ぶために

1）レノア・ウォーカー著、斎藤学監訳『バタードウーマン―虐待さ

婦人相談員
「配偶者からの暴力防止及び被害者保護に関する法律」（「DV防止法」）の制定により、配偶者からの暴力被害者の相談や指導も行うこととなり、さまざまな婦人問題にかかわる相談指導を行っている。

れる妻たち』金剛出版、1997
2）DV 法を改正しよう全国ネットワーク編著『女性たちが変えた DV 法』新水社、2006
3）内閣府ホームページ『配偶者からの暴力被害者支援情報サイト』
　http://www.gender.go.jp/e-vaw/index.html

社会福祉実践との関連を考えるために
1）家庭内で DV を目撃している子どもへの影響を考えてみよう。
2）DV のある家庭では子どもへの虐待も行われていることが多く報告されている。DV と児童虐待の関連についてまとめてみよう。

第6回：母子及び父子並びに寡婦福祉法、母子保健法の概要

学びへの誘い

　第6回では、母子及び父子並びに寡婦福祉法と母子保健法を中心に、その目的や内容について理解しよう。近年、離婚の増加で母子・父子家庭が急増している。これらひとり親家庭が共に抱える生活問題を把握し、それに対してどんな施策があるかを学んでいく。さらに妊婦・乳幼児健診など母子の健康を守るための母子保健の実際を理解しよう。

1．母子及び父子並びに寡婦福祉法　　　　［1964（昭和39）年法律129］の概要

（1）ひとり親家庭（母子家庭・父子家庭）の現状

　母子家庭の生活の安定をめざした母子及び父子並びに寡婦福祉法は、母子家庭等及び父子家庭もその対象に含んでいる。従来は、母子家庭・父子家庭を片親あるいは欠損家庭としてとらえる見方もあったが、離婚による母子・父子家庭の増加や家族形態の多様な変化により、母子・父子家庭を「ひとり親」家庭として認識する考えが広まっている。

　母子家庭の母親の就労状況をみると、就労率は1961（昭和36）年の86％と2011（平成23）年の80.6％と大きな変化はないが、常用雇用者の割合は、2006（平成18）年では42.5％であったのに対し、2011（平成23）年では39.4％と減少している。今日、母子家庭及び父子家庭の自立を図るためには、母子及び父子家庭の仕事と育児の両立と合わせ、子どもを育てるのに条件の良い雇用先や仕事の確保が可能となるよう、技能修得等を支援していくことが大きな課題となっている。

（2）母子及び父子並びに寡婦福祉法の目的

　この法は、母子及び父子家庭並びに**寡婦**を対象とし、その生活の安定と向上のため必要な相談や支援、資金の貸付けなど、母子及び父子家庭並びに寡婦の福祉を図ることを目的としている。

　母子家庭とは、配偶者のない女子が20歳未満の児童を扶養している家庭をいう。

　配偶者のない女子とは、①配偶者と死別した女子で、現に婚姻（事

寡婦
寡婦とは、配偶者のない女子であって、以前に配偶者のいない女子として児童を扶養していたことのある者をいう。

実上婚姻関係と同様の事情にある場合を含む）をしていない女子、②離婚、③配偶者の生死不明、④配偶者からの遺棄、⑤配偶者が海外に住んでいて扶養を受けられない、⑥配偶者の心身の障害により長期にわたる労働力不能で扶養が受けられない、などの状態も含まれる。

児童福祉六法の1つであるこの法は、児童福祉法がその対象を18歳未満の児童とするのに対し、母子及び父子並びに寡婦福祉法の対象は20歳未満の児童である。それは、現代の社会において18歳で子どもが社会人として自立することは困難であるという状況を踏まえ、その対象は20歳までとなっている。これは自立に向けての支援を行うという考えにもとづいている。この法の対象は、当初は「母子家庭及び寡婦」と規定されていたが、2016（平成28）年6月の法改正により、対象が「母子及び父子並びに寡婦」とされ、父子家庭も含まれることとなった。従来に比べ離婚による父子家庭の増加により、父子家庭の生活を支えることが必要になってきた社会的背景がある。

> **児童福祉六法**
> 第3回児童福祉法の概要 p.22参照。

（3）母子・父子・寡婦福祉貸付金

母子・父子家庭・寡婦を対象に、都道府県は母子・父子・寡婦福祉資金を貸付けている。配偶者のない女子及び男子で児童を扶養しているもの又はその扶養している児童に対し、配偶者のない女子及び男子の経済的自立を助け、生活意欲の助長を図り、あわせてその扶養している児童の福祉を増進するために資金を貸付けている。

母子・父子・寡婦福祉資金の貸付けは法第13条に、寡婦福祉資金の貸付けは法第32条に規定されている。これらの制度は、母子家庭や父母のいない児童、または寡婦の経済的自立を支援するための貸付け制度で、どちらも同じ条件で貸付けられる（図表6－1参照pp.74～75）。

資金の種類は、次の12種類がある。①事業開始資金、②事業継続資金、③修学資金、④技能習得資金、⑤修業資金、⑥就職支度資金、⑦医療介護資金、⑧生活資金、⑨住宅資金、⑩転宅資金、⑪就学支度資金、⑫結婚資金である。これらは無利子、または低金利で貸付ける。資金を借りるには1名以上の保証人が必要となる。

（4）母子・父子福祉施設

母子家庭の母及び父子家庭の父並びに児童がその心身の健康を保ち、生活の向上を図るために利用する施設として、母子・父子福祉センター、母子・父子休養ホームが設置されている。都道府県、市町村、**社会福祉法人**などは、母子家庭及び父子家庭の福祉を守るための施設として、母子・父子福祉施設を設置することができる。

母子・父子福祉センターとは、母子家庭及び父子家庭に対し無料や低額の料金で、相談に応じるとともに生活の指導や就労に関する相談、指導を行うために設けられた施設である。

母子・父子休養ホームは、母子家庭の母及び父子家庭の父と子に対してレクリエーションや休養のために設けられた施設であり、無料又は低額な料金で利用することができる。実際には単独の施設としてあるのではなく、公共の保養施設などが母子・父子休養ホームとして指定されている。

母子・父子福祉センターや母子・父子休養ホームについては、すでに子どもを扶養していない寡婦も利用可能である。

（5）母子家庭及び父子家庭自立支援給付金事業

母子家庭及び父子家庭の自立支援を図るための施策（法第31条）として、都道府県や（福祉事務所を設置する）市町村を窓口として実施されている。

事業内容は、次の2つである。

①母子家庭及び父子家庭自立支援教育訓練給付金：母子家庭の母及び父子家庭の父の能力開発を支援するため、教育訓練講座修了後に経費の60％を支給する。

②母子家庭及び父子家庭自立支援高等職業訓練促進費：これらの費用を受給する者に対し、入学準備金や就職準備金を給付し、5年間就業を継続した場合返還を免除とする。

母子家庭の母及び父子家庭の父の場合、子どもを育てながらの就労は厳しい。そのため、生活の安定や将来に向けて技能を修得することは必要で、それが自立支援にもつながることからこの事業が始まった。

社会福祉法人
社会福祉法人とは、福祉サービスを提供することを目的として、社会福祉法にもとづいて設立された法人。

(6) ひとり親家庭等

　2016（平成28）年の法改正により、「母子家庭及び父子家庭並びに寡婦介護人派遣事業」が改められ、母子家庭及び父子家庭日常生活支援事業（法第17条）、寡婦日常生活支援事業（法第33条）として規定されている。

　これは母子家庭及び父子家庭や寡婦が、一時的に子どもの養育ができない時や日常生活を営むのに支障が生じている時などに、訪問介護員や保育士の資格を持つ家庭生活支援員を派遣するものである。

　支援内容は、乳幼児の保育、食事の世話、住居の掃除、身の回りの世話、生活必需品等の買い物、医療機関等との連絡、その他の必要な用務である。ひとり親として子どもを育てている場合、生活に即したこれらの支援は、母子家庭に限らず、父子家庭にとっても必要な支援である。とくに父子家庭の場合は、仕事との両立として、乳幼児の保育や買い物や料理、掃除など家事に困難をかかえていることが多く、訪問介護員の援助による生活の安定は有り難いと答える父子家庭も多い。

(7) 公営住宅の優先入居・保育所の優先入所への配慮

　地方公共団体は「公営住宅の供給を行う場合には、母子家庭及び父子家庭の福祉が推進されるように特別の配慮をしなければならない」（法第27条）と定め、市町村は「保育所に入所する児童を選考する場合には、母子家庭及び父子家庭の福祉が増進されるように特別の配慮をしなければならない」（法第28条）と定めている。

　夫や妻との死別や離婚によって、生活の激変を経験する母子及び父子にとって安心できる住宅が保障されることは、生活の安定や将来の自立につながる。ひとり親家庭としての認識が広まってきたとはいえ、まだまだ母子家庭及び父子家庭などひとり親家庭に対する社会の風当たりは厳しく、就労をしていない母及び父が住宅を借りることすら難しい。その厳しい現状のなかで、公営の住宅が確保されることは、子育てをしながら地域社会との関係を作っていくという意味においても重要な子育て支援である。また就労が必要な母及び父にとって子どもが保育所に入所し、安心して働くことができ、子育てで悩むときも、

保育士から的確な助言を得ることは母子及び父子にとって必要なことである。母子及び父子の自立支援において生活の基盤となる住宅の確保と子育ての支援となる保育所への優先入所は大きな拠りどころとなる。

(8) 母子・父子自立支援員

　母子・父子自立支援員は、2016（平成28）年の法改正により、母子家庭のみの対象から父子家庭を含む現在の名称に変更された。福祉事務所を設置する都道府県知事・市町村長が社会的信望があり、職務を行うに必要な熱意と識見を持っている者のうちから、母子・父子自立支援員を委嘱するものとする（法第8条）と定め、その職務として、配偶者のない女子及び父子や寡婦に対し、職業能力の向上や求職活動に関する支援を行うこととしている。

　母子・父子自立支援員は、基本的に福祉事務所に配置される非常勤の職員であるが、先述の職務につき相当の知識経験を有する者については、常勤とすることができるとしている。職務として就労支援などが要求されているが、その対象は10代の母や外国人女性、精神疾患や知的障害などのある女性及び男性など生活を営み、子どもを育てる上でハンディキャップを持つ母・父も多く、その対応も難しい。時には母親・父親自身に基本的生活習慣を身につけてもらうことや料理、掃除などの家事、あるいは子育てをするうえでの知識や技術などを伝えていくことも必要とされている。

(9) 母子家庭等就業・自立支援センター事業

　2003（平成15）年から実施され、母子家庭等の状況に応じて、適切な助言を行う就業相談の実施、習熟度に応じ段階的に実施する就業支援講習、公共職業安定所等職業紹介機関と連携した就業情報の提供など、一貫した就業支援サービスを提供する。さらに生活の安定と児童の福祉の向上をはかるため、養育費の取り決めなど専門家による相談体制の整備や地域で生活し、継続的生活指導を必要としている母子家庭等への支援体制の整備などを総合的に行うことを目的としている。

　実施主体は、都道府県（指定都市及び中核市を含む）とし、この事

業の全部または一部を**母子・父子福祉団体**、社会福祉協議会、社会福祉法人、NPO法人等に委託することができる。

（10）寡婦福祉

配偶者のいない女子でその扶養する子が20歳に達した場合および配偶者と離死別した女子で扶養する子がない場合は「寡婦」として法の対象外となっていた。しかし子どもが成人したからといって、それはすぐにその家庭の経済的・社会的な自立を意味するものではない。むしろ近年の核家族化の進行のなかで、寡婦家庭の自立は困難になっている。

福祉の措置としては、母子・父子自立支援員および福祉事務所の相談業務等、公共的施設内における売店等の優先許可、製造たばこ小売人の優先許可、国または地方公共団体の雇用促進に必要な措置を講ずる努力、寡婦の雇用に関する公共職業安定所等の協力、母子・父子福祉施設の利用等がある。

（11）母子及び父子並びに寡婦福祉制度にかかわる財源

母子及び父子並びに寡婦福祉制度を実施するうえで必要な支出のうち、市町村の支弁としては、母子家庭及び父子家庭寡婦日常生活支援事業や母子家庭及び父子家庭自立支援給付金の支給等である。都道府県の支弁は、市町村の支弁と共に、就業支援の実施に要する費用である。母子生活支援施設の運営費については、国、都道府県、市町村、指定都市、児童相談所設置市、中核市などがそれぞれ分担している。

（12）母子及び父子並びに寡婦福祉サービスの最近の動向

最近の動向として、母子家庭及び父子家庭については就労支援のより一層の強化がはかられている。具体的には、就業相談から技能を修得するための講習、就業情報の提供にいたるまでの一貫した就労支援サービス、さらには養育費確保等の役割を担う母子家庭及び父子家庭生活向上のための取り組みが強化されている。

また子育て支援として、短期入所生活援助（**ショートステイ**）・夜間養護（**トワイライトステイ**）、土日や夜間における電話相談、大学

母子・父子福祉団体
母子・父子福祉団体とは、配偶者のない女子・男子で現に児童を扶養しているものや寡婦の福祉の向上を目的に設立された社会福祉法人等の法人団体。

ショートステイ
ショートステイとは、出産や冠婚葬祭、育児疲れなどの際、子どもを児童福祉施設などで宿泊を伴う一時預かりを行う制度。

トワイライトステイ
トワイライトステイとは、ひとり親家庭の子どもを小学校終了後、親が帰宅するまでの間、児童養護施設や母子生活支援施設などで保護する制度。第15回 p.190参照。

図表6-1 母子・父子・寡婦福祉貸付金の概要

資金の種類	貸付対象等		貸付限度額	貸付を受ける期間	据置期間	償還期限	利率
事業開始資金	母子家庭の母 父子家庭の父 母子・父子福祉団体 寡婦	事業（例えば洋裁、軽食後、文具販売、菓子小売業等、母子・父子福祉団体については政令で定める事業）を開始するのに必要な設備、什器、機械等の購入資金	2,830,000円 団体 4,260,000円 (注) 複数の母子家庭の母等が共同して起業する場合の限度額は団体貸付の限度額を適用できるものとする。		1年	7年以内	無利子（母子・父子・寡婦で保証人無は年1.5%）
事業継続資金	母子家庭の母 父子家庭の父 母子・父子福祉団体 寡婦	現在営んでいる事業（母子・父子福祉団体については政令で定める事業）を継続するのに必要な商品、材料等を購入する運転資金	1,420,000円 団体 1,420,000円		6か月	7年以内	※事業開始資金と同様
修学資金	母子家庭の母が扶養する児童 父子家庭の父が扶養する児童 母父のない児童 寡婦が扶養する子	高等学校、大学、高等専門学校又は専修学校に就学させるための授業料、書籍代、交通費等に必要な資金	高校、専修学校（高等課程）－私立の限度額 　　　　　　　　　　　　　　(30,000) （自　宅）月額 45,000円 　　　　　　　　　　　　　　(35,000) （自宅外）月額 52,500円 大学、高等専門学校、専修学校（専門課程）－私立の限度額 　　　　　　　　　　　　　　(54,000) （自　宅）月額 81,000円 　　　　　　　　　　　　　　(64,000) （自宅外）月額 96,000円 　　　　　　　　　　　　　　(32,000) 専修学校（一般課程）月額 48,000円 ※ カッコ内の数値は、一般分限度額 (注) 高等学校、高等専門学校及び専修学校に就学する児童が18歳未満に達した日以後の最初の3月31日が終了したことにより児童扶養手当等の給付を受けることができなくなった場合、上記の額に児童扶養手当の額を加算した額	就学期間中	当該学校卒業後6か月	20年以内 専修学校（一般課程）5年以内	無利子 ※親に貸付ける場合は児童を連帯借受人とする（連帯保証人は不要）。 ※児童に貸付ける場合は親等を連帯保証人とする。
技能習得資金	母子家庭の母 父子家庭の父 寡婦	自ら事業を開始し又は会社等に就職するために必要な知識技能を習得するために必要な資金	【一般】　月額　68,000円 【特別】　一括　816,000円 　　　　　　　　（12月相当） 運転免許　460,000円	知識技能を習得する期間中5年をこえない範囲内	知識技能習得後1年	20年以内	無利子（保証人無は年1.5%）
修業資金	母子家庭の母が扶養する児童 父子家庭の父が扶養する児童 母父のない児童 寡婦が扶養する子	事業を開始し又は就職するために必要な知識技能を習得するために必要な資金	月額　68,000円 特別　460,000円 (注) 就業施設で知識、技能習得中の児童が18歳に達した日以降の最初の3月31日が終了したことにより児童扶養手当等の給付を受けることができなくなった場合、上記の額に児童扶養手当の額を加算した額	知識技能を習得する期間中5年をこえない範囲内	知識技能習得後1年	6年以内	※修学資金と同様

資金種別	貸付対象	資金使途	限度額	据置期間	償還期限	利率
就職支度資金	母子家庭の母又は児童／父子家庭の父又は児童／父母のない児童／寡婦	就職するために直接必要な被服、履物等及び通勤用自動車等を購入する資金	一般 100,000円／特別 320,000円	1年	6年以内	無利子 ※親に貸付ける場合で保証人無は年1.5% ※児童に貸付ける場合は修学資金と同様
医療介護資金	母子家庭の母又は児童／父子家庭の父又は児童（どちらも児童は医療のみ）／寡婦	医療又は介護（当該医療又は介護を受ける期間が1年以内の場合に限る）を受けるために必要な資金	【医療】 340,000円／特別 480,000円／【介護】 500,000円	6か月	5年以内	無利子（保証人無は年1.5%）
生活資金	母子家庭の母／父子家庭の父／寡婦	知識技能を習得している間、医療若しくは介護を受けている間、ひとり親家庭になって間もない（7年未満）生活安定・継続している間（生活安定期間）又は失業中の生活を安定・継続するのに必要な生活補給資金	【一般】月額 103,000円／【技能】月額 141,000円（注）生活安定期間の貸付は、配偶者のない女子又は男子となった事由の生じたときから7年を経過するまでの期間中、月額103,000円、合計240万円を限度額とする。また、生活安定期間中の養育費の取得のための裁判費用については、1,236,000円（一般分の12月相当）を限度として貸付けることができる。（注）物価の影響を受けている母子家庭の安定した生活を支える観点から、当面、3月相当額の一括貸付を行うことができる。	・知識技能を習得する期間中5年以内・医療又は介護を受けている期間中1年以内・離職した日の翌日から1年以内	知識技能習得後、医療若しくは介護終了後又は生活安定の貸付若しくは失業中の貸付期間満了後6か月	技能習得20年以内／医療又は介護5年以内／生活安定貸付8年以内／失業5年以内	無利子（保証人無は年1.5%）
住宅資金	母子家庭の母／父子家庭の父／寡婦	住宅を建設し、購入し、補修し、保全し、改築し、又は増築するのに必要な資金	1,500,000円（特別 2,000,000円）	6か月	6年以内／特別7年以内	無利子（保証人無は年1.5%）
転宅資金	母子家庭の母／父子家庭の父／寡婦	住宅を移転する住宅の賃借に際し必要な資金	260,000円	6か月	3年以内	無利子（保証人無は年1.5%）
就学支度資金	母子家庭の母が扶養する児童／父子家庭の父が扶養する児童／父母のない児童／寡婦が扶養する子	就学、修業するために必要な被服等の購入に必要な資金	小学校 40,600円／中学校 47,400円／国公立高校 160,000円／修業設等 100,000円／私立高校 420,000円／国公立大学・短大等 380,000円／私立大学・短大等 590,000円	6か月	就学20年以内／修業5年以内	※修学資金と同様
結婚資金	母子家庭の母／父子家庭の父／寡婦	母子家庭の母が扶養する児童、父子家庭の父が扶養する児童、寡婦が扶養する20歳以上の子の婚姻に際し必要な資金	300,000円	6か月	5年以内	無利子（保証人無は年1.5%）

（注）償還：年賦、半年賦、月賦いずれも可能で繰上償還もいつでもできる。
　　　違約金：年賦、半年賦、月賦いずれも場合でも、その指定日に償還しなかったときは、その翌日から納入した当日までの日数を計算し、元利金につき年5％の違約金が徴収される。
出所：『児童福祉六法（平成28年版）』中央法規出版、pp.2981〜2985

生によるホームフレンドという児童訪問援助など、さまざまなきめの細かいサービスが展開されている。

しかし一方で、経済的困難や生活上の困難をかかえる母子家庭及び父子家庭に対する**児童扶養手当**の見直しなど厳しい状況もあり、ひとり親家庭の養育にはまだまだ多くの困難が山積している。

子どもが生まれながらにして「人生の見込みの不平等」を感じることなく、どのような家庭に生まれようとも人生の希望を失わない制度やサービスの充実が求められる。

2．母子保健法［1965（昭和40）年法律141］の概要
（1）母子保健の現状

母子保健は**母性**と子どもの健康を守り、それを保持し増進を図ることを目的としている。児童福祉の対象に、子どもだけでなく、妊産婦が含まれることからもわかるように、お母さんのおなかに赤ちゃんがいるときから、子どもの幸せを守る営み＝児童福祉は始まっているのである。

従来、母子保健は、戦争や災害、貧困による食糧や栄養不足のために、免疫力が低下した母子の感染症をいかに予防・治療するかに重点がおかれていた。とくに**乳児死亡率**を少しでも低くするために、時代を追って母子保健事業は少しずつ改善されてきた。

現在は、母子保健においても**ウェルフェアからウェルビーイング**の考えが進んでいる。母子の健康を守り増進するためだけでなく、地域における子育て支援の入り口として、新生児訪問や未熟児訪問、乳幼児健康診査がその役割を果たしている。これら母子保健のサービスは、育児不安の強い、あるいは虐待の恐れがある母親などの早期発見、予防に繋がる重要な役割を担っている。また、虐待死が0歳児、とくに生後4か月未満児に多く見られることを背景として、生後4か月児を対象とした家庭への全戸訪問などが2007（平成19）年から始まっている。

これら一連の事業は、児童福祉を推進するための予防や治療にとどまらず、地域における子育て支援の最先端としての役割を担っているといえよう。

児童扶養手当
第9回 p.101 参照。

母性
母性とは、女性が持っているといわれている母親としての性質。また子を産み育てる母親としての機能のことを指す。英語ではmotherhood、あるいはmaternityという。母子保健上の「母性」は、妊娠、出産、育児という特有の機能を果たす女性そのものを指す概念である。

乳児死亡率
乳児死亡率：出生千対で表される所定の年の1歳未満の子どもの死亡数である。

ウェルフェアからウェルビーイング
母子の健康を守るために従来の予防や保護を目的とした施策から、積極的に子育てを支援していこうとする施策へと展開している。

母子保健は、母子の健康を守り、子どもの乳幼児期についての不安や問題を解決し、より豊かな子育てを支援するための制度・サービスであるといえよう。わが国では出生前後の子どもの成長と発達の段階を追ったサービスが展開され、乳幼児健康診査の受診率も高く、保健事業として定着している。

母子保健は、「健やか親子21」(2000(平成12)年)という21世紀の主要な取り組みについて策定された国民運動計画のもとに展開されている。この計画は、2001(平成13)年より2010(平成22)年までの10か年計画であった。それ以降もこの取り組みは継続している。

(2) 母子保健法の目的

母子保健法の目的は、母性及び乳幼児の健康を守り、その増進を図ること、そのため保健指導や健康診査、医療その他の面で母子の保健の向上に貢献しようとするものである。

とくに、子どもが健康に生まれ、育てられる基盤となる母性を尊重、保護し、子ども自身が生まれながらにして本来持っている能力を援助することを目的としている。

母子保健対象の定義は次のように定められている。

①妊産婦：妊娠中または出産後1年以内の女子

②乳児：1歳に満たない者（新生児を含む）

③幼児：満1歳から小学校就学の始期に達するまでの者

④保護者：親権を行う者、未成年後見人その他の者で、乳児または幼児を現に監護する者

⑤新生児：出生後28日を経過しない乳児

⑥未熟児：身体の発育が未熟のまま出生した乳児であって、正常児が出生時に有する諸機能を得るに至るまでの者

また母子の健康を守るための機関として、母子健康センターがあり、その役割は、母子保健に関する相談に応ずるとともに、母性並びに乳児・幼児の保健指導・健康診査・栄養指導・家族計画指導、または助産を行う総合的な母子保健施設となっている。

> **健やか親子21**
> ①思春期の保健対策の強化と健康教育の推進、②妊娠・出産に関する安全性と快適さの確保と不妊への支援、③小児保健医療水準を維持・向上させるための環境整備、④子どもの心の安らかな発達の促進と育児不安の軽減という4つの柱で構成されている。

(3) 母子健康手帳

母子健康手帳は妊婦の居住地の市区町村の窓口に妊娠届を提出すると交付される。市区町村が交付する意味は、地域に密着した母子保健サービスの実践ということにある。この届け出で、市区町村はその地域の妊婦を把握し、出生児に対する保健活動の始まりを妊婦にも認識してもらうことになる。

戦前は「妊産婦手帳」があり、これは母子健康手帳の母体というべきものであった。戦争中は食糧難でもあり、順調な妊娠を経過して健全な国民を育成することが家庭の重要な責任であった。

1995（平成7）年に改正された母子保健法において、父親がその妻の妊娠中から子育ての意識を高め、妻を支援できるように、夫の子育て参加度を示す項目が定められた。子育ては母親だけの役割でなく、夫婦で担う子育てを意識した内容になっている。

(4) 健康診査

妊産婦・乳幼児の健康診査は、妊産婦や乳幼児の疾病や障害の早期発見、早期治療、発生予防の機会として、重要な役割を果たしている。

妊娠中に受ける妊婦健康診査は公費で負担されるようになり、尿検査、貧血検査や血圧測定などが行われる。

乳児は3～6か月、9～11か月に各1回ずつ市区町村の委託を受けた医療機関で無料の健康診査を受診でき、必要に応じて保護者への栄養指導や育児指導が行われる。また母親の健康状態などの確認も行われる。

実施場所は、市区町村の保健センターや委託された医療機関である。検査結果により、心身の状況に応じて医療機関での精密検査や保健センターでの経過観察や家庭訪問などの保健サービスにつながる。

生後5～7日の新生児には血液による**マススクリーニング検査**が、生後6～7か月には神経芽細胞腫（小児がんの一種）の早期発見を目的とした尿によるマススクリーニング検査がすべての新生児に対して行われる。

また3歳児には、身体の発育、精神発達面、斜視や難聴などの視聴覚障害等を中心に健康診査が行われる。体重が2,500g未満の乳児が

母子健康手帳
母親と子どもの健康を守るために作られたもので、妊娠から出産、子どもの就学までの健康状態や発育の様子などを記録する大切な手帳である。現在の母子健康手帳の内容は次のとおりである。
① 妊婦について
② 出産について
③ 乳幼児について
④ 予防接種及び既往症
⑤ 歯科保健について
⑥ 保健・医療・子育てのための情報

マススクリーニング検査
新生児マススクリーニングとは、生後4～6日の新生児を対象としてアミノ酸や糖の代謝異常、甲状腺や副腎の内分泌異常について検査をする。先天性の代謝異常の疾患を早期に発見し、発症の前に治療することを目的にしている。

出生したときは、その保護者はその乳児の現在地の市町村に届け出なければならない（法第18条）と定められている。この届出にもとづき、各市区町村の保健センターの保健師が家庭や病院を訪問し、乳児の健康状態や発育状態の確認とともに育児相談などを行う。

また出生前の母子保健サービスとして、妊婦が安心して出産を迎えられるように、母親学級・両親学級を行い、妊娠、出産、育児など実際に役立つ情報提供や体験学習などを行っている。さらに新生児訪問や未熟児訪問などがあり、保健師や助産師が家庭訪問し、新生児や未熟児の健康状態や発育状態の確認と育児相談などを行っている。

わが国における母子保健制度やサービスの内容は充実しており、健康診査や予防接種などの受診率も高く、地域に定着した重要な子育て支援サービスである。

（5）養育医療・療育指導・自立支援医療（育成医療）

養育医療は未熟児に対する医療を指す。未熟児は、出生直後から医学的なケアを必要とする場合が多く、入院中の医療給付や生きていくために必要な医療費用を支給するための事業である。指定養育医療機関に入院した出生体重2,000g以下、あるいは周産期に合併症を持った乳児の医療などが対象となる。

療育指導は、身体に障害のある児童や疾病により長期にわたって療養を必要とする児童の療育について保健センターが指導を行うものである。医療機関との連携を図り、障害や疾病の治療や軽減を目標に継続的に指導が行われる。

自立支援医療（育成医療）は、2006（平成18）年施行の障害者自立支援法の施行に伴って、従来の育成医療から自立支援医療へと名称が変わった。

従来の育成医療は、肢体不自由、視覚障害、聴覚・平衡機能障害、音声・言語機能障害、心臓障害、腎臓障害、その他の内臓障害が対象であり、身体に障害のある児童が生活の能力を得るために必要な医療給付を行うか、あるいは育成医療に要する費用を支給してきた。

さらに2013（平成25）年施行の障害者総合支援法で、自立支援医療（育成医療）とはその障害を除去、軽減する手術等の治療によって

効果が期待できる者に対して提供され、生活の能力を得るために必要な医療とされている。

(6) 母子保健制度にかかわる財源

母子保健を遂行するうえで必要な支出は、妊産婦・乳幼児健康診査や予防接種、養育医療、自立支援医療、**療育**の給付や**小児慢性特定疾患**治療研究事業、助産施設の運営費などである。

(7) 母子保健サービスの最近の動向

従来は、母性と乳幼児の健康を守るための保健サービスであるが、社会や環境の変化により、その役割も変化、拡大しつつある。母親学級、新生児訪問、健康診査や予防接種などの機会において、子育て中の母親と最初にかかわりを持つことで、育児不安の強い母親や虐待の恐れがある家庭、精神疾患のある母親や10代の母親など、子育てにリスクを抱える家庭を把握しやすい。そのため、要支援家庭の発見や対応、医療機関との連携が必要となってくる。

また医療の進歩や衛生環境の整備による慢性疾患児の生活の質をどのように確保するか、さらに不妊治療の医療費の負担や不妊に関する総合的な相談等を行う「不妊専門相談センター」の整備などもある。小児科医の確保、予防接種の推進、食育、子どもの生活習慣の改善、子どものこころの支援、妊娠・出産の安全、安心の確保、小児救急医療体制、小児慢性特定疾患対策、**周産期医療**ネットワークの整備（母胎が危険な妊産婦や低出生体重児に適切な治療を提供するため、一般の産科病院などと高次の医療機関との連携体制）の確保が急がれている。

乳幼児健診未受診児など生後4か月までの全乳児の把握や乳児健康診査の改善案として、休日健診の推進があげられる。小児慢性特定疾患のうち、小児がんなどの特定の疾患の医療費について、自己負担分の一部を補助することや車いす等の日常生活用具の給付を行うなど、福祉サービスの推進を図ることが求められている。いつでもどこでも安心して小児医療や母子保健医療が受けられる体制の整備や社会福祉士・保育士・医師や保健師、看護師、助産師をはじめとした子どもの

療育
第3回（6）児童福祉の施策内容 p.30参照。

小児慢性特定疾患
小児慢性特定疾患とは、治療しないと子どもの発育や生命に重大な影響を及ぼし、高額な治療費と長期にわたる治療を要する疾患を指す。例としてはぜんそく、慢性腎疾患、糖尿病、膠原病など。

周産期医療
周産期医療とは、妊娠・分娩時の緊急事態に対応するため、新生児集中治療管理室の整備補助等が行われている

健康に関する多くの職種の人々のネットワーキングが今後特に必要となる。

マタニティマークは、2007（平成19）年度より地方財政上の措置を図ったが、これは妊産婦への配慮を一般の人々にお願いするために定められたもので、母子健康手帳とともに妊婦に配布されている。

不妊治療に関しては、医療保険の適用がない高度な不妊治療を選ぶ夫婦の経済的負担の軽減を図るために、2004（平成16）年度により特定不妊治療費助成事業が実施されている。2016（平成28）年度からは不妊治療の助成の対象範囲や助成回数などの見直しがされている。

さらに深く学ぶために

1）中嶋哲彦・平湯真人・松本伊智朗他編『子どもの貧困ハンドブック』かもがわ出版、2016
2）母子衛生研究会『わが国の母子保健』母子保健事業団、2016
3）太田由加里『子どもを虐待死から守るために　妊婦健診・乳幼児健診未受診者から見えること』ドメス出版、2011

社会福祉実践との関連を考えるために

1）ひとり親家庭が抱える生活問題が子どもの成長や発達にどのような影響があるか、考えてみよう。
2）世界各国の母子保健の現状についても調べてみよう。

参考文献

1）厚生労働省雇用均等・児童家庭局家庭福祉課『ひとり親家庭等の支援について』2017
2）『特集　地域でつくる包括的母子保健の未来"切れ目ない"妊娠・出産・育児支援をめざして』保健師ジャーナル　2016年1月号、医学書院
3）『児童福祉六法　平成28年版』中央法規出版、2016

第7回：次世代育成支援対策推進法、少子化社会対策基本法の概要

学びへの誘い

急速に進行してきた少子化問題に対して、国が取り組んできた少子化対策の全体像を把握し、各施策や法律の背景とその過程を学ぶ。また、今後の子育て支援や児童家庭福祉が目指す方向性を捉え、子どもが健やかに成長するための社会の在り方について考える。

1．わが国における少子化対策

わが国における少子化対策にかかる施策等の経緯については、図表7－1の通りである。以降、図表7－1を参照しながら、少子化対策の流れを把握していただきたい。

（1）エンゼルプランと新エンゼルプラン

1）エンゼルプラン

1990（平成2）年の「1.57ショック」を契機に、政府は、少子化問題を危機として捉え、仕事と子育てを両立することのできる社会の実現に向けた対策を本格的に始動させた。

1994（平成6）年、今後10年間に取り組むべき基本的方向と重点施策を定めた「今後子育て支援のための施策の基本的方向について（エンゼルプラン）」を策定した。エンゼルプランは、①少子化への対応の必要性、②わが国の少子化の原因と背景、③子育て支援のための施策の趣旨及び基本視点、④子育て支援のための施策の基本的方向、⑤具体的事業の推進の5つの柱からなる。また、エンゼルプランの実行に合わせて、保育の量的拡大や延長保育等の多様な保育の充実、地域子育て支援センターの整備等を図るための「緊急保育対策等5か年事業」が策定され、各種の整備が進められることになった。

2）新エンゼルプラン

その後、1999年（平成11）年に「重点的に推進すべき少子化対策の具体的実施計画について（新エンゼルプラン）」が策定された。新エンゼルプランは、エンゼルプランと緊急保育対策等5か年事業を見直したもので、2000（平成12）年から2004（平成16）年までの5年

第 7 回：次世代育成支援対策推進法、少子化社会対策基本法の概要

図表 7 − 1　少子化対策の経緯

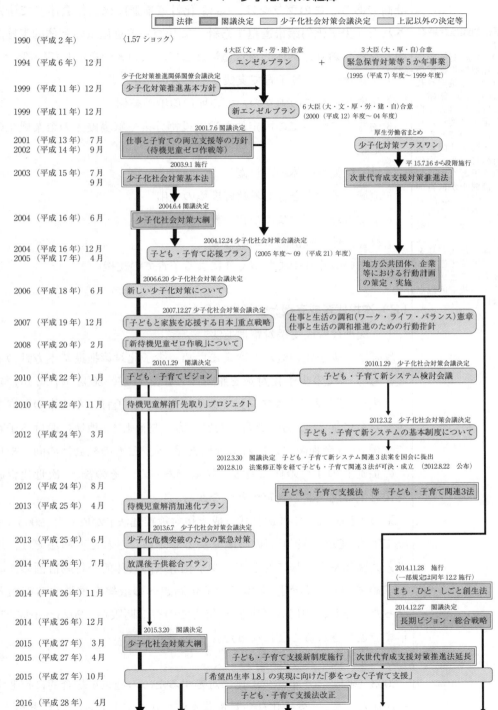

出所：内閣府『平成 28 年版　少子化社会対策白書』

計画である。このプランは、「少子化対策推進関係閣僚会議」で決定された「**少子化対策推進基本方針**」に基づく重点施策の具体的実施計画となっており、具体的重点施策として、次の8つを示している。

①保育サービス等子育て支援サービスの充実
②仕事と子育ての両立のための雇用環境の整備
③働き方についての固定的な性別役割分業や職場優先の企業風土の是正
④母子保健医療体制の整備
⑤地域で子どもを育てる教育環境の整備
⑥子どもたちがのびのび育つ教育環境の実現
⑦教育に伴う経済的負担の軽減
⑧住まいづくりやまちづくりによる子育ての支援

（2）次世代育成支援と少子化社会大綱

1）次世代育成支援対策推進法

政府は、少子化の流れを変えるため、少子化対策推進基本方針のもと、もう一段の少子化対策を推進する。それが、2002（平成14）年の「少子化対策プラスワン」である。従前の「子育てと仕事の両立支援」対策に加え、「男性を含めた働き方の見直し」「地域における子育て支援」「社会保障における次世代支援」「子どもの社会性の向上や自立の促進」の4つの柱に沿った対策であった。その後、「次世代育成支援対策推進法」の制定へとつながる。

2003（平成15）年、「次世代育成支援対策推進法」が成立し、2005（平成17）年度から10年間の時限立法として施行された。同法では、地方公共団体や企業等に対して、少子化対策の具体的な行動計画の作成を求めており、わが国全体で少子化問題への取組を推進する契機となった。なお、2015（平成27）年までの有効期限が、2025（平成37）年まで延長されることになった。

2）少子化社会対策基本法

2003（平成15）年、少子化に対処するための施策を総合的に推進する法律として、「少子化社会対策基本法」が成立した。これに基づき、2004（平成16）年、「少子化社会対策大綱」が閣議決定された。策定

少子化対策推進基本方針
1999（平成11）年に少子化対策推進関係閣僚会議で策定されたもので、①結婚や出産は、当事者の自由な選択に委ねられるべきものであること、②男女共同参画社会の形成や、次代を担う子どもが心身ともに健やかに育つことができる社会づくりを旨とすること、③社会全体の取組みとして、国民的な理解と広がりをもって子育て家庭を支援すること、という3つの基本的視点を示している。

当初は、①若者の自立とたくましい子どもの育ち、②仕事と家庭の両立支援と働き方の見直し、③生命の大切さ、家庭の役割等についての理解、④子育ての新たな支え合いと連帯、の4つの重点課題と、それに取り組むための28の行動を示している。また、その具体的実施計画として、「子ども・子育て応援プラン」が策定された。

少子化社会対策大綱は、2010（平成22）年と2015（平成27）年に見直しが行われている。2010（平成22）年は、「子ども・子育てビジョン」として閣議決定され、同時に子ども・子育て新システム検討会議がスタートした。後の子ども・子育て関連3法の成立、施行へとつながっていく。また、2015（平成27）年に閣議決定された少子化社会対策大綱では、「結婚、妊娠、子供・子育てに温かい社会の実現をめざして」というスローガンを掲げ、5つの重点課題を示している（図表7－2）。

図表7－2　少子化社会対策大綱重点課題

Ⅲ 重点課題

1．子育て支援施策を一層充実
- ○「子ども・子育て支援新制度」の円滑な実施
  - ・財源を確保しつつ、「量的拡充」と「質の向上」
  - ・都市部のみならず、地域の実情に応じた子育て支援に関する施設・事業の計画的な整備
  - ⇒27年4月から施行。保育の受け皿確保等による「量的拡充」と保育士等の処遇改善等による「質の向上」
  - ⇒地域のニーズに応じて、利用者支援事業、地域子育て支援拠点、一時預かり、多様な保育等を充実
  - ⇒今後さらに「質の向上」に努力
- ○待機児童の解消
  - ・「待機児童解消加速化プラン」「保育士確保プラン」
  - ⇒認定こども園、保育所、幼稚園等を整備し、新たな受け入れを大胆に増加。処遇改善や人材育成を含めた保育士の確保
  - ⇒29年度末までに待機児童の解消をめざす
- ○「小1の壁」の打破
  - ・「放課後子ども総合プラン」
  - ⇒小3までから小6までに対象が拡大された放課後児童クラブを、31年度末までに約30万人分整備

2．若い年齢での結婚・出産の希望の実現
- ○経済的基盤の安定
  - ・若者の雇用の安定
  - ⇒若者雇用対策の推進のための法整備等
  - ・高齢世代から若者世代への経済的支援促進
  - ⇒教育に加え、結婚・子育て資金一括贈与非課税制度創設
  - ・若年者や低所得者への経済的負担の軽減
- ○結婚に対する取組支援
  - ・自治体や商工会議所による結婚支援
  - ⇒適切な出会いの機会の創出・後押しなど、自治体や商工会議所等による取組を支援

3．多子世帯へ一層の配慮
- ○子育て・保育・教育・住居などの負担軽減
  - ⇒幼稚園・保育所等の保育料無償化の対象拡大等の検討や保育所優先利用
- ○自治体、企業、公共交通機関などによる多子世帯への配慮・優遇措置の促進
  - ⇒子供連れにお得なサービスを提供する「子育て支援パスポート事業」での多子世帯への支援の充実の促進

4．男女の働き方改革
- ○男性の意識・行動改革
  - ・長時間労働の是正
  - ⇒長時間労働の抑制等のための法整備、「働き方改革」
  - ・人事評価の見直しなど経営者等の意識改革
  - ⇒部下の子育てを支援する上司等を評価する方策を検討
  - ・男性が出産直後から育児できる休暇取得
  - ⇒企業独自の休暇制度導入や育休取得促進
- ○「ワークライフバランス」・「女性の活躍」
  - ・職場環境整備や多様な働き方の促進
  - ⇒フレックスタイム制の弾力化、テレワークの推進
  - ・女性の継続就労やキャリアアップ支援
  - ⇒「女性活躍推進法案」

5．地域の実情に即した取組強化
- ○地域の「強み」を活かした取組
  - ・地域少子化対策強化交付金等により取組支援
  - ・先進事例を全国展開
- ○「地方創生」と連携した取組
  - ・国と地方が緊密に連携した取組

出所：厚生労働省『少子化社会対策大綱』2015（平成27）年3月20日閣議決定

2．子ども・子育て新システム

2010（平成22）年に、子ども・子育て新システム検討会議が発足し、幼保一体化を含む新たな次世代育成支援のための包括的・一元的なシステムの構築に関する議論が行われた。そして、2012（平成24）年に「子ども・子育て新システムの基本制度について」をまとめ、同年、子ども・子育て支援法をはじめとする**子ども・子育て関連3法**が成立した（2015（平成27）年施行）。子ども・子育て関連3法の主なポイントは、以下の7点になる。

① 認定こども園、幼稚園、保育所を通じた共通の給付（「施設型給付」）及び小規模保育等への給付（「地域型保育給付」）の創設
② 認定こども園制度の改善（幼保連携型認定こども園の改善等）
③ 地域の実情に応じた子ども・子育て支援（利用者支援、地域子育て支援拠点、放課後児童クラブなどの「地域子ども・子育て支援事業」）の充実
④ 基礎自治体（市町村）が実施主体
⑤ 社会全体による費用負担
⑥ 政府の推進体制
⑦ 子ども・子育て会議の設置

政府は、同時期に進めていた社会保障と税の一体改革においても、子育て支援施策の充実を目標に掲げていた。子育て支援サービスの拡充は、市町村である地域をベースに展開され、また、その財源確保は国全体が担うという方向性が一層強くなった。

3．「ニッポン一億総活躍プラン」にみるこれからの子育て支援

2016（平成28）年、「ニッポン一億総活躍プラン」が閣議決定された。現政権は、わが国の経済成長を維持・発展していくためには、少子高齢化問題への対応が急務であることを認識し、誰もが活躍できる一億総活躍社会の作り上げるための戦略を打ち出したのである。同プランでは、「戦後最大の名目GDP600兆円」、「希望出生率1.8」、「介護離職ゼロ」という3つの目標を掲げられている。特に「希望出生率1.8」については、次のような取組の方向性を示している（図表7-3）。

また、同プランでは、「**地域共生社会の実現**」を目指すこととして

子ども・子育て関連3法
「子ども・子育て支援法」、「認定こども園法の一部改正」、「子ども・子育て支援法及び認定こども園法の一部改正法の施行に伴う関係法律の整備等に関する法律」の3つを指す。

地域共生社会
ニッポン一億総活躍プランでは、子供・高齢者・障害者など全ての人々が地域、暮らし、生きがいを共に創り、高め合うことができる「地域共生社会」を実現する。このため、支え手側と受け手側に分かれるのではなく、地域のあらゆる住民が役割を持ち、支え合いながら、自分らしく活躍できる地域コミュニティを育成し、福祉などの地域の公的サービスと協働して助け合いながら暮らすことのできる仕組みを構築する。また、寄附文化を醸成し、NPOとの連携や民間資金の活用を図る。

図表7-3 「ニッポン一億総活躍プラン」における「希望出生率1.8」に向けた取組の方向性

○子育て環境整備

保育の受け皿整備	待機児童の解消を目指し、平成29年度末までの整備量を40万人分から50万人分に上積み。企業主導型保育の推進。
保育士の処遇改善	新たに2％相当（月額6,000円程度）の改善を行うとともに、予算措置が執行面で適切に賃金に反映されるようにしつつ、保育士としての技能・経験を積んだ職員について、現在月額4万円ある全産業の女性労働者との賃金差がなくなるよう、追加的な処遇改善。なお、全産業の男女労働者間の賃金差については、女性活躍推進法や同一労働同一賃金に向けた取組を進めていく中で、今後、全体として、縮めていく。保育士についても必要に応じて、更なる処遇改善。
多様な保育士の確保・育成	返済免除型の貸付制度の拡充、ICT等を活躍した生産性向上等の総合的取組。
放課後児童クラブの整備	平成31年度末までに30万人の追加的な受け皿整備。職員の処遇改善や業務負担軽減対策を進めるとともに、追加的な受け皿整備を平成30年度末に前倒し実現するための方策を検討。

○すべての子供が希望する教育を受けられる環境の整備

学びの機会の提供		スクールカウンセラー・スクールソーシャルワーカーの配置など教育相談機能を強化。フリースクール等の学校外で学ぶ子供を支援。地域住民の協力及びICTの活用等による原則無料の学習支援を行う地域未来塾を平成31年度までに5,000か所に拡充。
奨学金制度の拡充	無利子	残存適格者の解消と、低所得世帯の子供に係る成績基準の大幅緩和により、必要とするすべての子供たちが受給できるようにする。
	有利子	固定金利方式・金利見直し方式ともに現在の低金利の恩恵がしっかりと行き渡るようにする。特に、金利見直し方式では、ほぼ無利子となるような仕組みを検討。
	給付型	世代内の公平性や財源などの課題を踏まえ創設に向けて検討を進め、本当に厳しい状況にある子供たちへの給付型支援の拡充を図る。
	返還	所得に応じて返還額を変化させる新たな制度を平成29年度の進学者から導入。

○「希望出生率1.8」に向けたその他取組

女性活躍	子育て等で一度退職した正社員が復職する道が一層開かれるよう、企業へ働きかけ。マザーズハローワークの拡充。ひとり親の資格取得を支援。役員候補段階の女性を対象にしたリーダー育成研修等の先進的な取組を推進。
若者・子育て世帯への支援	子育て世代包括支援センターの平成32年度末までの全国展開。不妊専門相談センターを平成31年度までに全都道府県・指定都市・中核市に配置して相談機能を強化。子どもの医療制度の在り方等に関する検討会での取りまとめを踏まえ、国民健康保険の減額調整措置について見直しを含め検討し、年末までに結論を得る。
三世代同居・近居	大家族で、世代間で支え合うライフスタイルを選択肢として広げるための環境づくりを推進。
子供・若者等の活躍支援	困難を有する子供・若者等に対して、地域若者サポートステーション等の関係機関が連携して伴走型の支援を実施。

出所：内閣府「ニッポン一億総活躍プラン」をもとに筆者作成

いる。これは、社会福祉士を目指す読者にとっても重要なキーワードである。これからの次世代育成や少子化対策は、その地域に住むあらゆる人との関係性が織りなす「地域共生社会」の実現が重要視されなければならないだろう。

さらに深く学ぶために
1）柴田悠『子育て支援が日本を救う：政策効果の統計分析』勁草書房、2016
2）谷沢英夫『スウェーデンの少子化対策：家族政策の展開と男女共同参画社会への挑戦』日本評論社、2012

社会福祉実践との関連を考えるために
1）わが国における少子化対策の流れをまとめ、その問題点を整理してみよう。また今後の少子化対策の動向に注視し、その方向性が妥当であるか検討してみよう。
2）みなさんの居住地域にある子育てサービスについて情報収集し、サービス内容、情報発信や収集の方法など、様々な観点で整理し、傾向をつかんでみよう。

参考文献
1）内閣府「平成28年版　少子化社会対策白書」
2）内閣府「ニッポン一億総活躍プラン」
3）全国保育協議会編『新たな時代の子育て支援と保育を展望する：子ども・子育て支援新制度と保育』全国社会福祉協議会、2015

第3章
児童・家庭に関する手当の概要

この章で学ぶこと

　社会経済の変動は、児童・家庭の経済的基盤を揺るがし、個人、家族、地域の経済的格差の拡大と固定化が進行している。とくにひとり親家庭や障害児等を養育している子育て家庭への経済的負担の増大が危惧される状況にある。

　すべての児童が健やかに健康に成長できる環境を整えることは保護者及び公的責務であり、養育に対する経済的支援として各種の手当支給制度がある。

　本章では、少子化対策、次世代育成対策推進のために、子どもを養育する家庭への環境改善や経済的負担の軽減を図ることを目的とした各種手当制度について学習する。

　児童を養育している家庭に対して保護者に生活の安定と児童が良好な環境で養育されることを目的に支給される児童手当、死別・離婚等の理由で父親と生計を共にしていない家庭については、児童扶養手当を支給することにより養育者の子育てへの経済的負担の軽減を図るとともに生活の自立を支援している。

　また、障害のある児童を養育している家庭に対しては、特別児童扶養手当等の支給をとおして養育環境の安定と福祉の増進を促進している。これらの手当給付についてその内容と意義について理解する。

第8回：児童手当法の概要

> ### 学びへの誘い
> 児童手当は保護者の経済的負担を軽減させることを目的とした制度である。子育て環境を「子どもを産み、育てやすい環境」にするためにも児童手当制度の充実が求められている。ここでは児童手当制度の概要と変遷を理解する中で、今後のあり方について学習する。

1．児童手当制度

（1）児童手当制度の目的

1960年代、先進諸国の多くが子育ての社会的支援を充実させて行く中で、わが国は従来通りの「子育ての親任せ」政策を継続していた。社会情勢の変化を受けわが国も先進国として、これにふさわしい子育ての社会的支援制度を創設する必要が生じてきた。そこで、種々検討が行われ本制度が創設されたのである。

この制度の目的は、子育ての費用の一部を児童手当として支給し、子育て世帯を支援していくことである。

また、本制度は、先進諸国の児童手当制度でも共通して見られる理念である「家庭における生活の安定」（社会保障・所得保障の観点）及び「次代の社会を担う児童の健全な育成と資質の向上に資すること」（児童福祉の観点）の2つを目的として創設されたものである。

（2）児童手当制度のしくみ

わが国の児童手当制度は、他のわが国の社会保障の各制度とは異なる特徴を有し、また、先進諸国の児童手当制度の仕組みとも異なる面を持っている。大きな特徴は以下の3点である。

①全国民を対象とした単一の制度

次代を担う児童の健全育成という目的に照らし、全国民を1つの制度に包括するとともに、支給要件、給付内容等も全く同一とした。また、支給も公務員グループを除き、市町村長を通じ一元的に行われる仕組みとなっている。

これは、わが国の年金、医療保険等の社会保障制度が被用者と自営

業者等の就業形態によって分立しているのが一般的であるのに比べて大きな特色となっている。

②**事業主拠出金**の導入

事業主からの拠出金を導入することとしたのは、公費の一部を肩代わりするという消極的な見地からではない。従来のわが国の社会保障制度の実態や諸外国の制度についてみると、一般に拠出制の制度は比較的その給付水準が高く、また充実発展が行われていることが伺える。そこで、本制度も拠出金を財源に加えることにより、拠出制と同様なメリットが期待されたものである。なお、事業主から拠出を求めることとしたのは、本制度が次代の社会を担う児童を健全に育成し、その資質の向上を図ることを通じて、将来の労働力の維持、確保にもつながる効果が期待されるからである。

③一般児童健全育成政策としての位置付け

児童手当制度は、児童を養育する家計の負担を軽減し、あわせて児童の健全育成と資質の向上を図ることを目的としており、一般児童の健全育成施策の一環として位置付けられている。

事業主拠出金
賃金や報酬を賦課標準とすることにおいて、事業主が負担する社会保険料と共通の性格を有しているが、児童の養育という保険事故になじみにくい恒常的な支出に対処するものであること、個々の被用者のための拠出という従来の給付と拠出の関連が全くないこと等において、従来の社会保険の事業主負担とは異なる新しい社会保障拠出金としての性格を持つ。

(3) 給付のしくみ

児童手当の支給を受けるためには、いくつかの支給要件を満たしていることが必要である。たとえば、支給要件児童を養育する者が日本国内に住所を有することが必要であるといったことである。また、児童手当は、前年の所得が所定額以上である場合は支給されない。具体的な給付のしくみは次の通りである。

①支給要件等を養育者中心に構成

児童手当は、児童を養育している者の養育の状況に着目して支給され、目的は児童養育費の軽減を図り、養育者の家庭生活の安定に寄与するとともに、その養育している児童の福祉の向上を図るものである。このため、支給要件等は養育者を中心に構成されている。

なお、現金給付の形で支給される児童手当は目的外使用の可能性を有しているので、児童手当の受給者は、児童手当支給の趣旨に従って児童手当を用いなければならないことが法律上明記されている。

②養育の内容＝「**監護**と一定の生計関係」

養育の内容としてどのような要件を課すかは、制度の目的と密接にかかわるものであり、「家庭における生活の安定」に照応して生計関係の要件が、「児童の健全な育成」に照応して監護の要件が課されているものと考えられる。

生計関係については、父母と父母以外の者とで内容を異にしており、父母については「生計同一」が、父母以外の者については「生計維持」が要件となっている。

③支給要件児童

養育者が養育する児童（法律上「支給要件児童」と定義されている）の要件は、15歳到達後の最初の年度末までの間にある（中学校卒業前の）児童を少なくとも1人含むこととされ、中学校卒業前のすべての児童が支給対象となっている。制度創設時には「義務教育終了前の児童を含む3人以上の児童」と、3番目以降の児童が支給対象とされており、諸外国の制度と比べて大きな特徴となっていた。1985（昭和60）年の法律改正で、「義務教育就学前の児童を含む2人以上の児童」に改められ、2番目以降の児童を支給対象とするものとなった。

さらに、1991（平成3）年の法律改正で、広く児童を養育する家庭に児童手当を支給する観点から、3歳未満のすべての児童を対象とする形になった。その後、2000（平成12）年の法律改正では、支給対象となる児童の年齢が3歳未満から義務教育就学前まで拡大され、2004（平成16）年の法律改正では、小学校第3学年修了前まで、さらに2006（平成18）年の法律改正において小学校修了前まで対象が拡大された。2012（平成24）年に復活した児童手当においては、さらに中学校修了前までが対象となった。

④所得制限

児童手当制度は、次代の社会を担う児童の健全な育成を期すものであり、所得の多寡にかかわらず給付を行うという視点から、所得制限額以上の世帯には特例給付として一律月額5,000円が支給されることとなっている。

⑤認定、支給事務等は市町村長が実施

本制度は全国民を一本とするものであり、支給も一元的に行うこと

監護
父母またはこれに準ずる者が、児童の生活について通常必要とされる監督、保護を行っていると認められることを意味し、親権の有無を問わず、また、児童との同居を必要としていない。

が望ましく、児童福祉施策の一環として、地方負担も含むものである。また、他の児童福祉施策とあいまってその趣旨が活かされること、住民の養育の実態や所得状況を把握していること、受給者の便宜等から、認定、支給等の事務は市町村長が行うことになっている。

図表8－1　所得制限限度額　（平成24年6月分より）

（単位：万円）

扶養親族等の数	所得額	収入額
0人	622	833.8
1人	660	875.6
2人	698	917.8
3人	736	960
4人	774	1002.1
5人	812	1042.1

注1）所得税法に規定する老人控除対象配偶者又は老人扶養親族がある者についての限度額（所得額ベース）は左記の額に当該老人控除対象配偶者又は老人扶養親族1人につき6万円を加算した額。
注2）扶養親族等の数が6人以上の場合の限度額（所得額ベース）は、1人につき38万円（扶養親族等が老人控除対象配偶者又は老人扶養親族であるときは44万円）を加算した額。
出所：厚生労働省「児童手当制度の概要」

（4）費用負担について

①費用の負担区分

本制度の費用負担のあり方については、児童手当審議会等においても種々議論が分かれた問題の1つであったが、制度の目的に照らし、また、新しい事業主拠出金を求めることとしたことに伴い、全体として、国、地方公共団体及び事業主の三者負担よりなる、従来の社会保険、社会福祉のいずれとも異なる新しい負担方式となっている。なお、公務員グループについては、その所属する国、地方公共団体が全額費用を負担することになっている。

児童手当の経理については、経理を明確にするため、厚生保険特別会計の児童手当勘定において行われている。

a．事業主の負担

事業主は人を雇用して事業活動を行う者であり、事業活動を継続していくためには、本来、労働力の維持確保に関心を払わなければならない立場にあると考えられる。一方、児童手当制度は「次代の社会を担う児童を健全に育成し、資質の向上を図る」ことを通じ、将来の労働力の維持確保につながる効果が期待されることから、事

業主の立場と密接に結びつくものである。
　このような観点に立ち、被用者に対する支給分について事業主から応分の負担を求めることになっている。
b.国及び地方公共団体の負担
　児童手当制度は、全国民を対象とする統一的な制度である一方、地域住民の福祉にも密接につながっていることから、国と地方の責任分担の度合い等を勘案し、これまでその費用については国が地方公共団体の２倍を負担していたが、国と地方に関する「三位一体の改革」により、負担割合が見直され、国、都道府県、市町村はそれぞれ同一の割合を負担することになった。
　現行制度においては、国と地方（都道府県・市町村）の負担割合を２：１とし、被用者の３歳未満（所得制限額未満）については７／15を事業主負担としている（なお、公務員分については所属庁の負担とする）。
②拠出金の徴収・納付
　拠出金の徴収については、社会保障の立場から事業主を包括的に把握している厚生年金保険等、既存の被用者年金制度の徴収機構を活用することになっている。

２．児童手当法の概要
（１）法の趣旨と目的
　児童手当法は、児童を養育している者には児童手当を支給することにより、家庭における生活の安定に寄与するとともに、次代の社会をになう児童の健全な育成及び資質の向上に資することを目的としている（第１条）。

（２）法の概要
　児童手当法は、総則、児童手当の支給、費用及び雑則の４章から構成されている。
①受給者の責務
　児童手当の支給を受けた者は、児童手当が前条の目的を達するために支給されるものである趣旨にかんがみこれをこの趣旨に従って用い

なければならない（第2条）。
②支給要件
　児童手当は、日本国内に居住している者が、15歳に達する日以後の最初の3月31日までの間にある児童を監護し、生計を維持（受給者が父または母である場合には生計同一が要件である。）している場合に支給される（第4条）。
　また、前年（1月から5月までの児童手当については前々年）の所得が一定額以上である場合、児童手当は支給されない（第5条）。
③児童手当の額
　児童手当は、月を単位として支給され、1月につき第1子または第2子であれば10,000円、第3子以降には15,000円支給される。3歳未満であれば、出生順位にかかわらず一律15,000円支給される。
④児童手当の支給
　児童手当を受けるためには、所在地の市町村長の認定を受けなければならない。住所が変わった場合、児童数が増加した場合も同様である（第7条及び第9条）。
　児童手当は通常、認定の請求をした日の属する月の翌月から、支給事由の消滅した日の属する月まで支給される。支払月は、2月、6月及び10月で、前月分までの児童手当が支払われる（第8条）。
　受給者は、毎年6月1日における現況を市町村長に届け出なければならない（第26条）。現況届を提出しない場合、市町村長の資料提出命令に応じない場合等には、支給の制限、支払の差し止めを受けることがある（第10条、第11条及び第27条）。
　なお、公務員（国家公務員及び地方公務員をいう。以下同じ。）については、認定権者は所属庁の長であるので、認定の手続は所属庁の長に対して行い、所属庁の長が児童手当を支給する（第17条）。
⑤費用の負担
　児童手当の支給に要する費用の負担は、次のとおりである（第18条）。
a. 被用者（厚生年金保険の適用事業所に雇用されている者並びに共済組合の職員及び公務員の職員団体等の職員等をいう。）に対する児童手当の支給に要する費用。事業主7／15、国16／45、都道府県及び市町村がそれぞれ4／45。

b．非被用者（被用者または公務員でない者をいう。）国2／3、都道府県1／6、市町村1／6。
　c．公務員……所属庁10／10。
　政府は、事業主（被用者を雇用している者をいう。）から、被用者に対する児童手当の支給に要する費用に充てるため、拠出金を徴収する（第20条）。
　拠出金率は、毎年度、被用者に対する児童手当の支給に要する費用の15分の7、特例給付の支給に要する費用及び児童育成事業に要する費用のうち拠出金をもって充てる額の予定額と賃金総額（「賦課標準」という。）との割合を基準として、政令で定める（第21条）。
⑥児童育成事業の実施
　政府は、児童手当の支給に支障がない限りにおいて、児童育成事業（育児支援事業や児童の健康増進事業などを行う者に対して助成・援助等を行う事業）を行うことができる（第29条の2）。
⑦その他
　児童手当の支給を受ける権利、徴収金を徴収し、または還付を受ける権利は、2年を経過したときは、時効により消滅する（第23条）。
　児童手当の支給に関する処分及び徴収金に関する処分の取消しの訴えは、審査請求に対する裁決または異議申立てに対する決定を経た後でなければ、提起することができない（第25条）。

（3）特例給付について
　当分の間、所得制限により児童手当が支給されない被用者または公務員であって、政令で定める一定の所得未満のものに対し、全額事業主（公務員は全額所属庁）負担による特例給付を行うこととされている（附則第6条）。

3．児童手当と子ども手当
　児童福祉法では、児童育成の責任は「国及び地方公共団体は、児童の保護者とともに、児童を心身ともに健やかに育成する責任を負う」と定めている。児童手当制度は、保護者の経済的負担を軽減させることを目的とした制度であるといいながら、その内容は不十分としか

いようのないものである。こうしたわが国の児童手当制度に比べ他の先進国では、少子化対策の１つとして、児童手当制度の充実に力を入れてきた。そしてその成果が、いま出生率の上昇となって現れている。これに対して、わが国では少子化傾向に歯止めがかからず先進国の中でも、少子化が進んでいる。

　2009（平成21）年の総選挙で民主党が政権与党となった。この選挙で掲げていたマニフェストの１つが「子ども手当」であった。今回新設される子ども手当の内容は、これまでの「児童手当」の支給対象や支給額が不十分であるとして、親の所得制限を撤廃し、中学卒業まで子ども一人当たり月額２万６千円（平成22年度は１万３千円、平成23年度は１万５千円）を支給するという内容である。支給費用も全額国庫負担とし、地方自治体に新たな負担を求めない制度であるとした。

昭和47（1972）年	制度発足　第３子以降を対象　義務教育終了前 手当額　3,000円
昭和57（1982）年	特例給付の導入 【本則給付の財源】 事業主拠出金及び公費。ただし、非サラリーマンは公費のみ、公務員は所属庁の負担。 【特例給付の財源】 事業主拠出金。ただし、公務員は所属庁の負担。
昭和61（1986）年	第２子以降に拡大　義務教育就学前 手当額　第２子　2,500円　第３子以降　5,000円
平成４（1992）年	第１子まで拡大　３歳未満に重点化 手当額増額　第１・２子　5,000円 第３子以降　10,000円
平成12（2000）年	義務教育就学前まで拡大 【３歳以上義務教育就学前の児童に係る給付の財源】 全額公費。ただし、公務員は所属庁の負担。
平成16（2004）年	小学校第３学年修了前まで拡大 【３歳以上小学校第３学年修了前の児童に係る給付の財源】 全額公費。ただし、公務員は所属庁の負担。
平成18（2006）年	小学校修了前まで拡大 【３歳以上小学校修了前の児童に係る給付の財源】 全額公費。ただし、公務員は所属庁の負担。
平成19（2007）年	３歳未満を一律 10,000円
平成22（2010）年６月	子ども手当制度が創設される
平成24（2012）年	子ども手当法が廃止され児童手当が復活する

しかし、2010（平成22）年度については、国の財源不足から現行の児童手当を存続させ子ども手当の一部とし、児童手当に入っている地方負担と企業負担を残すことを決めた。そしてこの仕組は平成23年度も継続され、これにより、子ども手当法の施行に伴い廃止予定だった現行の児童手当法は存続となっている（平成23年度の負担額は国が1兆8,900億円、地方が5,500億円、企業負担が1,700億円）。小学校卒業までの子どもへの手当は概念上、一部が児童手当、残りが子ども手当ということになる。公務員については、児童手当と同様、居住地の自治体ではなく、所属する官庁から支給されている。

　新たな子ども手当の新設は、財政規律を重視する立場からは、バラマキとの批判を受けた。また、充実を求める立場からは、お金がかかる高校生が対象になっていないとの批判を受けた。しかし、子ども手当の新設は「社会全体で子どもを育てる」とする姿勢の反映であって、「子どもは私的財産ではなく、公的財産として、社会が子育て支援を行う」とする「子育ての社会化」への理念の転換でもあった。しかし、2011（平成23）年3月11日の東日本大震災の復興の財源を確保する立場から2012（平成24）年4月以降は元々あった児童手当制度で支給することとなった。現行の児童手当においては所得制限は復活したものの所得制限額以上の者に対しても特例給付として月額5千円が支給されている。

さらに深く学ぶために
1）児童手当制度研究会監修『児童手当法の解説』中央法規出版、2007
2）児童手当制度研究会監修『児童手当関連法令通知集』中央法規出版、2008

社会福祉実践との関連を考えるために
1）児童手当制度の役割を子育て環境を考える視点で学習し、「子どもを産み、育てやすい環境」にするための児童手当制度の実現、あり方について考えてみよう。

参考文献

1）児童手当制度研究会監修『児童手当事務マニュアル』中央法規出版、2008
2）児童手当制度研究会監修『児童手当法の解説』中央法規出版、2007
3）児童手当制度研究会監修『児童手当関連法令通知集』中央法規出版、2008

MEMO

第9回：児童扶養手当法及び特別児童扶養手当制度の概要

学びへの誘い

　児童扶養手当制度は、ひとり親家庭等の生活の安定と自立を支援する制度である。現在、ひとり親家庭の多くが経済的に苦しい状況にある。こうしたひとり親家庭への経済的支援を図る中で、子どもの健全育成を図ることを目的としている。離婚家庭が急増する中で、この制度の概要と変遷を理解しながら、今後のあり方について学習する。特別児童扶養手当は20歳未満の障害を持つ児童を養育している養育者に対して、支給される。これは父もしくは母が、その障害児を監護することで働きが制限され、経済的負担が増すことから、父もしくは母のその養育者に対して経済的支援を行うための制度である。在宅で障害児を常時介護することは、家族にとっての負担は大きく、この制度はこうした在宅生活をする家庭を支援するための制度である。

1．児童扶養手当制度について

　被用者を対象とする厚生年金に対し、自営業者や家事労働者等の一般国民を対象とする年金制度として、国民年金が1959（昭和34）年に創設され、無拠出制の福祉年金の1つとして母子福祉年金の制度が設けられた。母子福祉年金は母子年金の補完的制度で、死別母子世帯を対象とするものであるが、所得が低く、経済的、社会的に多くの困難を抱えているという点では死別、生別の別を問わず同じであるから、生別母子世帯についても同様の社会保障制度を設けるべきであるとの議論が起きてきた。これが児童扶養手当制度創設の直接の契機である。
　離婚による生別母子世帯に対して社会保障施策を講じるのであれば、これと同様の状況にある世帯、たとえば、父から遺棄されている世帯、父が行方不明の世帯、父が明らかでない世帯、父が拘禁されている世帯など、父と生計を同じくしていない児童を養育している世帯に対しても同様の施策を構ずべきであるとされた。
　しかし、離婚など生別母子世帯となるに至った原因は、そもそも保険事故になじまない。また、年金制度の中に生別の母子世帯に対する施策をもり込むことはできないため、国民年金法とは別個の法律とし

て児童扶養手当法が制定されたのである。児童扶養手当法は、第38回通常国会に提出されたが審議未了となり、改めて第39回臨時国会に提出され成立し、1962（昭和37）年1月1日から施行された。

　この制度は、手当額などについて毎年改善が行われていたが、母子家庭を取り巻く状況が大きく変化したため、1985（昭和60）年6月に法改正が行われた。同年8月1日より従前の母子福祉年金の補完的制度から、母子世帯の生活の安定と自立促進を通じて児童の健全育成を図ることを目的とする福祉制度に位置付けされた。これに伴い、手当の2段階制の導入、請求期限の新設、都道府県の給付費負担の導入などが実施された。

　1994（平成6）年11月の法改正により、児童扶養手当が18歳の年度末まで支給延長され、翌年4月1日から施行された。1998（平成10）年8月からは、所得制限限度額の改正及び支給対象者の拡大が実施され、2002（平成14）年8月からは、県が行う受給認定事務を市に移譲した。

　法律制定時には母子家庭のみを対象としていたが、2010（平成22）年の法改正で、父子家庭にも支給対象が拡大された。

2．児童扶養手当制度の変遷

　児童扶養手当制度は、1961（昭和36）年に公布された児童扶養手当法にもとづく制度で、父又は母と生計を同じくしていない児童が育成される家庭の生活の安定と自立の促進に寄与するため、次のいずれかの条件にあてはまる児童を監護している母または父、母または父にかわって児童を養育している養育者に支給される。

　①父母が婚姻を解消した児童
　②父または母が死亡した児童
　③父または母が政令で定める程度の障害の状態にある児童
　④父または母の生死が明らかでない児童
　⑤父または母から引き続き1年以上遺棄されている児童
　⑥父または母が裁判所からDV保護命令を受けた児童
　⑦父または母が法令により引き続き1年以上拘束されている児童
　⑧母が婚姻によらないで懐胎した児童

⑨棄児などで、父母がいるかいないかが明らかでない児童

1989（平成元）年の手当額の改正によって、自動物価スライド制が導入された。1995（平成7）年、支給対象児童の年齢要件が「18歳未満の者」から「18歳に達する日以後の最初の3月31日までの間にある者」に拡大された。1998（平成10）年の政令改正で、非嫡出子で父から認知された児童についても支給されるようになった。

（1）これまでの主な改正内容

［2002（平成14）年8月実施］

◎それまでは所得に応じて手当額が二段階（全部支給は月額42,370円、一部支給は、月額28,350円）だったが、この改正で全部支給と一部支給の所得の限度額が変わり、一部支給の手当額が、所得に応じて細かく定められた。

◎児童扶養手当の支給事務は、これまでは都道府県が行っていたが、2002（平成14）年8月からは市が行うことになった（福祉事務所を設置する町村では、町村が行う。また福祉事務所を設置していない町村の区域では、引き続き都道府県が行う）。

◎所得の範囲等の見直しとして、児童扶養手当を請求する者が母親の場合、所得の範囲が以下のように変わった（養育者については従来どおり）。

①母がその監護する児童の父親から、その児童について扶養義務を履行するための費用として受け取る金品等について、その金額の80％（1円未満は四捨五入）が「所得」として取り扱われる。

②従来、収入から控除していた寡婦控除、寡婦特別加算は、控除できない。

③請求者が特別障害者控除を受けている場合、収入から控除できる額が35万円から40万円に引き上げられた（母親と養育者の双方に適用）。

［2004（平成16）年4月実施］

◎全部支給の月額（児童1人の場合）が41,880円に引き下げられた。

◎一部支給の月額（児童1人の場合）も、41,870円から9,880円までの10円きざみに引き下げられた。

［2006（平成18）年8月から実施］
◎全部支給の月額（児童1人の場合）が41,720円に引き下げられた。
◎一部支給の月額（児童1人の場合）も、41,710円から9,850円までの10円きざみに引き下げられた。

［2010（平成22）年8月から実施］
◎父子家庭の父にも手当が支給されるようになった。これまで母親を支給対象とする制度であったが離婚等で子どもを引き取る父子家庭が増加し、母子同様の経済的問題をかかえていることから平成22年8月から父子家庭にも支給することになった。

［2012（平成24）年8月から実施］
◎支給の要件に、配偶者からの暴力（DV）で「裁判所からの保護命令」が出された場合が加えられた。

［2014（平成26）年12月から実施］
◎公的年金額が児童扶養手当額より低い場合、その差額分が支給されることとなった。

［2016（平成28）年8月から実施］
◎第2子、第3子以降の加算額が増額された（図表9－1）。
◎物価スライド制の導入（2017（平成29）年4月より）

図表9－1　児童扶養手当制度の内容（2016（平成28）年8月実施）

受給者	18歳に達した日以降の最初の3月31日までの児童または20歳未満で心身に障害のある児童を監護・養育している父又は母などに支給
手当額（月額）	子どもが1人の場合　全部支給：42,330円 　　　　　　　　　　一部支給：42,320円～9,990円 子ども2人目の加算額 　　　定額5,000円 → 全部支給：10,000円 　　　　　　　　　　　一部支給：9,990円～5,000円 子ども3人目以降の加算額（1人につき） 　　　定額3,000円 → 全部支給：6,000円 　　　　　　　　　　　一部支給：5,990円～3,000円
所得制限	［母と子ども一人の母子家庭の例］ ◎収入が130万円未満（所得で57万円）は、全部支給の42,330円。 ◎収入130万円以上365万円未満（所得で57万円以上230万円未満）は、一部支給（所得に応じて42,320円から9,990円までの10円きざみの額） ◎実際の適用は、収入から給与所得控除などを控除し、養育費の8割相当額を加えた額（児童扶養手当ではこれを「所得」という）と、所得制限度を比較して、全部支給、一部支給、支給停止のいずれかに決まる。 ◎従来収入から控除していた寡婦控除、寡婦特別加算は控除しない。
支給方法	受給資格者の申請に基づき、市が認定（福祉事務所を設置する町村は町村が認定、福祉事務所を設置していない町村は従来どおり都道府県が認定）し、金融機関を通じて年3回（4月、8月、12月）支払われる。

出所：厚生労働省

(2) 児童扶養手当制度の沿革

昭和36年	制度創設
昭和38年	児童の対象年齢を身体障害児の場合20歳未満までに延長
昭和39年	障害児の障害範囲を内部障害（結核、呼吸器障害に限る）、精神障害（精神病質、神経症及び知的障害によるものを除く）に拡大
昭和40年	障害児の障害範囲を知的障害に拡大
昭和41年	障害児の障害範囲をあらゆる種類の障害、疾病に拡大
昭和48年	老齢福祉年金、障害福祉年金との併給が可能となった
昭和49年	障害児の障害程度を国民年金の2級まで拡大
昭和50年	対象児童の国籍要件を撤廃
昭和51年	対象児童の年齢を義務教育終了前から18歳未満に引き上げ（3か年計画で実施）
昭和57年	受給者の国籍要件を撤廃
昭和60年	制度の抜本改正 ・所得による一部支給制限（手当の2段階制）実施 ・支給主体を国から都道府県知事に移行（昭和60年8月1日以降認定分） ・給付費の都道府県負担の導入（国8／10・県2／10） ・父の所得制限導入
昭和61年	国民年金制度の改正により障害福祉年金の制度が廃止となり、老齢福祉年金のみが児童扶養手当との併給が可能となる。 国庫負担率を7／10に変更（補助金一括法による63年度までの暫定措置）
平成元年	国庫負担率を3／4に変更（県1／4）
平成2年	手当額改定に自動物価スライド制導入
平成6年	事務取扱交付金の人件費部分を一般財源化
平成7年	対象児童の年齢を18歳に達する日以降の最初の3月31日までの間に延長及び振替預入制度導入
平成10年	所得制限限度額の改正 支給対象者の拡大「母が婚姻によらないで生れた児童」

の場合、父に認知されると支給対象外となっていたが、父に認知されても支給対象となる。
平成14年　都道府県知事が行う受給資格認定等に関する事務を市等に委譲する。
　　　　　母子家庭等の自立支援対策（子育てや生活支援策、就労支援策、養育費の確保、経済的支援）の検討と児童扶養手当制度の見直しを行う。
　　　　　・就労による自立促進のため、所得が増えるに従って、所得と手当額の合計額が増加するように手当の支給額をきめ細かく設定
平成15年　母子及び寡婦福祉法等の一部改正（5年時効の廃止）、養育費の見直し（子どもの受給分を含める）、受給後5年経過後の一部支給停止
平成18年　国庫負担率を1／3に変更（県2／3）
平成22年　父子家庭の父にも児童扶養手当を支給
平成24年　父または母が裁判所からのDV保護命令を受けた場合にも支給
平成29年　物価スライド制の導入

3．児童扶養手当制度の概要
（1）制度の目的
　この法律は、父又は母と生計を同じくしていない児童が育成される家庭の生活の安定と自立の促進に寄与するため、当該児童について児童扶養手当を支給し、もって児童の福祉の増進を図ることを目的とする。

（2）制度の趣旨
　児童扶養手当は、児童の心身の健やかな成長に寄与することを趣旨として支給されるものであって、その支給を受けた者は、これをその趣旨に従って用いなければならない。また、児童扶養手当の支給は、婚姻を解消した父母等が児童に対して履行すべき扶養義務の程度又は内容を変更するものではない。

(3) 支給要件

この手当は、図表9－2に記載されている各支給要件に該当する「18歳に達する日以降の最初の3月31日までにある者（又は、20歳未満で政令別表第1に定める程度の障害を有する者）」を父・母が監護するとき、又は父・母がないか、父・母が監護しないため、父・母以外の者が当該児童を養育する（その児童と同居してこれを監護し、かつその生計を維持する）とき、その父・母又は養育者に対して児童扶養手当が支給される。

ただし、手当が支給されるべき父・母又は養育者が、日本国内に住所を有しないとき、国民年金法に基づく老齢福祉年金以外の公的年金給付を受けることができるときなど一定の場合（法第4条2項）には支給されない。

(4) 手当額

手当額は法律の規定により年平均の全国消費者物価指数の変動に応じて、その翌年の4月以降の手当額が改定される（自動物価スライド制）。

(5) 支給手続

手当の支給は申請主義をとっている。

手当の支給を受けようとする者は市町村の窓口へ必要書類を添えて申請し都道府県知事又は市長（以下、「都道府県知事等」という）から受給資格及び額について認定を受けなければならない。

なお、平成15年3月31日時点で支給要件に該当した日から5年を経過した場合は、正当な理由がある場合を除き手当の認定請求ができない。

(6) 届出義務

手当の支給を受けている者は、厚生労働省令の定めるところにより、県知事等に対し、厚生労働省令で定める事項を届け出、かつ、厚生労働省令の定める書類、その他の物件を提出しなければならない。受給者が正当な理由なく命令に従わないときには、手当の支払を差し止めることができる。手当の支払を受けている者が死亡したときは、戸籍

法の規定による死亡の届出義務者は厚生労働省令の定めるところにより、その旨都道府県知事等に届出なければならない。

(7) 不服申立て
都道府県知事のした手当の支給に関する処分に不服がある者は、都道府県知事に異議申立てをすることができる。都道府県知事の行った受給資格及び手当の額の認定等支給に関する処分に不服がある者は都道府県知事に異議申立てをすることができる。

(8) 時効
手当の支給を受ける権利は、2年を経過したときは、時効によって消滅する。

(9) 手当の支給期間及び支払期月
手当の支給は、受給資格者が認定の請求をした日の属する月の翌月から始め、手当を支給すべき事由が消滅した日の属する月で終わる。

手当は毎年4月、8月、12月（各月とも11日、その日が土・日曜、祝日の場合は繰上げ）の3回にわけてその前月までの分を支払う。

ただし、当該期間の途中で資格喪失等の届出があった者については、上記支払期の以前でも支払いを行う。

(10) 所得による支給制限
児童扶養手当は、父子・母子家庭等の経済状態に照らし、援助が必要な家庭に手当を支給する制度であるため、所得が一定額以上の家庭については、手当の支給を停止することとしている。

2012（平成24）年8月から、児童扶養手当の支給要件に、配偶者からの暴力（DV）で「裁判所からの保護命令」が出された場合が加わりました。

〔所得制限限度額〕

扶養親族数2人	本人		孤児等の養育者、配偶者、扶養義務者の所得制限限度額
	全部支給	一部支給	
	95万円	268万円	312万円

第3章 児童・家庭に関する手当の概要

図表9-2 児童扶養手当受給者の状況

	受給者	世帯類型別							
		母子世帯							
		総数	生別母子世帯		死別母子世帯	未婚の母子世帯	障害者世帯	遺棄世帯	DV保護命令世帯
			離婚	その他					
平成26年7月	1,095,124	996,065	881,874	1,054	7,768	96,652	5,125	2,824	768
8月	1,099,137	999,912	885,308	1,038	7,799	97,042	5,149	2,800	776
9月	1,100,539	1,001,313	886,679	1,034	7,828	97,086	5,140	2,754	792
10月	1,101,804	1,002,375	887,731	1,013	7,873	97,050	5,186	2,721	801
11月	1,107,228	1,007,353	892,148	1,022	7,910	97,531	5,227	2,701	814
12月	1,110,175	1,010,110	894,931	997	7,910	97,509	5,275	2,682	806
平成27年1月	1,114,262	1,013,346	897,795	995	7,980	97,763	5,304	2,694	815
2月	1,120,260	1,018,596	902,583	991	8,049	98,110	5,348	2,688	827
3月	1,058,231	961,909	848,224	942	7,315	96,938	5,184	2,490	816
4月	1,058,971	963,009	848,667	945	7,309	97,533	5,211	2,498	846
5月	1,066,060	969,360	854,511	945	7,349	97,924	5,254	2,514	863
6月	1,074,144	976,647	861,176	932	7,429	98,448	5,272	2,511	879
7月	1,081,449	983,204	866,989	910	7,521	99,055	5,310	2,524	895
8月	1,085,101	986,732	870,090	888	7,553	99,450	5,345	2,502	904
9月	1,085,241	986,985	870,474	858	7,581	99,323	5,340	2,482	927
10月	1,085,248	987,305	870,708	841	7,610	99,396	5,354	2,466	930
11月	1,089,764	991,419	874,484	826	7,652	99,683	5,362	2,472	940
12月	1,093,020	994,479	877,482	824	7,673	99,713	5,388	2,455	944
平成28年1月	1,097,244	998,310	881,055	831	7,738	99,867	5,414	2,454	951
2月	1,102,836	1,003,427	885,588	837	7,784	100,337	5,448	2,450	983
3月	1,037,724	944,364	829,104	830	7,020	98,972	5,169	2,301	968
4月	1,037,791	944,749	829,068	841	6,990	99,443	5,154	2,291	962
5月	1,044,037	950,429	834,275	857	7,016	99,832	5,166	2,305	978
6月	1,050,857	956,639	840,003	834	7,052	100,263	5,189	2,311	987

(各月末現在)

世帯類型別									
父子世帯								その他の世帯	
総数	生別父子世帯		死別父子世帯	未婚の父子世帯	障害者世帯	遺棄世帯	DV保護命令世帯		
	離婚	その他							
66,348	57,709	39	6,173	619	1,597	211	-	32,711	平成26年7月
66,445	57,822	40	6,137	629	1,603	214	-	32,780	8月
66,294	57,723	41	6,090	632	1,595	213	-	32,932	9月
66,059	57,548	44	6,037	629	1,598	203	-	33,370	10月
66,206	57,697	35	6,024	642	1,607	201	-	33,669	11月
66,274	57,745	34	6,038	640	1,620	197	-	33,791	12月
66,805	58,227	35	6,083	643	1,620	197	-	34,111	平成27年1月
67,290	58,615	36	6,167	642	1,632	198	-	34,374	2月
63,269	54,988	36	5,808	640	1,611	186	-	33,053	3月
63,300	55,020	36	5,805	645	1,608	186	-	32,662	4月
63,877	55,549	34	5,840	656	1,605	193	-	32,823	5月
64,420	56,026	38	5,877	669	1,614	196	-	33,077	6月
65,007	56,560	37	5,915	673	1,623	199	-	33,238	7月
65,111	56,661	35	5,895	688	1,639	193	-	33,258	8月
64,695	56,289	38	5,863	672	1,645	188	-	33,561	9月
64,125	55,797	27	5,792	673	1,646	190	-	33,818	10月
64,118	55,818	25	5,754	681	1,653	187	-	34,227	11月
64,133	55,845	34	5,743	677	1,647	187	-	34,408	12月

64,380	56,066	27	5,762	674	1,660	191	−	34,554	平成28年1月
64,760	56,417	28	5,774	673	1,679	189	−	34,649	2月
60,547	52,807	29	5,257	654	1,626	174	−	32,813	3月
60,586	52,859	53	5,216	663	1,621	174	−	32,456	4月
60,971	53,244	30−	5,238	661	1,626	172	−	32,637	5月
61,372	53,638	25	5,244	664	1,627	174	−	32,846	6月

注：平成27年3月分までは確定数
出所：厚生労働省『福祉行政報告例』

4．増加するひとり親家庭

　厚生労働省の調査によると、2011（平成23）年全国母子世帯等調査では123.8万世帯と推定されており、年々増加している。理由は大きく分けて、死別によるケースと生別によるケースがある。生別理由では主に離婚である。離婚件数は約23万5千件（2012（平成24）年（概数））。

　近年、母子家庭の増加により、児童扶養手当の受給者数も増加しており、2001（平成13）年度末は759,194人、2012（平成24）年度末は1,085,552人となっている。母子家庭は経済的基盤に乏しいため、直ちに就職や収入などの問題に直面しがちである。

　母の80.6％は働いているが、そのうち常用雇用者は39.4％にすぎない。母子家庭の母自身の平均年収は223万円であり、父自身の平均年収は380万円となっている。また37.7％の母親が、離婚の際に父親と養育費の取り決めをしているが、実際に養育費を受けている者は19.7％にすぎない。

　こうした経済的状況の中では、児童扶養手当に依存する母子家庭も多く、このことが支給費用の増加を招いている。しかしこうしたことが国・地方公共団体の財政負担を高めることになり、財政当局からの本制度への見直しの圧力は高まっている。今後、限られた財源をどのように分配するかは、国民の意識にも大きくかかわってくる課題である。

5．「最近の動向」

（1）父子家庭への支援

　近年増加している父子家庭については従来から、母子家庭を対象としている児童扶養制度のようなものは存在せず、児童相談所や福祉事務所などで相談に応じているほか、保育所への優先入所や、やむを

得ない場合の児童養護施設への入所措置が行われているに過ぎなかった。1982年（昭和57）年度には、父子家庭の父が病気などになった場合にヘルパーを派遣する事業が始められた。1995（平成7）年度には派遣事由に、「父子家庭等となって間もない一定期間（概ね6か月）」という制限が設けられた。

同じく1995（平成7）年度から、仕事の都合により家庭で子どもの養育が一時的に困難となった場合、児童養護施設などで一定期間、子どもを預かり養育・保護する「子育て短期支援事業」が始められた。

1996（平成8）年度には「父子家庭等支援事業」が創設され、大学生などを父子家庭等に派遣し、子どもが気軽に相談できる児童訪問援助事業が始まった。また派遣家庭情報交換事業として、父子家庭が定期的に集まって情報交換を行うとともに、お互いに悩みを打ちあけたり相談し助け合う場が設けられた。そのほか、父子家庭へは、制度の周知を図る広報事業が行われるようになった。

2003（平成15）年度から、父子家庭も子育て支援サービスの対象とすることが、母子及び寡婦福祉法に明確に位置付けられた。父子家庭の父に対しては、「**寡夫控除**」が認められている。

しかし、こうした対策以上に父子家庭の抱える問題は複雑化し、母子家庭同様の経済的支援や福祉サービスを求める声は高まってきている。こうした状況に母子家庭同様、経済的支援を独自に行う自治体も出てきた。このため政府は2010（平成22）年8月から父子家庭に対しても母子家庭同様に手当の支給を行うことにした。

（2）ドメスティック・バイオレンス（DV）被害者への支援

ドメスティック・バイオレンス（以下：DV）とは、一般的には「親密な関係にあるパートナーからの暴力」のことにと定義されるが、実際は「親から子への暴力」、「子から親への暴力」など、様々な理解のされ方がある用語である。内閣府は、人によって異なった意味に受け取られるおそれがある「ドメスティック・バイオレンス（DV）」という言葉は正式には使わず、「配偶者からの暴力」という言葉を用いている。このDVの問題は、わが国においても深刻な社会問題の一つと認識されるようになってきており、2001（平成13）年には配偶者か

寡夫控除
父子家庭の控除の金額は、所得税が27万円、個人住民税が26万円（2011（平成23）年度）。1990（平成2）年度（住民税は平成3年度）から対象となる者の所得制限が、300万円から500万円に引き上げられた。

らの暴力の防止及び被害者の保護に関する法律（DV防止法）が成立・施行されている。2012（平成24）年8月の改正においては、児童扶養手当支給要件に、DVを理由とした裁判所からの保護命令が出された児童が付け加えられた。

6．特別児童扶養手当制度について

この制度が制定された1960年代当時、障害福祉年金は20歳以上の障害者をその対象とするものであり、20歳未満の障害児については社会保障給付の道は開かれておらず、均衡を図る必要があった。

図表9－3　制度の変遷

	制度の変遷	周辺の動き
昭和39年（1964）	「重度精神薄弱児扶養手当法」が制定	昭和45年「心身障害者対策基本法」
昭和47年（1972）	身体に重度の障害を有する児童（国民年金法1級、身体障害者福祉法1級及び2級相当）が加えられ、法律の名称が「特別児童扶養手当法」と改称される	
昭和49年（1974）	重度の知的障害と重度の身体障害が重複しているものの監護者等に対し「特別福祉手当」を支給することとなったため、「特別児童扶養手当等の支給に関する法律」に改称	
昭和50年（1975）	国民年金法2級に相当する障害を有する児童に対象が拡大され、特別児童扶養手当に1級と2級が設けられ、手当額も別とされる。（特別福祉手当は、「福祉手当」に改称され、同一法律内で特別児童扶養手当と福祉手当を分離することになった）	昭和50年「障害者の権利に関する宣言」昭和56年「国際障害者年」
昭和61年（1986）	障害基礎年金の創設とあわせて福祉手当が再編成され、「特別障害者手当」および「障害児福祉手当」が設けられる	平成5年「障害者基本法」
平成7年（1995）	振替預入制度が導入される	
平成14年（2002）	施行令別表第3における障害の認定要領の一部改正	
		平成18年「障害者基本法」改正「障害者自立支援法」
		平成24年「障害者自立支援法」が「障害者総合支援法」に改称

出所：筆者作成

> **特別児童扶養手当制度**
> 1964（昭和39）年「重度精神薄弱児扶養手当法」により発足した。法制定の背景の1つは、1959（昭和34）年国民年金法の制定に伴い、無拠出制の福祉年金として障害福祉年金が創設されたことである。他は在宅対策の充実の必要性の高まりである。

また当時、知的障害児対策としては、児童相談所による相談指導のほか、施設への入所措置などで、その福祉の推進が図られていた。しかし、これらの施策は児童の将来の自立のための生活及び職業指導に重点が置かれており、今後在宅の知的障害児の福祉増進のため、その児童の父母又は養育者に、国の責任において一定の手当を支給することにより、その福祉の増進を図る必要性が指摘されていた。これが、本法制度の背景であり、その結果として「重度精神薄弱児扶養手当法」が、1964（昭和39）年9月1日から施行された。

その後、1966（昭和41）年8月に法律の名称を「重度精神薄弱児扶養手当法」から「特別児童扶養手当法」に変え、重度の身体障害児を支給対象に含めることになった。さらに、1972（昭和47）年10月からは内部障害等の障害児を加え、1975（昭和50）年10月からは、対象障害児の範囲が重度のみから中度の障害児まで拡大され、幅広い制度となった。

7．特別児童扶養手当制度の概要

（1）制度の目的

特別児童扶養手当制度は、障害児の福祉の増進に寄与することを目的とする社会保障制度であるとともに、在宅障害児の監護・養育者に対する介護料的性格を有する社会福祉制度である。

（2）支給要件

手当は、障害児の父若しくは母がその障害児を監護するとき、又は父母以外の者が障害児を養育するとき、その父若しくは母又は養育者に対し支給される。この場合において、障害児とは20歳未満であって、施行令別表第3に定める程度の障害の状態にある者である。障害の程度は国民年金法の1級及び2級に相当する。

手当は制度発足当時公的年金との併給が認められていなかったが、1973（昭和48）年の法改正により、公的年金と併給できるようになった。受給者である父母等が公的年金を併給することは差し支えない。ただし、障害児が障害を事由とする年金給付を受けられるときは、手当は支給されない。また、児童扶養手当、児童手当、障害児福祉手当とも併給できる。なお、

児童が福祉施設に入所している時は、父母の監護又は養育者の養育は行われていないので、手当は支給されない。

(3) 手当額

手当額は、障害等級の1級(重度)と2級(中度)に規定されており、月単位として支給するものとし、その月額は、障害児1人につき定められている。

児童扶養手当は、児童の数に応じて児童1人あたりの手当額は減るが、特別児童扶養手当においては障害児の数にかかわりなく、1人の額が定められている。

手当額は、消費者物価指数の変動率に応じて改善がはかられており、2016(平成28)年4月現在の手当額は1級51,500円、2級34,300円である。

図表9-4　特別児童扶養手当の手当額

・支給額(障害児1人につき月額)
1級の場合　　　51,500円
2級の場合　　　34,300円

(4) 認定

手当の支給は申請主義をとっており、手当を受けようとする者は、市町村の窓口へ必要書類を添えて申請し、都道府県知事の認定を受けなければならない。また、かつて手当の支給を受けたことのある者が、再度支給要件に該当して手当の認定を受ける場合も同様である。

(5) 所得による支給制限

手当は、受給資格者の前年の所得が政令で定める額以上であるときは、その年の8月から翌年の7月までは、支給しない。また、その受給資格者の配偶者又は民法第877条第1項に定める扶養義務者で、当該受給資格者と生計を同一にするものの前年の所得が、政令で定める額以上であるときも、その年の8月から翌年の7月までは支給しない。

(6) 児童扶養手当法の準用について

法第16条は、特別児童扶養手当制度と同様の制度である児童扶養手

当法の規定を本法において準用したものであって、手当の額の改定、手当の支給を受ける権利の消滅時効、不正受給による不正利得の徴収、受給権の保護、公課の禁止及び手当の内払調整に関する規定が準用される。

なお、手当の支給を受ける権利は、2年を経過した場合、時効によって消滅する。

受給者は法律上、手当の支払期月の支払開始期日が到来すればその支払いを受けることができるのであって、証書の交付を受けているか否かにかかわらず、手当の支払期月の支払開始期日から時効が進行する。したがって、所得状況届を提出しないため証書の交付を受けていない者についても消滅時効の適用があり、所得状況届を提出しないまま支払開始期日到来後2年を経過した場合は、時効により受給権を失うこととなる。

（7）手当の支給期間及び支払期月

手当の支給は、受給資格者が認定の請求をした日の属する月の翌月から始め、手当を支給すべき事由が消滅した日の属する月で終わる。

支払日が日曜日若しくは土曜日又は休日（以下「日曜日等」という）にあたる場合は、その日の直前の営業日に支払われる。ただし、支給すべき事由が消滅した場合、その期の手当はその支払期日でない月であっても支払われる。

（8）届出義務

手当の支給を受けている者は、厚生労働省令の定めるところにより、都道府県知事に対し、厚生労働省令で定める事項を届け出、かつ厚生労働省令で定める書類、その他の物件を提出しなければならない。

手当の支給を受けている者が死亡したときは、戸籍法の規定による死亡の届出義務者は、厚生労働省令の定めるところにより、その旨を都道府県知事に届け出なければならない。

（9）不服申立て

都道府県知事が行った特別児童扶養手当の支給に関する処分に不服がある者は、都道府県知事に異議申立てをすることができる。

(10) 費用

費用は、全額国庫負担である。

(各月末現在)

	受給者	支給対象障害児数			
		総数	身体障害	精神障害	重複障害
平成 26 年 7 月	217,131	228,577	59,416	165,083	4,078
8 月	218,224	229,810	59,563	166,172	4,075
9 月	218,518	230,150	59,401	166,696	4,053
10 月	216,536	228,214	58,606	165,591	4,017
11 月	217,709	229,514	58,701	166,782	4,031
12 月	218,038	229,918	58,670	167,215	4,033
平成 27 年 1 月	218,468	230,402	58,527	167,844	4,031
2 月	219,190	231,217	58,546	168,646	4,025
3 月	220,238	232,396	58,621	169,757	4,018
4 月	220,590	232,797	58,570	170,208	4,019
5 月	221,114	233,475	58,488	170,971	4,016
6 月	222,181	234,708	58,507	172,190	4,011
7 月	223,389	236,089	58,622	173,440	4,027
8 月	224,072	236,901	58,559	174,303	4,039
9 月	223,691	236,523	58,303	174,248	3,972
10 月	221,074	233,910	57,268	172,738	3,904
11 月	222,187	235,165	57,251	174,008	3,906
12 月	222,637	235,701	57,154	174,641	3,906
平成 28 年 1 月	223,326	236,513	57,002	175,648	3,863
2 月	224,126	237,492	56,930	176,676	3,886
3 月	224,788	238,290	56,927	177,464	3,899
4 月	224,657	238,192	56,764	177,535	3,893
5 月	225,052	238,685	56,531	178,273	3,881
6 月	226,090	239,861	56,547	179,462	3,852

注：平成 27 年 3 月分までは確定数
出所：厚生労働省『福祉行政報告例』

8．最近の動向

障害者福祉施策の変化を受け、障害がある子どもたちのサービス体制も変化が起こっている。障害がある子どもたちでも地域で生活できるサービス体制の整備が緊急の課題である。2003（平成 15）年からの支援費制度の導入は、「措置制度」を「契約サービス」方式に移行させた。障害者自らがサービスを選択し、事業者と対等な立場に立って、契約により利用する制度の創設であった。しかし支援費制度が開始された 2003（平成 15）年から、2004（平成 16）年 10 月までの 1 年半の間に、ホームヘルプサービスの支給決定者は約 10 万人から約 16 万人へと、1.6 倍に急増しており、ソフト面、ハード面両方の充実が望まれる。

障害者自立支援法による支援費制度は、利用者がサービスを利用す

る際に生じるであろう心理的負担感を、対価を支払うことによって軽減したと思われる一方、利用者の経済的負担が重くなった。重度の障害児やその家族など、障害の程度によっては多くのサービスを必要とするため負担が重くなり、従来通りのサービスを利用できない状況が想定される。収入の少ない家庭では必要なサービスを受けることが困難となっている。早期療育が必要であるにもかかわらず、あきらめざるを得ない現実が生じた。また、利用を希望する時間帯・曜日（夕方・土日）と事業者の都合がかみあわないなどの事態も生じた。

　2013（平成25）年4月からは障害者自立支援法にかわって障害者総合支援法が施行されている。この法律では、障害者（児）の定義に難病等が追加され、支援の届く範囲が拡大した。障害児を対象とした施設・事業は児童福祉法に一本化され、体系の再編が行われている。

　このように障害児を取り巻く環境が急変する中で、障害児を養育する家庭にとって、特別児童扶養手当は家計経済を補うものとして重要性を増している。しかし、現在、特別児童扶養手当の対象児童は増加の傾向にある。2014（平成26）年度末の受給者数は220,238人となっており、国の財政負担の高まりは課題となっている。

さらに深く学ぶために
1）『児童扶養手当・特別児童扶養手当法令通達集（平成15年版）』財団法人日本児童福祉協会、2003

社会福祉実践との関連を考えるために
1）児童扶養手当制度が、これまで果たしてきた役割をまとめよう。
2）新しい社会の課題に対応した制度にするためには、どう変えていくことが必要なのか、考えてください。
3）特別児童扶養手当制度が、今後障害児を養育する家族の経済的支援として、その役割を具体的に果たすためにどんなことが必要か考えよう。

参考文献
1）『児童扶養手当・特別児童扶養手当法令通達集（平成15年版）』

財団法人日本児童福祉協会、2003
2）厚生統計協会編『国民の福祉の動向』財団法人厚生統計協会、2008、pp.103-104

MEMO

第4章
児童・家庭福祉を担う組織・団体の役割と実際

この章で学ぶこと

　児童・家庭福祉における支援・援助活動には、さまざまな相談支援機関や団体がかかわっている。国及び地方公共団体をはじめとする公的機関・団体のみでなく、社会福祉協議会、学校、各種社会福祉施設や民生委員・児童委員等のボランティアが地域を基盤とした活動を行っている。

　日常生活を基盤とした児童・家庭福祉の展開は、養育者や家族のニーズの多様化、複雑化の進むなかで、地域社会を基軸とした各種の機関・団体の関係者（専門職）と近隣社会の人々との協働による支援への取り組みに対する期待が大きくなっている。

　本章では、児童・家庭への支援・援助機関と団体についての機能と役割を理解するとともに、支援・援助活動の担い手や専門職の働きと地域社会における公私の協働と連携について学習する。

　とくに児童・家庭にかかわる支援・援助の中枢的機関である児童相談所への期待は大きい。児童養護相談や児童虐待対応の中心的担い手であり、司法や教育、地域等との連携・協働の推進と専門職の拡充強化が求められている。児童相談所の組織・機能・運営体制等についての理解を深める。

第4章　児童・家庭福祉を担う組織・団体の役割と実際

第10回：児童・家庭福祉制度における組織及び団体の役割と実際

学びへの誘い

わが国の児童・家庭福祉に関する行政施策を担っているのは、大別すると行政機関・審議機関・実施機関・協力関係機関である。

第10回では、国や地方自治体をはじめとする公的機関と民間協力機関の組織と役割について考えていく。

1．児童・家庭福祉の行政機関

児童・家庭に関する福祉の基本法である児童福祉法の第2条では、児童の健全な育成を担う責任を、保護者とともに国及び地方公共団体（都道府県・市町村）が負っていることを定めている。児童の育成は第一義的には保護者及び親族が責任を負うが、経済的困窮や家族関係や家族機能の不調等のため保護者がその責任を遂行できない時は、国や地方公共団体は保護者がその責任を果たせるよう援助を行うとともに、必要に応じて保護者に代わり国や地方公共団体が、児童の保護・育成にあたることとなる。

（1）国の役割と機能

国は**児童・家庭福祉**を含む福祉行政全般に関する企画調整、監査指導、事業に関する予算措置等の中核的機能を有している。

1999（平成11）年に制定された「中央省庁等改革のための国の行政組織関係法律の整備に関する法律」により、2001（平成13）年1月、従来の厚生省と労働省が統合されて現在の厚生労働省が設けられた。

厚生労働省設置法（第3条）において「社会福祉、社会保障及び公衆衛生の向上及び増進並びに労働条件その他の労働者の働く環境の整備及び職員の確保を図る」ことを目的としている。児童・家庭福祉については、内部に雇用均等・児童家庭局が設けられている。図表10－1にあるように総務課、雇用均等政策課、職業家庭両立課、短時間・在宅労働課、家庭福祉課、育成環境課、保育課、母子保健課の8課と少子化対策企画室、虐待防止対策室、均等業務指導室、育児・介護休業推進室、均等待遇推進室、母子家庭等自立支援室が置かれている。

児童・家庭福祉
児童福祉という名称を用いてきたが、児童家庭福祉は従来の保護的福祉観を大きく転換させた主体性の福祉観といえる。利用者や住民の主体的意思を尊重している。

第10回：児童・家庭福祉制度における組織及び団体の役割と実際

なお、障害児（者）に関する施策の企画や運営については社会・援護局にある障害保健福祉部障害福祉課が業務を担当し、障害児・発達障害者支援室、地域生活支援推進室が置かれている。

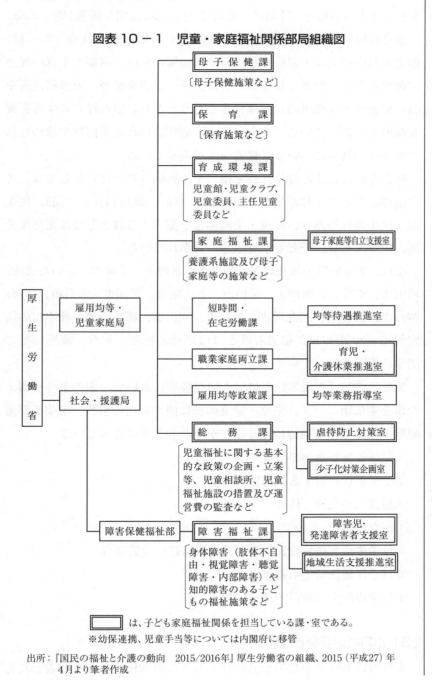

図表10－1　児童・家庭福祉関係部局組織図

※幼保連携、児童手当等については内閣府に移管

出所：『国民の福祉と介護の動向　2015/2016年』厚生労働省の組織、2015（平成27）年4月より筆者作成

（2）都道府県・指定都市の役割と機能

　地方公共団体においては、広域にわたり統一的な処理や市町村への指導監督を行う都道府県・**指定都市**と地域住民に密着した福祉サービスを担っている市町村・特別区（東京23区）とに役割と機能が分かれる。

　都道府県における児童・家庭福祉についての役割・機能としては、都道府県内の児童・家庭福祉に関する施策の企画・調整や予算の配分に関すること、児童福祉施設の設置認可及び指導監督、児童相談所や福祉事務所・保健所の設置運営等を行うとともに市町村に対する必要な援助を実施している。また、児童家庭相談のうち専門性が求められるものへの対応についても都道府県が担っている。

　都道府県における福祉行政を担当する組織（部・局）としては、各自治体によって名称が異なるが福祉部（局）、健康福祉部（局）、民生部（民生局）等あり、児童・家庭福祉を担当する課としては児童福祉課、児童家庭課、子ども家庭課等が置かれている。

　なお、都道府県の他札幌市、仙台市、新潟市、千葉市、さいたま市、横浜市、川崎市、静岡市、浜松市、名古屋市、京都市、大阪市、堺市、神戸市、広島市、北九州市、福岡市、岡山市、相模原市、熊本市の指定都市（20市）は、都道府県とほぼ同様の権限と児童・家庭福祉に関する事務を行っている。

　また、1996（平成8）年には人口規模等において一定の条件を備えた市を**中核市**として、児童・家庭福祉に関する次の事務・事業を都道府県・指定都市と同様に行うことができるようになっている。

①児童福祉審議会の設置
②児童委員に対する指導監督
③補装具の交付・修理
④療育の給付
⑤母子生活支援施設、保育所、助産施設の設置認可
⑥母子保健法に定める事務
⑦児童相談所の設置・運営（任意）

（3）市町村の役割と機能

　市町村は基礎的な地方公共団体として、地域住民に最も密着した行

指定都市
地方自治法第252条にもとづいて政令で指定する人口50万人以上の市、都道府県に準じて一般市より幅広い権限が与えられる。2016（平成28）年4月現在、20市が指定されている。

中核市
指定都市以外で人口20万人以上の要件を満たす規模や都市機能が比較的大きな市。一般の市町村にない多くの特例が認められている。2016（平成28）年4月現在、47市。

政の窓口である。児童・家庭福祉関係では、保育所等の児童福祉施設の設置及び保育の実施と情報提供及び利用手続き、地域保健センターにおける1歳6か月及び3歳児健康診査、妊産婦や乳幼児への指導等を行っている。

また、2003（平成15）年に次世代育成支援対策推進法の制定に併せて改正された児童福祉法では、子育て支援事業をはじめ次の事業が市町村事務として法定化された。

①地域子育て支援センター事業
②つどいの広場事業
③放課後児童健全育成事業
④子育て短期支援事業
⑤乳幼児健康支援事業
⑥一時保育事業・特定保育事業

また、2004（平成16）年の児童福祉法の改正においては、児童・家庭に関する相談の窓口として、市町村が位置づけられ、住民の身近で行政対応が図られ、サービス提供がなされる体制へと移行した。

さらに、国は子育て支援への充実を推進するため、乳児家庭全戸訪問事業及び養育支援訪問事業を市町村をとおして実施している。

また、**児童福祉法第25条**による要保護児童の通告先として市町村が加えられ、児童虐待対応を含む広範囲の児童・家庭相談体制の整備が進んでいる。市町村では、福祉全般について福祉課、住民課、厚生課、保育課等の名称の課で行政事務を担当している。

2．審議機関（児童福祉審議会）

児童・家庭福祉に関する国及び地方公共団体の施策の立案に際しては、施策の内容や方向付けが一般の家庭生活や子育てに大きく影響を及ぼすことである。担当部局や担当者のみで協議・検討をするのではなく、広く一般社会から意見を求めて行う必要がある。特に児童・家庭にかかわる課題・問題の多様化や複雑化は、可能な限り多方面にわたる学識者や専門家の意見を反映させ、利用者のニーズに適切に対応できるものであることが求められる。このため、次のような審議機関が設置されている（図表10－2）。

児童福祉法第25条
「要保護児童発見者の通告義務」
要保護児童を発見した者はこれを市町村、都道府県の設置する福祉事務所若しくは児童相談所又は児童委員を介して市町村、都道府県の設置する福祉事務所若しくは児童相談所に通告しなければならない。

(1) 国の審議機関（社会保障審議会）

　社会保障審議会は、国が設置している厚生労働省の審議機関である。
　この審議会では、社会保障に関する事項や人口問題に関する事項について調査及び審議を行い厚生労働大臣等に意見具申をする。
　国においては、児童・家庭福祉について中央児童福祉審議会が設置されていたが、2001（平成13）年の厚生労働省設置法等の改正によって社会保障審議会に統合され、ここにおいて児童・家庭福祉を含む社会保障全体を審議することとなった。
　社会保障審議会には、専門別の分科会が設けられており児童・家庭福祉に関しては、福祉分科会が中心となり担当している。また、審議会及び分科会には部会を設置できることとなっており児童・家庭福祉に関しては、審議会に児童部会が設けられている。

(2) 地方の審議機関（児童福祉審議会）

　地方の児童・家庭福祉行政については、児童福祉法第8条において、都道府県・指定都市（中核市及び児童相談所設置市を含む）に都道府県・指定都市児童福祉審議会その他の合議制の機関を設置することが義務づけられている。
　ただし、都道府県・指定都市においては、設置されている地方社会福祉審議会に児童・家庭福祉に関する事項を審議させることができるとされており、地方社会福祉審議会のなかに児童福祉部会等を設けている場合は設置する必要はない。また、1997（平成9）年の児童福祉法改正により同法第27条第8項において「都道府県知事（児童相談所長）が措置を行う際、児童もしくは保護者の意向と異なる場合や児童相談所長が必要と認めた場合には、児童福祉審議会の意見を聞かなければならない」と規定されたため、都道府県・指定都市児童福祉審議会に児童相談所部会等を設けているところもある。
　都道府県児童福祉審議会・指定都市児童福祉審議会・市町村児童福祉審議会は、各都道府県知事、指定都市及び市町村の長の管理のもとに、児童・妊産婦及び知的障害者の福祉に関する事項の調査・審議をして、知事や市長の諮問に答えたり、意見具申等をする機能をもっている。

（3）児童福祉審議会の組織・機能

児童福祉審議会は、原則として20名以内の委員で組織される。なお、特別な事項に関して調査審議をするために必要がある場合は、臨時委員を置くことができ、臨時委員については定数がない。

児童福祉審議会の委員及び臨時委員は、児童または知的障害者の福祉に関する事業に従事する者及び学識経験者の中から、都道府県知事、指定都市及び市町村の長が任命する。

児童福祉審議会は都道府県知事等の諮問に答え、関係機関に意見を求めることや具体的行政事務等について意見を述べることができる。

3．児童・家庭福祉の実施機関

（1）児童相談所の組織・機能

児童相談所は、児童・家庭に関するさまざまな問題について相談援助に応じ、効果的な援助を提供することで児童の権利擁護と児童・家庭サービスの実施を目的とした行政機関である。児童福祉法第12条により都道府県及び指定都市に設置が義務付けられている。おおむね人口50万人に最低1か所は設置しなければならないとされており、2015（平成27）年4月現在、208か所（内2か所は中核市の任意設置、支所を含まず）の児童相談所が設置されている。

（2）福祉事務所の組織・機能

福祉事務所は社会福祉法第14条にもとづいて都道府県及び市・特別区に設置が義務付けられている**福祉六法**関係の業務を行う社会福祉行政の総合的な第一線の行政機関である。なお、町村については任意設置である。

福祉事務所の設置数は2016（平成28）年4月現在、1,247か所（都道府県208、市（特別区含む）996、町村43）である。

福祉事務所における児童・家庭福祉関連の業務は、都道府県知事や市町村長から委任を受け、次のような業務を実施している。

①児童及び妊産婦の福祉に関し、必要な実情の把握に努めること。
②児童及び妊産婦の福祉に関する事項について、相談に応じ、必要な調査を行い、個別的または集団的に、必要な指導を行うこと。
③児童養護施設等への入所措置等や専門的な判断が必要な場合に

> **福祉六法**
> 生活保護法・児童福祉法・母子及び寡婦福祉法・老人福祉法・身体障害者福祉法・知的障害者福祉法。

は、児童相談所へ送致する。
④児童または保護者を、必要があるときは知的障害者福祉司または**社会福祉主事**に指導させること。
⑤母子生活支援施設、助産施設への入所が適当と判断される事例については、助産や母子保護の実施または保育の実施が適当と判断される者について、それらの実施等に係わる都道府県知事及び市町村の長に報告または通告すること。

また、従来、助産施設、母子生活支援施設及び保育所への入所方法は都道府県による措置として行われていたが、保育所は1997（平成9）年、助産施設及び母子生活支援施設については、2000（平成12）年の児童福祉法改正により利用契約制度に移行した。これにより福祉事務所は措置業務を行わず、入所申込窓口として利用者の相談に応じている。

利用者の身近における福祉サービス提供の機関として福祉事務所には、所長の他に事務担当職員、社会福祉主事、査察指導員、身体障害者福祉司、知的障害者福祉司、老人福祉指導主事、母子自立支援員等が配置されている。

（3）家庭児童相談室の組織・機能（福祉事務所）

福祉事務所には、児童・家庭福祉に関する相談業務を充実強化するために家庭児童相談室が設置されている。設置については任意であるが、2012（平成24）年4月現在、全国で家庭児童相談室業務を実施している市町村は1,742か所。そのうち福祉事務所に家庭児童相談室を設置している市町村は248か所である。

家庭児童相談室には、**家庭相談員**や心理専門職が配置されており、受け付ける相談内容は、児童相談所に準じた児童や家庭の問題について幅広く対応している。児童相談所が専門的な調査・判定機能や児童福祉施設入所等に必要な利用者への対応を中心に専門職を配置しているのに比べ、家庭児童相談室は利用者にとっては身近な、地域に密着した相談活動を行っている。

家庭児童相談室における相談内容の主なものは「家族関係（児童虐待を含む）」「非行」「知能・言語・心身障害」「学校生活」等であるが、必要に応じて児童相談所、その他の専門機関との連携・協力体制のも

社会福祉主事
福祉事務所で福祉六法に定める業務を行うことを職務とする者がもつ資格。
大学などで厚生労働大臣が指定する社会福祉に関する科目を修めて卒業した者や指定養成機関を卒業した者等の中から任用される。

家庭相談員
学校生活上の問題や家族関係、心身障害、非行等の問題を抱える児童及び家族に対して社会福祉主事と連携して相談援助業務に従事する専門職。大学で社会福祉学、心理学、教育学等を修めた者、または医師等が任用される。

とに相談業務を実施している。

図表10-2 児童・家庭福祉関係機関系統図

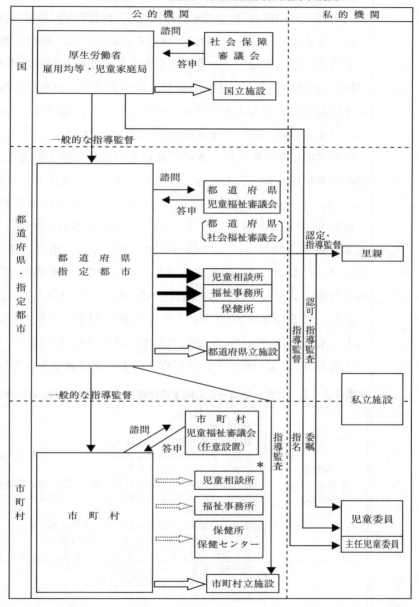

注：➡️印は、下部の行政機関を示す。
　　⇨印は、下部の付属機関を示す。
　　⇢印は、全部の市町村には設置しない下部の行政機関を示す。
　＊印は、政令で定める市は児童相談所を設置することができる（2006（平成18）年4月施行）。

出所：「新版・社会福祉学習双書」編集委員会／編『新版・社会福祉学習双書2008　第4巻　児童福祉論』全国社会福祉協議会、2008、p.107を一部改変

（4）保健所・保健センターの組織・機能

　保健所は地域保健法により地域の公衆衛生の中核機関として、都道府県・指定都市・中核市・政令で定められた市及び特別区に設置されている。

　地域保健法第6条は、保健所の事業を定めている。衛生意識の向上、栄養改善、精神保健等とともに、児童・家庭福祉に関わる事業として「母性及び乳幼児並びに老人の保健に関する事項」があげられており、母子保健の観点から大きな役割を担っている。保健所は、2016（平成28）年4月現在、全国で480か所が設置されている。

　1997（平成9）年には、地域保健法及び母子保健法が改正され、妊婦や児童に関する一貫した母子保健サービスは、利用者に身近な市町村において一元的に実施されることとなった。これにより市町村は、市町村保健センターを設けることができるとされ、2016（平成28）年4月現在、2,466か所が設置されている。なお、市の設置する保健センターにおいては、福祉事務所と一体化して、福祉保健センターや福祉健康センター等の名称で設置しているところが増えている。

　また、母子保健法第22条は、母子保健に関する各種の相談に応じるとともに、母性並びに乳幼児の保健指導及び助産を行うことを目的に市町村は、必要に応じて母子健康センターを設置できるとしている。

図表10-3　児童・家庭福祉に関する保健所・市町村保健センターの主な業務

保健所 〔都道府県 　指定都市〕	○未熟児訪問指導 ○養育医療 ○障害児の療育指導等専門的支援 ○疾病により長期間療養を必要とする子どもの療育、指導 ○医事および薬事に関する事業 ○地域保健に関する情報の収集、整理、活用および調査、研究 ○市町村に対する支援（技術的助言、職員の研修、市町村相互間の連絡調整等） ○子どもの保健についての正しい衛生知識の普及 ○子どもの健康相談、健康診査、保健指導 ○児童福祉施設に対する栄養指導、その他衛生に関する助言
市町村保健センター （市町村）	○妊産婦、乳幼児に対する保健指導 ○妊産婦、乳幼児に対する訪問指導 ○妊産婦健康診査 ○未熟児訪問指導 ○乳幼児健康診査（新生児、1歳6か月児健康診査、3歳児健康診査など） ○児童虐待の予防、早期発見、早期援助 ○児童福祉施設に対する栄養指導、その他衛生に関する助言

出所：筆者作成

（5）児童家庭支援センターの組織・機能

児童家庭支援センターは、1997（平成9）年の児童福祉法改正で新たに設置された児童福祉施設である。創設の背景としては、家庭や地域の養育機能の低下するなかで、児童虐待、引きこもり、いじめ等の児童・家庭をめぐる問題が複雑化や多様化し、児童の健全な成長のための社会的支援を必要とする家庭が増えたことがある。このような状況の中で、問題の深刻化を防止し、早期発見、早期対応を図るには、児童相談所だけで地域に根ざした相談援助を展開するには限界がある。このため、従来からの施設入所を前提としたサービスのみでなく、相談や通所サービスを利用した対応が求められ、児童相談所等の専門機関と連携しながら地域に密着したきめ細かな相談援助活動を行うため設置された。

業務は、次のとおりである。

①地域の児童の福祉に関する問題に対して専門スタッフによる相談・助言。

②施設入所までは要しないが要保護性があり、継続的な指導が必要であると判断された児童やその家族に対する児童相談所からの指導措置の委託にもとづく指導。

③児童委員、母子自立支援員等との連携による児童やその家庭の問題の早期発見、早期対応及び児童相談所や児童福祉施設等との連絡調整。

児童家庭支援センターは、乳児院、母子生活支援施設、児童養護施設、情緒障害児短期治療施設、児童自立支援施設などの地域における基幹的な児童福祉施設に附設されて設置される。設置施設に蓄積されている相談援助や指導に関する経験や技術・知識を活用した支援、夜間等緊急時における一時保護等の対応を行っている。

なお、相談援助を担当する職員は児童福祉司の任用資格を有する者を配置することとなっている。

4．司法関連機関

（1）家庭裁判所の組織・機能

家庭裁判所は、裁判所法により設置されている裁判所である。

児童・家庭福祉に関連する家庭裁判所の主な役割と機能は次のとおりである。
①児童虐待や養子縁組（特別養子縁組）、離婚及び児童の養育・親権や後見人選任等に関する家事審判・調停。
②少年法による14歳以上の犯罪少年についての少年保護事件の審判。
③都道府県知事等（児童相談所長）からの児童福祉法第28条による児童福祉施設入所決定の申立てへの承認。
④児童虐待に関する強制立ち入り調査の許可。
⑤児童福祉施設利用に際して、児童の行動自由の制限や強制的措置をする場合の決定。

なお、家庭裁判所は各都道府県にあり、裁判官（審判官）、家庭裁判所調査官（補）、調停委員、家庭裁判所書記官等の職員がいる。

（2）少年鑑別所の組織・機能

少年鑑別所は、少年法により設置されている。

少年鑑別所においては家庭裁判所から送致された少年を入所させ、医学、心理学、社会学、教育学等の専門的知識・技術により少年の適切な保護処分決定のための調査・診断や行動観察を行う。少年鑑別所には、法務教官等の職員が配置され、在鑑少年の指導・鑑別にあたっている。

（3）保護観察所

犯罪者予防更生法により設置されている。

児童・家庭福祉に関連する保護観察所の主な役割・機能は、次のとおりである。
①保護観察処分となった少年の更生指導・援助。
②少年院に入院していた少年が退院した際の家庭環境等の調整。
③地域で少年犯罪や非行を防止するための啓発活動及び犯罪予防活動の実施。

なお、保護観察所には、保護観察業務を担当する職員として、保護監察官が配置されており、保護司法による民間ボランティアである保

護司が協力している。また、少年院退院後、保護者や居所がない場合は、更生保護事業法による更生保護施設（更生保護事業）による援助が利用できる。

５．児童・家庭福祉の協力関係機関
（１）児童委員・主任児童委員の組織・機能

　児童委員は、児童福祉法により厚生労働大臣が委嘱をする民間のボランティアである。児童委員は**民生委員法**にもとづき民生委員が兼務しており、市町村の担当区域において児童・家庭福祉の地域における推進者として活動している。

　2015（平成27）年3月31日現在、209,925人（定員数214,493人）の児童委員が委嘱されている。児童委員は市町村の担当区域の児童・家庭や妊産婦について、常にその生活状況を把握するとともに必要な相談援助を行い、関係行政機関・団体の協力者として、地域福祉推進の担い手として活動している。

　児童委員の職務内容は、2001（平成13）年の児童福祉法の改正によって児童委員の職務が明確化され、第17条によりその職務内容として、次の6項目が定められた。

①児童及び妊産婦につき、その取り巻く環境の状況を適切に把握しておくこと。
②児童及び妊産婦につき、その保護、保健その他の福祉に関し、サービスを適切に利用するために必要な情報の提供、その他の援助及び指導を行うこと。
③児童及び妊産婦にかかわる社会福祉を目的とする事業を経営する者、または児童の健やかな育成に関する活動を行う者と密接に連携し、その事業または活動を支援すること。
④児童福祉司、または福祉事務所の社会福祉主事の行う職務に協力すること。
⑤児童の健やかな育成に関する気運の醸成に努めること。
⑥その他必要に応じて、児童及び妊産婦の福祉の増進を図るための活動を行うこと。

　さらに、児童委員は、地域住民による福祉事務所や、児童相談所へ

民生委員法
民生委員制度の前身は1917（大正6）年岡山県「済世顧問制度」である。その後「方面委員制度」を経て1948（昭和23）年「民生委員法」が定められる。

の要保護児童の通告の仲介機関としても位置づけられている。

　また、児童委員はその職務について、都道府県知事の指揮監督を受けること、必要な事項については、児童相談所長や市町村長に状況を通知しなければならないことや、都道府県知事は児童委員の研修を計画、実施しなければならないことが定められている。

　主任児童委員は、1993（平成5）年3月31日付で厚生省（現・厚生労働省）児童家庭局長（現・雇用均等・児童家庭局）、社会・援護局長連名による「主任児童委員の設置について」が通知され、1994（平成6）年1月より設置された。設置の背景としては、少子化の進行、児童・家庭をめぐる環境の変化や児童虐待の増加等があり、高齢者等への支援活動の増加の中で、民生委員活動と兼務している児童委員のみでは、児童・家庭福祉推進の活動が十分遂行できない状況があった。

　主任児童委員については、国の「主任児童委員設置運営要綱」により運営されてきたが、2001（平成13）年11月児童福祉法が改正され、その職務が法定化された。その主な内容は次のとおりである。

　①都道府県知事（指定都市市長を含む）が推薦し、厚生労働大臣が委嘱していたが、厚生労働大臣が児童委員から直接指名する。
　②職務は、「児童の福祉に関する機関と児童委員との連絡調整を行うとともに、児童委員の活動に対する援助及び協力を行う」こと。

　主任児童委員は、区域を担当せず、児童・家庭福祉に関する事項を専門的に担当する児童委員として、従来の区域担当の児童委員と一体となって活動を展開している。2015（平成27）年3月31日現在、主任児童委員は、全国で21,414人（定員数21,803人）である。

（2）学校（教育委員会）の組織と機能

　学校は児童の生活と成長・発達に大きな位置を占めている。近年、学校生活をめぐり、不登校やひきこもり、学級崩壊、学習不適応、児童虐待対応等、支援を要する児童が増加している。文部科学省は、1995（平成7）年にスクールカウンセラーを派遣する調査研究事業を始めた。小中学校へ外部の専門職であるカウンセラー等を派遣する事業であり、その結果、2001（平成13）年より都道府県・指定都市を対象としたスクールカウンセラー等活用事業として実施されている。

現在、臨床心理士等の資格を有する専門職員（スクールカウンセラー）を配置して、児童の生活全般にわたる心理相談を行っている。

しかし、児童への心理的支援だけでは解決が困難な問題の指摘がなされ、不登校、引きこもり等、児童の家庭環境や地域環境等を含めた**ソーシャルワーク**による支援が必要であるとの認識が高まってきた。

文部科学省では、2008（平成20）年に調査研究事業としてスクールソーシャルワーカー等活用事業をスタートさせた。全国350校において**スクールソーシャルワーカー**等を配置して、学校における児童・家庭に関わる支援展開を検討することとなり、2009（平成21）年度からは国庫補助事業として実施されている。2015（平成27）年度は2,247人のスクールソーシャルワーカーが各自治体の教育委員会や学校現場で活動している。

6．児童・家庭福祉の新たな支援のあり方

児童・家庭福祉制度のための機関は、今後、市町村が主体的担い手となる方向性が明確になってきている。1995（平成7）年の地方分権化推進法の制定以降、1999（平成11）年の地方分権一括法により、地方分権化と規制緩和が進められた。これにより児童・家庭福祉をはじめとする福祉サービスの内容や提供方法が、各地方自治体の裁量、判断に委ねられてきており、財政的・政治的状況により格差が生じてきているとの指摘もある。児童虐待をはじめとする児童・家庭への対応、支援にかかわる人的・組織的な専門性の確保と整備における各自治体間での均衡の取れた取り組みが望まれる。

また、児童・家庭福祉に関しては、さまざまな民間団体が担い手として活動している。これらの民間団体の機能は、次のように4形態に大別できる。

①政策・制度によるサービスを民間団体が行政から委託され実施している場合である。福祉施設を運営している社会福祉法人等の公益を目的とした法人があげられる。近年は、規制緩和により種々の法人（NPO法人・学校法人等）や企業も参入している。

②福祉ニーズに対応して企業が商品化し提供しているサービス。認可外保育事業や子育て関連商品等がある。

ソーシャルワーク
国際ソーシャルワーカー連盟によるソーシャルワークの定義では、ソーシャルワーク専門職は、人間の福祉（well-being）の増進を目指して、社会の変革を進め、人間関係における問題解決を図り、人々のエンパワーメントと解放を促していく。ソーシャルワークは、人間の行動と社会システムに関する理論を利用して、人々がその環境と相互に影響し合う接点に介入する。人権と社会正義の原理は、ソーシャルワークの拠り所とする基盤である。

スクールソーシャルワーカー
スクールカウンセラーはいじめや不登校児童の心理面を中心にしてかかわるが、スクールソーシャルワーカーは、教員や友人、家族を含めて周囲の環境全体との調整や関係改善を支援する。学校における児童・家庭に関わる支援展開を検討し、2009年度から国庫補助事業として実施されている。

③基本的にはボランティアであるが「制度化されたボランティア」として、行政からの委嘱、協力関係にある民生委員・児童委員や主任児童委員、身体障害者（知的障害者）相談員、保護司等の活動がある。また、子育て支援活動や会員制の子育てグループ等、営利を目的としていないボランティア活動があり、多様な団体による活動が展開されている。

④利用者の最善の利益と権利擁護に関わる福祉オンブズマンや福祉事業の調査評価を行う第三者評価機関や団体。

これらの民間団体による児童・家庭福祉サービスは、既存の行政サービスの量的不足を補うとともに、柔軟な提供形態やニーズに即したサービス開発への取り組みが可能であり、サービスの質的改善や向上が期待できる。公的児童・家庭福祉サービスと民間団体によるサービスとの、相互補完的な連携や協働による利用者のニーズに応えた制度、サービス提供が求められる。

今後、児童・家庭を取り巻く社会環境の変化の中で、児童の成長・自立に向けた取り組みへの期待と、さまざまな家族の形態や機能の変化に対応できる新たな支援の仕組みと担い手が、必要になっていくと考えられる。

そこで、社会福祉実践が、地域社会を基軸としながら促進されていく動向を踏まえて、近隣住民の「つながり」の再構築が期待される。子育てや家庭の抱える問題・課題の改善・回復が図られるためには、地域社会の「つながり」による分かち合い・支え合いの日常生活関係を再構築していくことが必要である。

さらに深く学ぶために

1）姜　克實著『近代日本の社会事業思想』ミネルヴァ書房
2）マーク・W. フレイザー編著　門永朋子／岩間伸之／山縣文治 訳『子どものリスクとレジエンス』ミネルヴァ書房
3）石川久『図解・福祉行政はやわかり』学陽書房、2013
4）畑本裕『社会福祉行政』法律文化社、2012

社会福祉実践との関連を考えるために
1）児童相談所など公的専門支援機関が児童・家庭の多様なニーズに応えるためにはどのように充実していくべきか考えよう。

参考文献
1）厚生労働省統計協会編『国民の福祉と介護の動向 2015/2016』
2）社会福祉の動向編集委員会『社会福祉の動向 2016』中央法規出版、
3）厚生労働省編『平成 28 年度版　厚生労働白書』
4）母子愛育会愛育研究所編『日本子ども資料年鑑 2016』KTC 中央出版、2016
5）神戸賢次・喜多一憲編著『新選・児童家庭福祉』みらい、2015

第11回：児童・家庭福祉制度における専門職の役割と実際

学びへの誘い

児童・家庭に対する支援は、児童福祉関係の法律や、財源だけでは成り立たない。児童の最善の利益を保障するための多くの専門機関・施設があり、それぞれについて、児童・家庭の多様なニーズに応じるためのさまざまな機能や役割が求められる。そのため、必要とされる専門職も多様であり、同じ職種であっても、施設、機関によって求められる業務が異なることも多い。ここでは、児童・家庭福祉制度における代表的な専門職について学び、より良い支援のあり方について考える手がかりとする。

1．保育士の役割

(1) 保母から保育士へ

図表11－1で示すとおり、保育士は、保育所、児童養護施設、障害児施設など、ほぼすべての児童福祉施設に配置されている。児童福祉施設で働く職員の中で、最も多くの割合を占めている。かつては保母とよばれ、女性にのみ認められていた資格であった。1977（昭和52）年より男性にも資格取得が認められたが、名称は保母のままであった。1999（平成11）年の児童福祉法改正により、男性、女性共通の名称として保育士と改められた。しかし、依然として、児童福祉施設で働く**任用資格**のままであり、専門職としてみるには、法律等の整備が不十分といえる状況であった。

(2) 保育士資格の法定化

2001（平成13）年に児童福祉法が改正され、2003（平成15）年から施行された。これにより、保育士は国家資格となった。児童福祉法第18条の4によると、保育士とは「登録を受け、保育士の名称を用いて、専門的知識及び技術をもって、児童の保育及び児童の保護者に対する指導を行うことを業とする者」とされた。保育士として業務を行うためには、従来の厚生労働大臣指定の**保育士養成施設**（大学、短大、専門学校）の卒業者、ならびに**保育士試験**合格者は、都道府県に

任用資格
その職種に就くための条件であるが、その職種を離れると、その資格名称を名乗ることができない。

保育士養成施設
保育士を養成する学校その他の施設。所定の単位を取得して卒業した者には保育士資格証明書が交付される。

保育士試験
受験資格は短大卒業以上（大学3年次を含む）、高卒後2年以上児童の保護に従事した者、児童福祉施設で5年以上の実務経験のある者に与えられる。試験は、筆記試験及び実技試験によって行われる。

図表 11 − 1　児童福祉施設の種類と職員

助産施設	医療法に規定する病院の職員、助産師
乳児院	医師、看護師、個別対応職員、家庭支援専門相談員、栄養士、調理員、心理療法担当職員、保育士、児童指導員
母子生活支援施設	母子支援員、嘱託医、少年指導員、調理員、保育士、心理療法担当職員
保育所	保育士、嘱託医、調理員　看護師
幼保連携型認定こども園	園長、保育教諭、養護教諭、栄養教諭
児童厚生施設	児童の遊びを指導するもの
児童養護施設	児童指導員、嘱託医、保育士、個別対応職員、家庭支援専門相談員、栄養士、調理員、看護師、心理療法担当職員
障害児入所施設	児童指導員、保育士、嘱託医、栄養士、調理員、看護師、心理指導担当職員、職業指導員、理学療法士、作業療法士
児童発達支援センター	児童指導員、保育士、嘱託医、栄養士、調理員、機能訓練担当職員
情緒障害児短期治療施設	医師、心理療法担当職員、看護師、児童指導員、保育士、家庭支援専門相談員、個別対応職員、栄養士、調理員
児童自立支援施設	児童自立専門相談員、児童生活支援員、家庭支援専門相談員、心理療法担当職員、個別対応職員、職業相談員、嘱託医、栄養士、調理員
児童家庭支援センター	相談・支援担当職員、心理療法担当職員

出所：筆者作成

登録を行い、保育士登録証の交付を受けることが必要となった。

　また、法定化に合わせて、①保育士の信用を傷つけるような行為をしてはならない（信用失墜行為の禁止）、②正当の理由がなく、その業務に関して知り得た人の秘密を漏らしてはならない秘密保持義務、③保育士でない者は、保育士またはこれに紛らわしい名称を使用してはならない（**名称独占**）、の規定が新たに設けられた。これにより、保育士は、専門職としての地位が確立されたといえる。

（3）保育所保育士・保育所以外の施設保育士

　前述のとおり、保育士は、児童福祉施設に勤務する職員の中で最も大きな割合を占めている。さらに、児童福祉施設の職員のうち、保育所に勤務する保育士が大多数である。保育士というと、ほとんどの人が「保育所で子どもの世話をしている人」をまずイメージするであろう。保育所に勤務する保育士、保育所以外の児童福祉施設に勤務する保育士、いずれも同じ保育士資格である。ここにあげた「保育所保育士」「施設保育士」という名称は正式なものではない。しかし、各児童福祉施設のサービス内容が違うため、それぞれの施設の保育士の職

名称独占
医師、看護師のような業務独占の資格とは異なり、その名称を無資格者は使用することはできないこと。

務、役割も異なる。そこで「保育所保育士」「保育所以外の施設保育士」に分け、それぞれの業務について述べる。

(4) 保育所保育士の業務

保育所とは、児童福祉法第39条に「保育を必要とする乳児・幼児を日々保護者の下から通わせて保育を行うことを目的とする施設」と規定されている。保育士の職務は、日中、就労等の理由により家庭で育児ができない保護者に代わり、乳幼児の日常生活全般をケアすることである。しかし、近年、児童虐待や家庭の養育機能の低下、親の育児不安など、子どもを育てる家庭が抱えるさまざまな深刻な問題が明らかになり、保護者に対する公的支援の必要性が高まった。多くの保育所で、保育士が中心となり、保護者に対する子育て支援や、保育所を利用していない子育て家庭に対する支援が行われるようになった。

2001（平成13）年の児童福祉法改正で、保育士は「児童の保育及び児童の保護者に対する保育に関する指導を行う」と、その職務が明確に規定された。また、同じく児童福祉法の、保育所の情報提供等（第48条の3）において、「保育所は、当該保育所が主として利用される地域の住民に対してその行う保育に関し情報の提供を行い、並びにその行う保育に支障がない限りにおいて、乳児、幼児等の保育に関する相談に応じ、及び助言を行うよう努めなければならない。2．保育所に勤務する保育士は、乳児、幼児等の保育に関する相談に応じ、及び助言を行うために必要な知識及び技能の修得、維持及び向上に努めなければならない。」としている。保育所保育士は、子どもを保育することだけではなく、保護者の保育に関する相談業務の役割まで担うことが明確化された。

(5) 保育所以外の施設保育士の業務

保育所以外の児童福祉施設のほとんどに、保育士が配置されており、直接援助担当職員として、中心的役割を担っている。職務内容は、児童の保育だけにとどまらない。たとえば児童養護施設では、幼児から高校生までが対象であり、生活を共にしつつ、生活指導、学習指導、家庭との調整、家庭復帰に向けての援助、自立に向け社会生活を行う

準備等を行っている。障害児入所施設では障害児の療育、訓練を行う。

なお、乳児院、児童養護施設、情緒障害児短期治療施設、児童自立支援施設では、家庭復帰に向け、家族との調整を行う職員として家庭

図表11−2　全国保育士会倫理綱領

　すべての子どもは、豊かな愛情のなかで心身ともに健やかに育てられ、自ら伸びていく無限の可能性を持っています。
　私たちは、子どもが現在（いま）を幸せに生活し、未来（あす）を生きる力を育てる保育の仕事に誇りと責任をもって、自らの人間性と専門性の向上に努め、一人ひとりの子どもを心から尊重し、次のことを行います。

私たちは、子どもの育ちを支えます。
私たちは、保護者の子育てを支えます。
私たちは、子どもと子育てにやさしい社会をつくります。

（子どもの最善の利益の尊重）
1．私たちは、一人ひとりの子どもの最善の利益を第一に考え、保育を通してその福祉を積極的に増進するよう努めます。

（子どもの発達保障）
2．私たちは、養護と教育が一体となった保育を通して、一人ひとりの子どもが心身ともに健康、安全で情緒の安定した生活ができる環境を用意し、生きる喜びと力を育むことを基本として、その健やかな育ちを支えます。

（保護者との協力）
3．私たちは、子どもと保護者のおかれた状況や意向を受けとめ、保護者とより良い協力関係を築きながら、子どもの育ちや子育てを支えます。

（プライバシーの保護）
4．私たちは、一人ひとりのプライバシーを保護するため、保育を通して知り得た個人の情報や秘密を守ります。

（チームワークと自己評価）
5．私たちは、職場におけるチームワークや、関係する他の専門機関との連携を大切にします。
　また、自らの行う保育について、常に子どもの視点に立って自己評価を行い、保育の質の向上を図ります。

（利用者の代弁）
6．私たちは、日々の保育や子育て支援の活動を通して子どものニーズを受けとめ、子どもの立場に立ってそれを代弁します。
　また、子育てをしているすべての保護者のニーズを受けとめ、それを代弁していくことも重要な役割と考え、行動します。

（地域の子育て支援）
7．私たちは、地域の人々や関係機関とともに子育てを支援し、そのネットワークにより、地域で子どもを育てる環境づくりに努めます。

（専門職としての責務）
8．私たちは、研修や自己研鑽を通して、常に自らの人間性と専門性の向上に努め、専門職としての責務を果たします。

社会福祉法人　全国社会福祉協議会
全国保育協議会
全国保育士会

支援専門相談員（ファミリーソーシャルワーカー、次頁参照のこと）の配置が進められているが、施設によっては、担当保育士がこの業務を行っているところもある。

また、保育士と並んで児童福祉施設の中心的役割を担っているのが**児童指導員**である。保育士との職務の違いは、施設によって異なるがあまり明確ではない。

(6) 専門職としての倫理

保育士は対人援助の専門職である。児童やその家族の人権、児童の生命や発達に大きな影響を及ぼすことを考えると、専門職としての倫理を学ぶことは必須である。対人援助専門職の多くが専門職団体を作り、独自の倫理綱領を定めている。それは、利用者や一般市民にも提示され、専門職の役割や規範の共通理解を図るものとなっている。

全国保育士会は、保育士資格の法定化を契機とし、2003（平成15）年3月に全国保育士会倫理綱領（図表11-2）を採択、同年11月に公表した。この倫理綱領は、保育所にとっての倫理綱領でもあり、保育所に働くすべての保育士の綱領とされている。

全国保育士会倫理綱領は前文と8か条からなる。子どもの発達保障と保護者に対する子育て支援を、専門職としての保育士の大切な責務としている。

2. 家庭支援専門相談員の役割

(1) 入所型児童福祉施設と家庭復帰

児童養護施設等の入所型児童福祉施設では家庭復帰、親子関係の再構築、里親委託等を可能とするための相談援助等の支援を行う。職員の職務は児童の保育にとどまらない。従来は、保育士、児童指導員が中心となって、さまざまな事情を抱えて入所する児童の生活を支援し、心理的なサポートを行い、自立に向けての援助を行うとともに、児童相談所と協議しつつ児童の家族へのソーシャルワークを行ってきた。

近年では、複雑な事情を抱えて施設に入所する事例が増え、ファミリーソーシャルワークの展開の必要性が高くなった。このような状況の中、1998（平成10）年の児童福祉施設最低基準改正において、児

児童指導員
児童福祉施設の設備及び運営に関する基準（昭和23年厚生省令第63号）第43条では、児童指導員の資格として、社会福祉士の資格を有する者、精神保健福祉士の資格を有する者等10項目が示されており、それらの「いずれかに該当する者でなければならない。」としている。

童養護施設長が入所児童の家族調整を担う規定が設けられた。そのため、施設において、家族調整・家庭復帰のための専門職員の必要性が高くなった。

（2）家庭支援専門相談員の配置

1999（平成11）年、保護者等に対する育児指導や相談を行う**家庭支援専門相談員（ファミリーソーシャルワーカー）**が、乳児院に配置され、児童の早期家庭復帰に向けて支援体制の強化が進められた。

児童養護施設等においては、虐待など、家庭環境上の理由で入所する児童が増加した。2000（平成12）年に児童虐待防止法が制定され、児童の支援だけでなく、虐待を行った親への指導の大切さが認識された。このような流れの中、2004（平成16）年度より、家庭支援専門相談員の配置が、児童養護施設、情緒障害児短期治療施設、児童自立支援施設に拡充された。さらに2011（平成23）年の児童福祉施設最低基準の改正により、家庭支援専門相談員の配置が義務化された。

（3）家庭支援専門相談員の業務

2012（平成24）年の厚生労働省通知「家庭支援専門相談員、里親支援専門相談員、心理療法担当職員、個別対応職員、職業指導員及び医療的ケアを担当する職員の配置について」では、家庭支援専門相談員について、「虐待等の家庭環境上の理由により入所している児童の保護者等に対し、児童相談所との密接な連携のもとに電話、面接等により児童の早期家庭復帰、里親委託等を可能とするための相談援助等の支援を行い、入所児童の早期の対処を促進し、親子関係の再構築等が図られることを目的とする」と示している。具体的な業務内容は図表11－3の通りである。

施設に配置された家庭支援専門相談員は、家庭関係調整の専門職として位置づけられている。十分な成果を上げるためには、施設の他職種の職員との連携、協力が不可欠である。

家庭支援専門相談員 Family Social Worker：FSWと呼ばれることもある。資格要件は社会福祉士、精神保健福祉士、当該施設で養育又は指導に5年以上従事した者又は児童福祉司の任用資格を有する者。

図表11－3　家庭支援専門相談員の業務内容

1．対象児童の早期家庭復帰のための保護者等に対する相談援助業務
　①保護者等への施設内又は保護者宅訪問による相談援助
　②保護者等への家庭復帰後における相談援助
2．退所後の児童に対する継続的な相談援助
3．里親委託推進のための業務
　①里親希望家庭への相談援助
　②里親への委託後における相談援助
　③里親の新規開拓
4．養子縁組の推進のための業務
　①養子縁組を希望する家庭への相談援助等
　②養子縁組の成立後における相談援助
5．地域の子育て家庭における育児不安の解消のための相談援助
6．要保護児童の状況の把握や情報交換を行うための協議会への参画
7．施設職員への指導・助言及びケース会議への出席
8．児童相談所等関係機関との連絡・調整
9．その他業務の遂行に必要な業務

出所：厚生労働省通知「家庭支援専門相談員、里親支援専門相談員、心理療法担当職員、個別対応職員、職業指導員及び医療的ケアを担当する職員の配置について」（2012）

さらに深く学ぶために

1）金子恵美著『保育所における家庭支援』全社協出版部、2008
2）高橋重宏編著『子ども虐待 新版』有斐閣、2008

参考文献

1）大豆生田啓友・太田光洋・森上史郎編著『よくわかる子育て支援・家族援助論』ミネルヴァ書房、2008、pp.24-47
2）山縣文治編著『よくわかる子ども家庭福祉』ミネルヴァ書房、2008、pp.192-195
3）橋本真紀・山縣文治編著『よくわかる家族援助論』ミネルヴァ書房、2007、pp.34-71

MEMO

第4章　児童・家庭福祉を担う組織・団体の役割と実際

第12回：児童・家庭福祉制度における公私の役割関係

学びへの誘い

　児童・家庭福祉における専門職は、児童の健全な成長発達を支援する役割を担っている。児童の特性は、年齢と発達状況に応じて、福祉ニーズがさまざまに変化することである。そのため、児童・家庭福祉の実践は多岐にわたり、1つの施設や機関だけでは対応しきれない。よりよい支援を行うためには、保健・医療機関や学校等、他の関係機関や各専門職との連携が不可欠である。第12回では、関連分野の専門機関、専門職について知り、連携の実際について学ぶ。

1．医療関係者との連携

(1) 保健所・市町村保健センター

　保健所は地域保健法に規定されている機関で、都道府県、政令指定都市および東京都の特別区に設置されている。管轄する地域住民の公衆衛生の向上、増進を目的とし、図表12－1の業務を行っている。

　保健所には、医師、歯科医師、薬剤師、獣医師、保健師、助産師、看護師、管理栄養士、臨床検査技師、診療放射線技師、栄養士、歯科衛生士などが配置されている。

図表12－1　保健所の業務

1．地域保健に関する思想の普及及び向上に関する事項
2．人口動態統計その他地域保健に係る統計に関する事項
3．栄養の改善及び食品衛生に関する事項
4．住宅、水道、下水道、廃棄物の処理、清掃その他の環境の衛生に関する事項
5．医事及び薬事に関する事項
6．保健師に関する事項
7．公共医療事業の向上及び増進に関する事項
8．母性及び乳幼児並びに老人の保健に関する事項
9．歯科保健に関する事項
10．精神保健に関する事項
11．治療方法が確立していない疾病その他の特殊の疾病により長期に療養を必要とする者の保健に関する事項
12．エイズ、結核、性病、伝染病その他の疾病の予防に関する事項
13．衛生上の試験及び検査に関する事項
14．その他地域住民の健康の保持及び増進に関する事項

出所：厚生労働省資料をもとに筆者作成

市町村保健センターは1994（平成6）年に地域保健法により法定化されたことで、市町村が設置できるようになった。住民に対し、健康相談、保健指導及び健康診査の他、地域保健に関し必要な事業を行うことを目的としている。保健師、看護師、栄養士などが配置され、業務を行っている。

（2）保健所・市町村保健センターにおける児童・家庭福祉業務

保健所は、児童福祉法において児童福祉の実施機関の1つとして位置づけられている。児童福祉に関する業務は次の通りである。

①児童の保健について、正しい衛生知識の普及を図る。
②児童の健康相談、健康診査、保健指導を行う。
③身体に障害のある児童及び疾病により長期にわたり療養を必要とする児童の療育相談を行う。
④児童福祉施設に対し、栄養の改善その他衛生に関し、必要な助言を行う。

母子保健に関する基本的なサービスについては、市町村保健センターが拠点となって提供されている。妊娠・出産・育児に関する相談・保健指導、新生児訪問指導、妊産婦および乳幼児健康診査、予防接種などが行われている。地域住民にとって身近な機関であり、育児中の家庭を支援する重要な役割を担っている。

健診や訪問指導は、保健所、市町村保健センターの保健師が行っているところが多い。保健師は、健康や発達に関する相談以外にも、児童虐待問題、学童期の不登校やいじめ、思春期の精神保健問題についても対応する。児童の通う保育所の保育士や幼稚園教諭、学校等はもちろん、必要に応じて児童相談所や医療機関と連携しつつ、継続的な援助を行う。

精神保健及び精神障害者の福祉に関する相談援助を行う職員としては**精神保健福祉相談員**が配置されている。

（3）医療機関の専門職

医療機関にはソーシャルワーカーが配置されている所が多い。患者や家族の経済的・心理的・社会的問題の解決および社会復帰への援助

精神保健福祉相談員
保健所や保健センターにおいて、精神障害を抱える人やその家族に対して相談援助を行う。精神保健福祉士の資格を持つ人や医師、厚生労働大臣指定の講習会を修了し、精神保健に関する知識・経験がある保健師などが配属される。

を主に行う医療ソーシャルワーカー、主に精神科医療機関において精神障害者への相談援助活動を行う精神科ソーシャルワーカーがある。医療ソーシャルワーカーの多くは社会福祉士・精神保健福祉士等の国家資格を取得している。精神科ソーシャルワーカーは、1998（平成10）年に精神保健福祉士が国家資格として誕生したことにより、その職域が国家資格化された。

小児科や産婦人科のある病院や診療所では、医師や看護師、栄養士が育児相談を行っているところもある。専門的な治療を必要とする場合には、さらに高度な医療機関への紹介を行い、必要な治療が受けられるように協力を依頼する。

（4）児童福祉施設と医療関係者

多くの児童福祉施設では、医師（嘱託医）の配置が義務付けられている。医療関係者との連携がなければ、児童の健康を守ることができない。児童福祉施設の設備及び運営に関する基準では、児童福祉施設に入所している児童について、1年に2回、定期健康診断を行うことを定めている（第12条）。病気の予防と早期発見が目的であり、必要に応じて医療機関を紹介したり、児童や保護者に対する継続的な援助の役割を担う場合もある。

乳児院では、看護師の配置が義務付けられており、児童の養育を行っている。乳児期の養育は、その時期の特性上、看護の必要性が高いためである。乳児が入所している児童養護施設においても同様に看護師の配置が義務付けられている。保育所においても、乳児保育は看護師を配置しているところが多い。児童福祉施設の設備及び運営に関する基準では、看護師の配置は義務付けられていない。ただし、1998（平成10）年度より、乳児に係る保育士の配置基準の見直しが行われ、乳児保育を担当する看護師1人に限り保育士とみなし、**保育士定数**に含めてよいとされた。そのため、多くの保育所で保育士と看護師がチームとなり、乳児保育を担当している。

（5）病児保育事業

厚生労働省が進める子育てと就労の両立支援の1つである。1998（平

保育士定数
児童福祉施設最低基準では、保育所の保育士の数について次のように定められている。「保育士の数は、乳児おおむね3人につき1人以上、満1歳以上満3歳に満たない幼児おおむね6人につき1人以上、満3歳以上満4歳に満たない幼児おおむね20人につき1人以上、満4歳以上の幼児おおむね30人につき1人以上とする」

成10）年度に乳幼児健康支援一時預かり事業、その後、2007（平成19）年度には病児・病後児保育事業として整備された。具体的には、保育所に通う児童が、発熱等の急な病気にかかり、集団保育が困難となった場合に、保育所や病院等に付設された専用のスペース一時的に預かるものであった。

2016（平成28）年4月1日から「病児保育事業実施要綱」（厚生労働省通知）が適用され、保育を必要とする乳幼児、小学生で疾病にかかっている児童に対して、保育所、認定こども園、病院、診療所等で保育を行う事業となった。実施主体は市町村である。具体的な形態は次の通りである。

①病児対応型・病後児対応型
　地域の病児・病後児について、病院・保育所等に付設された専用スペース等において看護師等が一時的に保育する。

②体調不良児対応型
　保育中の体調不良児を一時的に預かるほか、保育所入所児に対する保険的な対応や地域の子育て家庭や妊産婦等に対する相談支援を実施する。

③非施設型（訪問型）
　地域の病児・病後児について看護師等が保護者の自宅へ訪問し、一時的に保育する。

2014（平成26）年度の実施件数は、①病児・病後児対応型が1,271か所、②体調不良児対応型が563か所、③非施設型が5か所であった。

2．教育関係者との連携

（1）学校（小・中・高等学校、幼稚園等）との連携

児童の多くは学齢期にある。学校は児童が日中のほとんどの時間を過ごす場であり、教員は児童にとって身近な存在である。学校は、児童の発達、生活において重要な機能を担っているといえる。家庭と学校の連携が大切なのは言うまでもない。児童福祉施設に入所している児童については、施設の職員が、入所児童の所属している学校と連携を図り、児童とその家族の状況についての共通理解を深め、援助を行うことが重要である。

児童福祉法では、児童福祉施設に入所中の児童の教育について、次のように定めている。「児童養護施設、障害児入所施設、情緒障害児短期治療施設及び児童自立支援施設の長（中略）並びに里親は、学校教育法に規定する保護者に準じて、その施設に入所中または受託中の児童を就学させなければならない。」（児童福祉法第48条）。入所児童の就学義務を果たすには、教育関係者や教育委員会との連携が不可欠である。

（2）教育相談機関との連携

都道府県、政令指定都市、市町村は、教育センター、教育研究所、教育相談室等の名称で、教育相談専門機関を設置している。相談内容は、不登校、いじめ等が多い。家庭からの相談に対し、多くは非常勤職員が対応している。保護者だけでなく児童も相談できるように、電話相談を行うなどの体制を整備しているところも多い。また、学校からの相談にも応じ、児童、学校、保護者との調整役を担っている。

（3）いじめ・不登校・ひきこもり児童への対応

近年の学校は、いじめ、不登校など深刻かつ複雑な問題を抱えている。学校関係者だけでは対応しきれない状況になっていると言える。これまで、教育分野では、教育行政中心に様々な対策が取られてきた。たとえば、不登校児童に対する学校内における専任相談員の配置、養護教諭の充実、教育センターや教育相談所等の相談専門機関の取り組み、**スクールカウンセラー活用調査研究委託事業**、**スクーリング・サポート・ネットワーク整備事業**などがあげられる。

深刻ないじめ、いじめによる児童の自殺が後を絶たないことから、2013（平成25）年の通常国会において「いじめ防止対策推進法」が成立し、同年6月に公布された。それに伴い、「いじめ対策等総合推進事業」が進められている。いじめの早期発見・早期対応に向けた学校の取り組みに対する支援としては、①スクールカウンセラーの配置拡充、②スクールソーシャルワーカーの配置拡充、③24時間子供SOSダイヤルなどがあげられる。

不登校児童問題については、従来は児童相談所や福祉事務所において

スクールカウンセラー活用調査研究委託事業
1995（平成7）年4月文部省（当時）によって始められた。「児童生徒の臨床心理に関して高度に専門的な知識・経験を有する非常勤特別職であるスクールカウンセラーを学校を所轄する市町村教育委員会へ派遣し、不登校・いじめなどの未然防止や早期発見をして問題の解決に資する」というもの。

スクーリング・サポート・ネットワーク整備事業
不登校児童・生徒の早期発見・早期対応をはじめ、きめ細かな支援を行うため、教員や教育支援センター指導員の研修、家庭への訪問指導など、不登校対策に関する中核的機能（スクーリング・サポート・センター）を充実し、学校・家庭・関係機関が連携した地域ぐるみのサポートシステムの整備。

も対応を行っていた。訪問指導や児童養護施設などを利用した生活指導が行われていた。近年では不登校からひきこもりにつながってしまうケースが見られるようになっている。若年層のひきこもり、ひきこもりの長期化等、社会問題化している。厚生労働省によるひきこもり関連施策および主な相談機関を以下に示す。

図表12-2　厚生労働省におけるひきこもり関連施設

（1）ひきこもり対策推進事業
　　ひきこもりに特化した第一次相談窓口としての機能を有する「ひきこもり地域支援センター」の設置運営、及びひきこもりサポーター養成研修、派遣事業を実施することにより、本人や家族に対するきめ細やかで継続的な支援を実施。
（2）精神保健福祉センター等における相談事業
　　精神保健福祉センター、保健所、市町村の相談窓口における「ひきこもり」を含む思春期精神保健に関する相談指導等
（3）思春期精神保健対策研修事業
　　「ひきこもり」を含む思春期精神保健の専門家の養成
（4）ふれあい心の友訪問援助・保護者交流事業
　　（児童虐待・DV対策等総合支援事業37億円の内数）
　　コーディネーターの支援の下、ボランティア（学生等）による家庭等の訪問や保護者を対象に講習会・グループワーク等を実施。
（5）ひきこもり等児童宿泊等指導事業
　　（児童虐待・DV対策等総合支援事業37億円の内数）
　　一時保護所等における集団的な生活指導・心理療法等の実施。

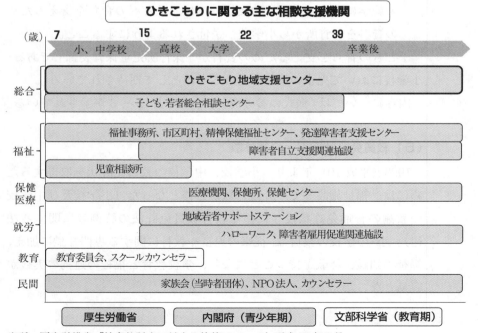

出所：厚生労働省『社会的孤立に対する施策について』平成27年8月

(4) 保育所と小学校の連携

保育所保育のガイドラインとして制定、位置づけられてきた**保育所保育指針**は、2008（平成20）年に改定された。1990（平成2）年、2000（平成12）年に次ぐ、3度目の改定である。今回の保育所保育指針は、これまでの局長通知ではなく、厚生労働大臣による告示となり、法的拘束力を持つ。2009（平成21）年4月1日より施行されている。

改定の要点は①保育所の役割の明確化、②保育の内容の改善、③保護者支援、④保育の質を高める仕組み、の4点である。②保育の内容の改善において、「小学校との連携」が明記され、児童の就学に際し、**保育所児童保育要録**を小学校へ送付することが新たに義務づけられた。保育所保育指針は小学校との連携を、次のように定めた。

小学校との連携
①子どもの生活や発達の連続性を踏まえ、保育の内容の工夫を図るとともに、就学に向けて、保育所の子どもと小学校の児童との交流、職員同士の交流、情報共有や相互理解など小学校との積極的な連携を図るよう配慮すること。
②子どもに関する情報共有に関して、保育所に入所している子どもの就学に際し、市町村の支援の下に、子どもの育ちを支えるための資料を保育所から小学校へ送付されるようにすること。

子どもの育ちを支えるための資料が「保育所児童保育要録」である。小学校において児童の理解を助けるものとして期待されている。

内容については「様式の参考例」として図表12－3が示されている。

(5) 教員免許状取得と介護体験

1998（平成10）年より、小学校、中学校の教員免許状を取得するためには、福祉施設等での介護体験が必修となった（小学校及び中学校の教諭の普通免許状授与に係る教育職員免許法の特例等に関する法律）。小・中学校の教員は、従来の児童や教科に関する専門知識に加え、福祉の知識、経験を持つことになり、学校教育と福祉の連携の実践が容易となった。

保育所保育指針
p.38 側注参照。

保育所児童保育要録
「保育所児童保育要録」に記載する事項は①入所に関する記録と②保育に関する記録で、「要式の参考例」をもとに市町村が作成する。

図表 12-3 保育所児童要録 ［様式の参考例］

保育所児童保育要録

ふりがな			性別	就学先	
氏　名					
				生年月日	平成　　年　　月　　日生
保育所名及び住所	（保育所名）		（住所）〒　－		
保育期間	平成　年　月　日　～　平成　年　月　日　（　年　か月）				

子どもの養護（生命の保持及び情緒の安定）に関わる事項	（子どもの健康状態等）

項目	ねらい（子どもを捉える視点）	子どもの育ちに関わる事項
健康	・明るく伸び伸びと行動し、充実感を味わう。 ・自分の体を十分に動かし、進んで運動しようとする。 ・健康、安全な生活に必要な習慣や態度を身に付ける。	
人間関係	・生活を楽しみ、自分の力で行動することの充実感を味わう。 ・身近な人と親しみ、関わりを深め、愛情や信頼感を持つ。 ・社会生活における望ましい習慣や態度を身に付ける。	
環境	・身近な環境に親しみ、自然と触れ合う中で様々な事象に興味や関心を持つ。 ・身近な環境に自分から関わり、発見を楽しんだり、考えたりし、それを生活に取り入れようとする。 ・身近な事物を見たり、考えたり、扱ったりする中で、物の性質や数量、文字などに対する感覚を豊かにする。	
言葉	・自分の気持ちを言葉で表現する楽しさを味わう。 ・人の言葉や話などをよく聞き、自分の経験したことや考えたことを話し、伝え合う喜びを味わう。 ・日常生活に必要な言葉が分かるようになるとともに、絵本や物語などに親しみ、保育士や友達と心を通わせる。	
表現	・いろいろなものの美しさなどに対する豊かな表現を持つ。 ・感じたことや考えたことを自分なりに表現して楽しむ。 ・生活の中でイメージを豊かにし、さまざまな表現を楽しむ。	
施設長名　　　　　　　　　　　　　　㊞	担当保育士名　　　　　　　　　　㊞	

※ 「子どもの養護（生命の保持及び情緒の安定）に関わる事項」は、子どもの生命の保持及び情緒の安定に関わる事項について、子どもの発達過程や保育の環境に関する事項等を踏まえて記載すること。また、子どもの健康状態等について、特に留意する必要がある場合は記載すること。
※ 「子どもの育ちに関わる事項」は、子どもの保育を振り返り、子どもが育ってきた過程等を踏まえた上で、主に最終年度（5、6歳）における子どもの心情・意欲・態度等について記載すること。
※ 子どもの最善の利益を踏まえ、個人情報として適切に取り扱うこと。

出所：筆者作成

3．その他の機関、団体との連携

（1）社会福祉協議会

　児童・家庭福祉制度においては、児童・家庭のさまざまなニーズに対応するために、既存のサービス体系に当てはまらない新しい支援の形や、民間機関、団体の活動が登場し、重要な役割を担っている。民間を代表する組織に社会福祉協議会がある。

　社会福祉法では、市町村社会福祉協議会は、①社会福祉を目的とする事業の企画及び実施、②社会福祉に関する活動への住民の参加のための援助、③社会福祉を目的とする事業に関する調査、普及、宣伝、連絡、調整及び助成を行うことにより、地域福祉の推進を図ることを目的とする団体とされる。都道府県社会福祉協議会は、①各市町村を通ずる広域的な見地から行うことが適切な事業の実施、②社会福祉を目的とする事業に従事する者の育成及び研修、③社会福祉を目的とする事業の経営に関する指導及び助言、④市町村福祉協議会の相互の連絡及び事業の調整を行うことにより、地域福祉の推進を図ることを目的とする団体とされる。

　社会福祉協議会は、地域住民だけでなく自治会、町内会、子ども会など、さまざまな団体が関わっている。地域社会を中心とし、地域特性を活かした多様な活動をすすめる役割が求められている。

（2）ファミリー・サポート・センター

　ファミリー・サポート・センターは、就労と育児や介護を両立させるための支援事業として、労働省（当時）が構想、1994（平成6）年から開始された。実際の設置運営は市町村が行い、（財）女性労働協会が全国のファミリー・サポート・センターのネットワークの拠点として支えている。

　支援を受けたい会員（依頼会員）と援助を行う会員（援助会員）からなる会員組織であり、アドバイザーが依頼会員、援助会員を募り、コーディネートする。支援内容は、保育所や幼稚園、小学校等への送迎、保育施設の時間外・休日の際の一時預かり、保護者の急病や冠婚葬祭等の際の一時預かり、病児・病後児の預かりなどである。

　設立当初は支援の対象を働く保護者に限定していた。しかし、地域

の子育て支援機能の強化の必要性から、現在では仕事を持つ、持たないにかかわらずすべての保護者が対象となっている。「子ども・子育て支援新制度」の開始に伴い、2015（平成27）年度から「地域子ども子育て支援事業」として実施されている。

（3）民間活動団体・ボランティア

　児童虐待防止や地域の子育て支援に関しては、NPO（Non Profit Organization：利益を目的としない民間非営利組織）やボランティアの活動が近年盛んになっている。行政ではカバーしきれないきめ細かいサービスが提供され、家庭への支援の担い手としての役割は大きい。

　ボランティアには、行政委嘱のボランティアと民間ボランティアがある。児童委員（民生委員）、主任児童委員は児童福祉分野の行政委嘱ボランティアの代表的なものである。民間ボランティアは学校のPTA役員から子育てアドバイザーまで多岐にわたっている。児童福祉施設においては、特に保育所、児童養護施設ではボランティアを積極的に受け入れている。地域においては、ボランティアと福祉専門職の連携、ネットワークの形成が今後ますます重要になると考えられる。

さらに深く学ぶために

1）山縣文治編『子どもと家族のヘルスケア―元気なこころとからだを育む―』ぎょうせい、2008
2）全国保育協議会編『保育年報2008』全社協出版部、2008

参考文献

1）大島侑監修『シリーズ・初めて学ぶ社会福祉③児童福祉論』ミネルヴァ書房、2006、pp.163-193
2）北川清一・小林理編著『子どもと家庭の支援と社会福祉』ミネルヴァ書房、2008、pp.125-135
3）新版・社会福祉学習双書編集委員会『新版・社会福祉学習双書2008 第4巻 児童福祉論』全国社会福祉協議会、2006、pp.217-228

第13回：児童相談所の役割と実際

学びへの誘い

児童相談所は、児童福祉法により規定された子ども家庭への相談専門機関であり、措置権という行政処分を行うことのできる大きな権限を有する行政機関である。

第13回では、児童相談所の基本的な仕組みや役割を理解するとともに、今日的な児童相談所をめぐる問題や、ケースマネジメントやネットワークマネジメントなど含めて児童福祉司（社会福祉士）に必要とされる背景について学ぶことにする。

1．児童相談所の目的と役割

（1）児童相談所の設置

> **中核市**
> 第10回1、（2）p.122
> 側注参照。

2016（平成28）年の児童福祉法改正により、**中核市**及び23区（東京都）に児童相談所の設置が可能となり、付帯決議では設置にあたり国などが人材育成等に便宜を図ることなどが示された。

（2）児童相談所の目的

児童相談所は「子どもに関する家庭やその他からの相談」に応じ、市町村と適切な役割分担・連携を図り、個々の子どもや家庭に対して援助を行うなどして、子どもや家庭に最も効果的援助を行い、子どもの権利擁護や福祉の増進を行うことを目的に相談援助活動を行う行政機関である。

児童相談所運営指針（厚生労働省）によると、①児童福祉に関する高い専門性、②地域住民に浸透した機関、③児童福祉に関する機関・施設等との十分な連携、以上の条件を満たしていることが児童相談所の条件とされている。また、児童相談所は一時保護施設をあわせ持つこととなっている。

（3）児童相談所の役割

児童相談所は、上記の目的のために児童福祉法の規定にもとづき18歳未満の全ての子どもを対象として相談援助活動を行うところである。

ただし、児童養護施設・児童自立支援施設や里親などに入所・委託されている子どもについては、その必要性において入所期間の延長を行うこともできる。重度の知的障害及び肢体不自由が重複している重症心身障害児施設においては、満18歳以上にあっても児童相談所は措置の延長をして相談援助の対象としていくことができることになっている。

2016（平成28）年の児童福祉法・児童虐待防止法改正により、児童虐待の発生予防のために児童相談所の専門性がより高く求められている。市町村との役割も明確にされ、①市町村は、子どもの身近な場所における子どもの福祉に関する支援等に係る業務を適切に行う。②都道府県は、市町村に対する必要な助言及び適切な援助を行う。専門的な知識及び技術並びに各市町村の区域を超えた広域的な対応が子どもの福祉に関する業務を適切に行う。③国は、市町村及び都道府県の行う業務が適正かつ円滑に行われるよう、子どもが適切に養育される体制の確保に関する施策、市町村及び都道府県に対する助言及び情報提供等の必要な各般の措置を講ずることが示された（児童福祉法）。

法改正では、児童相談所の権限の強化として、児童相談所から市町村に事案の送致を新設し（児童福祉法・児童虐待防止法）、市町村との役割分担の明確化などを進め（共通のアセスメントツールの設定等により）児童虐待等の相談体制の強化を図っている。さらに臨検・捜索（児童虐待が疑われる場合の家庭等に調査等）では、保護者などに出頭要請をして拒否された場合などを要件としていたが、再出頭要請をしなくても家庭裁判所の許可状をえることで実施できるように改正をされている（児童虐待防止法）。また、児童相談所や市町村は、被虐待児童等の情報提供を教育機関・医療機関・児童福祉施設等は、情報の提供ができることも明記された（児童虐待防止法）。

相談支援の強化策として児童心理司・医師または保健師が配置されるとともに弁護の配置、さらに相談支援業務をサポートするスーパーバイザー（児童福祉司として相談経験5年以上の者）の配置なども示され、相談支援体制の強化が図られている（児童福祉法）。

また、家庭的養護の推進（社会的養護の三分の一を里親委託とする方針）として児童相談所に里親支援が位置付けられた（児童福祉法）。養子縁組里親が法定化され、研修の義務化や都道府県への登録などが定め

られ、養子縁組に関する相談・支援も児童相談所の業務として位置付けられた（児童福祉法）。

親子関係再構築支援は関係機関が連携して行うことが示され（児童福祉法）、施設や里親からの措置解除などにおいては、関係機関が連携をして継続的支援を行うことで子ども安全確認を行い保護者への相談支援を行うことなども位置づけられている（児童虐待防止法）。

さらに市町村（自治体）の要保護児童対策地域協議会に専門職を配置することや、新たに妊娠期からの支援を行うための母子健康包括支援センターの設置なども示され、相談支援が市町村（自治体）に明確に位置付けられ、児童相談所は児童虐待等介入などを必要とする事例に特化する方向性が明確化されてきている。

また、措置権（行政処分）を有する行政機関として、援助活動としての児童福祉司等による指導や子どもの安全確保のために一時保護や児童福祉施設等への入所措置、家庭裁判所に送致するなどを行える（児童福祉法第27条）。さらに被虐待児童などの子どもの安全確保として児童福祉法第28条などにもとづき、**家族分離**などの措置を行うために親権の停止等について**家庭裁判所**への申し立てを行うことなど、市民権の制限を伴う措置にかかわる専門的な役割は大きい。

児童虐待から子どもを守るために民法が改正され2012（平成24）年4月1日から施行され、「子どもの利益が害する」ときに従来の親権を奪う「親権喪失」に加え、最長2年間、一時的に親権の行使を制限する「親権停止」が設けられた。さらに親族や検察官などとともに子ども本人や未成年後見人も「親権喪失」「親権停止」を請求でるようになり、社会福祉法人や複数の個人でも、未成年後見人になることができるようになった。

請求を受けた家庭裁判所は、「父又は母による親権の行使が困難又は不適当であることにより子の利益を害するとき」に2年以内の期間を定めて親権停止の審判をすることができることとなった。

今回の改正では「子どもの利益が害する」として、親権喪失について親による虐待または養育放棄（子どもに食べ物を与えないなどや教育・医療等を受けさせないなど子どもへのネグレクト）があるときなど親による親権の行使が著しく困難または不適当である場合に児童相

家族分離
被虐待児童を親から引き離して一時保護したり、施設に入所させること。逆に親元にかえして同居させることは家族再統合という。

家庭裁判所
第10回 4．司法関連機関 p.129 参照。

談所は、親権喪失、親権停止及び管理権喪失の審判並びにこれらの審判の取消しについて、家庭裁判所へ請求できると明確化された。

また、児童福祉法の改正では、里親に預けられている子どもや一時保護中の子どもに親権者等がいない場合は、親権者等が見つかるまでの間、児童相談所長が親権を代行することになった。

また、児童養護施設等の施設長は、施設長等が児童の監護等に関しその福祉のため必要な措置をとる場合には、親権者は不当な主張をしてはならないことなどを規定した。同様に児童相談所長は、一時保護中の児童の監護等に関しその福祉のために必要な措置をとる権限を規定された。

（4）児童相談所の組織

児童相談所は、総務等の人事管理や庁舎管理などを行う事務部門と相談・判定・指導・措置などの相談援助を行う部門、一時保護所の運営や子どもケアを行う部門から成り立っている。

配置される職員は、児童相談所長や各部門の管理職、児童福祉司、相談員（受付・電話・インテーク担当等）、精神科を専門とする医師、児童心理司、心理療法担当者職員や看護師、一時保護所における児童指導員や保育士、栄養士や給食調理員などが配置をされている。配置される人数などは児童相談所の規模等により異なっている。

2016（平成28）年の児童福祉法改正により、児童心理司・医師または保健師・スーパーバイザーが配置され、法的な対応を円滑に行うために弁護士の配置も示され、さらに児童福祉司の基準が示され、社会福祉主事等からの任用にあたっては研修受講等が義務付けられた。児童福祉司の配置基準の4万人に1名配置され、虐待相談件数が全国平均を上回る場合は増員できることなども示された。

2. 児童相談所の相談援助活動

（1）相談の受付

児童相談所の相談受付とは、児童相談所が子どもの問題にかかわる援助活動を開始する最初の行為を指している。一般的な相談の受付である来所・電話・文書等によるものから、行政機関や司法機関からの

送致・通告などによって援助活動を開始する受付などが含まれる。

児童相談所は、子どもに関する相談を専門的な知識や専門的な技術によって受け付けることを業務としている。実際に運用にあっては、専門的な知識や技術の必要性を相談内容などによって判断するのではなく、あらゆる相談に対して門を開いており、相談への対応を行っている。相談を受け付けたのちに必要に応じて他の機関を紹介したりすることもあるが、基本的には児童相談所が中心となって対応していくこととなっている。

図表13－1　相談の種類

相談区分		内　容
養護相談		虐待相談 養育困難（保護者の家出、失踪、死亡、離婚、入院、就労及び服役等）、迷子に関する相談。養育家庭（里親）に関する相談
保健相談		一般的健康管理に関する相談 （乳児、早産児、虚弱児、児童の疾患、事故・ケガ等）
障害相談	視聴覚障害相談	盲（弱視を含む）、ろう（難聴を含む）等視聴覚障害を有する児童に関する相談
	言語発達障害等相談	構音障害、吃音、失語等音声や言語の機能障害をもつ児童、言語発達遅滞を有する児童等に関する相談
	肢体不自由相談	肢体不自由児、運動発達の遅れに関する相談
	重症心身障害相談	重度の知的障害と重度の肢体不自由が重複している児童（者）に関する相談
	知的障害相談	知的障害児に関する相談
	ことばの遅れ相談（知的遅れ）	ことばの遅れを主訴とする相談で、知的遅れによると思われる児童に関する相談
	発達障害相談	自閉症、アスペルガー症候群、その他の広汎性発達障害、注意欠陥多動性障害、学習障害等の児童に関する相談
非行相談	ぐ犯行為等相談	虚言癖、金銭持ち出し、浪費癖、家出、浮浪、暴力、性的逸脱等のぐ犯行為、問題行動のある児童、警察署からぐ犯少年として通告のあった児童等に関する相談
	触法行為等相談	触法行為があったとして警察署から法第25条通告及び少年法第6条の6により送致のあった児童、犯罪少年に関して家庭裁判所から送致のあった児童等に関する相談
育成相談	不登校相談	学校、幼稚園、保育所に登校（園）できない、していない状態にある児童に関する相談
	性格行動相談	友達と遊べない、落ち着きがない、内気、緘黙、家庭内暴力、生活習慣の著しい逸脱等性格又は行動上の問題を有する児童に関する相談
	しつけ相談	家庭内における幼児のしつけ、遊び等に関する相談
	適性相談	学業不振、進学、就職等の進路選択に関する相談
	ことばの遅れ相談（家庭環境）	ことばの遅れを主訴とする相談で、家庭環境等言語環境の不備等によると思われる児童に関する相談
その他の相談		措置変更、在所期間延長に関する相談等

出所：東京都児童相談センター『児童相談所のしおり－2016（平成28）年－』平成28年7月発行

また、**要保護児童**については、児童相談所だけでなく市町村でも福祉事務所でも通告を受け付けている。そのため児童相談所は、要保護児童の援助活動については、直接の通告だけでなく市町村や福祉事務所からの通告の送致を受け援助活動を開始する。また、少年法の規定により非行問題等に関しては、家庭裁判所からの送致を受けてから援助活動を行うこともある。また、他の関係機関からの援助・調査・紹介等に応じて相談を受け付けることもある。

　児童相談所が受け付ける相談の内容は図表13－1のとおりである。この表にない子どもの問題に係る相談などについても受け付けている。たとえば学校などでのいじめや、施設や学校での体罰などに関する相談も受け付けている。

> **要保護児童**
> 保護者のない児童又は保護者に監護させることが不適当であると認められた児童＝被虐待児童や非行・遺棄等などの社会的養護を必要とする子ども。

（2）調査・診断・判定

　2016（平成28）年の児童虐待防止法改正では、臨検・捜索の権限が強化され保護者の立ち入り拒否や再出頭要請拒否等が条件にされていたが、法改正で手続きが簡略化されて家庭裁判所の許可があれば実施できるようになった。

①調査

　児童相談所は、相談を受け付けるとその相談に対して、児童福祉司などによる子どもや家族の状況に関する調査を行う。調査は、面接、訪問、関係機関への調査依頼等により、子どもの生活歴・生育歴や家族環境や家族の状況、学校環境等に主に社会的な問題に関する調査や保護者や子どもの相談等への意向調査である。

　また、子どもの安全の確認が取れない場合は、児童相談所は保護者に出頭の要請などをすることができる。これを拒否して子どもの安全の確認ができない場合は、2008（平成20）年4月より児童相談所は家庭裁判所の許可により家庭等への立ち入り検査を行うこともできることとなった。保護者などがこれを拒否をした場合には、罰金も定められている。

　また、児童相談所は、市町村長や福祉事務所などへの協力依頼はもとより、要保護児童対策地域協議会等に係る機関（個人）に対しての調査依頼や情報の提供を求めることもできる（児童福祉法第25条）。

これらの機関（個人）に対しては、調査依頼の内容や情報の提供等に関しての守秘義務が課せられている。

調査内容にもとづき、調査者（児童福祉司等）は、問題の原因や課題、援助等に関する考えをまとめて、援助方針につながる判定のための社会診断として報告する。

②診断

児童相談所は、相談の内容や調査結果などにもとづき、問題解決のために援助方針を立てていくことになる。そのために、子どもや保護者等に対して医師による問診や検査、診察等による医学的な診断（医師）や児童心理司による、面接・観察・心理検査等によって心理学的な診断も行われる。

また一時保護をした子どもについては、一時保護者の職員による行動観察にもとづく行動診断も行われる。

必要に応じて専門的機関による診断等も行うこともあり、これらの診断結果により教育学的・社会学的・社会福祉学的な専門知識などにもとづいて相談の内容についての検討を行い、客観的な診断を行い援助方針の決定（判定）をする。

③判定

判定とは、児童相談所としての援助方針（措置）を決めることであり、原則として児童相談所長や各担当者などの関係者の協議による判定会議により決められる。その結果、児童福祉施設等への入所措置や里親への委託、児童福祉司による指導や相談継続の必要性などが判断されることになる。

また、児童相談所にはより効果的な援助方針を作成するために援助方針会議がもうけられており、すべての相談事例に関しての協議が行われている。

児童相談所の相談援助活動における変更（措置解除・停止・変更・措置延長等）にかかわる検討も援助方針会議で行われる。最終的には児童相談所長の決定により、判定会議の協議を要する内容の場合、判定会議に付される仕組みとなっている。

図表13－2　児童相談所における相談援助活動の体系・展開

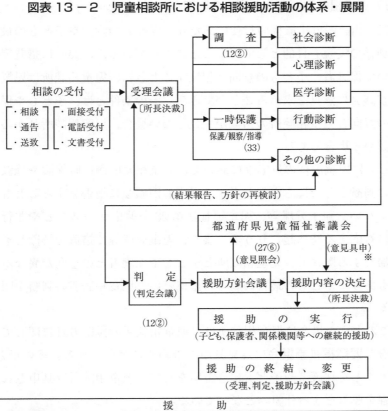

援　　　　助	
1　在宅指導等	2　児童福祉施設入所措置（27①Ⅲ）
(1) 措置によらない指導（12②）	指定発達支援医療機関委託（27②）
ア　助言指導	3　里親、小規模住居型児童養育事業委託措
イ　継続指導	置（27①Ⅲ）
ウ　他機関あっせん	4　児童自立生活援助の実施（33の6①）
(2) 措置による指導	5　福祉事務所送致、通知（26①Ⅲ、63の4、
ア　児童福祉司指導（26①Ⅱ、27①Ⅱ）	63の5）
イ　児童委員指導（26①Ⅱ、27①Ⅱ）	都道府県知事、市町村長報告、通知（26
ウ　市町村指導（26①Ⅱ、27①Ⅱ）	①Ⅳ、Ⅴ、Ⅵ、Ⅶ）
エ　児童家庭支援センター指導（26①Ⅱ、27①Ⅱ）	6　家庭裁判所送致（27①Ⅳ、27の3）
オ　知的障害者福祉司、社会福祉主事指導（27①Ⅱ）	家庭裁判所への家事審判の申立て
カ　障害児相談支援事業を行う者の指導（26①Ⅱ、27①Ⅱ）	ア　施設入所の承認（28①②）
キ　指導の委託（26①Ⅱ、27①Ⅱ）	イ　親権喪失等の審判の請求又は取消しの請求（33の7）
(3) 訓戒、誓約措置（27①Ⅰ）	ウ　後見人選任の請求（33の8）
	エ　後見人解任の請求（33の9）

（数字は児童福祉法の該当条項等）
出所：厚生労働省「児童相談所運営指針について」雇児発0929第1号、平成28年9月29日

（3）児童福祉審議会への意見の聴取

児童相談所は措置権の行使にあたり、保護者の意向や子どもの最善の利益の実現を目的として行うことになっているが、実際に措置等において保護者や子どもの意向と相反するときに、児童相談所は児童福祉審議会に意見を求めることができる。その条件とは、子どもや保護者の意向と児童相談所の措置が一致しない場合、児童相談所長が必要と認める場合である。

とくに児童虐待の対応等において、児童相談所が一時保護や施設入所の判断をしたにもかかわらず、保護者が頑強に拒否をすることも少なくない。親子分離等、児童福祉法第28条適応ケースなどや非行問題に対応する時に起こりうる。また、児童虐待等で措置を解除し家庭復帰をする際にも、児童相談所と子どもや保護者との意向が異なる場合もあり、子どもの最善の利益の確保という児童相談所の判断が問われる。

このような場合に児童相談所は、児童相談所の援助方針に関して都道府県**児童福祉審議会**に意見具申を求めることができる。その場合、そのことを保護者や子どもにも説明をして、児童相談所は具申された内容を尊重をする仕組みとなっている。

このような意見具申にもかかわらず、保護者等は直接児童福祉審議会に意見を聞くことができないので、児童相談所の措置等に対して承諾しない場合は、**行政不服審査法**にもとづき、都道府県知事を相手に行政処分の不服申し立て（審査請求）をすることになる。

（4）援助活動の種類

児童相談所の措置に関する援助は、次の2つに分けられる。
①措置によらない援助
　a．助言指導
　　相談活動により保護者や子どもへのアドバイス等を通じて問題の解決をはかるもので、電話相談や面接・訪問・手紙等により行われる。
　b．継続指導
　　問題を抱える保護者や子どもに児童相談所に通所してもらったり

児童福祉審議会
第3回児童福祉法の概要（5）p.26参照。

行政不服審査法
行政救済法の1つで、国家賠償法、行政事件訴訟法とあわせて「救済三法」と呼ぶ。国民が行政機関に対して不服を申し立てることができるための一般法である。

継続的に訪問したりするなどの相談活動である。**心理療法**やカウンセリング、指導キャンプなどさまざまな援助活動が行われる。

c. 他機関のあっせん

児童相談所だけの機能では対応できない課題について、他の専門機関を保護者や子どもの意向を確認してあっせんする。たとえば母子家庭等の援助における福祉事務所の紹介など他の法制度の活用が必要な場合などに行われる。

②措置による指導

a. 児童福祉司指導

措置決定により、継続的に児童福祉司がかかわることを保護者や子どもに通知し、一定の強制力を行使して、通所や継続的な訪問などの援助活動により問題解決を行う。

b. 児童委員指導

在宅支援での家族環境の調整や経済的な援助等において、**児童委員（主任児童委員）**による援助を保護者や子どもなどに対して通知をして行う。児童福祉司は、児童委員からの報告等を受け、バックアップ・連携をして問題解決に当たる。

c. 市町村指導

市町村指導は、子どもや保護者の置かれた状況、地理的要件や過去の相談経緯等から、子どもの身近な場所において、子育て支援事業を活用するなどして、継続的に寄り添った支援が適当と考えられる事例に対し、子どもや保護者等の家庭を訪問し、あるいは必要に応じ通所させる等の方法により行う（児童相談所運営指針より）。

d. **児童家庭支援センター**指導

児童家庭相談センターの相談員等による援助活動で、保護者や子どもなどに対して通知をして行う。児童福祉司は、児童家庭支援センターからの報告等を受け、バックアップ・連携をして問題解決に当たる。

e. 知的障害者福祉司・社会福祉主事指導

知的障害等の問題があり環境問題や経済的な問題などある場合に、児童相談所は福祉事務所への送致を行い、これらの問題への援助を行う。

心理療法
児童の心理療法は大人とは違い、遊びや日常活動的なものが多い。一般的なものはプレイセラピー（遊具で遊ぶ）、アートセラピー（絵画や図工）、箱庭療法などがある。

児童委員（主任児童委員）
第10回 5．児童・家庭福祉の協力関係機関（1）p.131参照。

児童家庭支援センター
第10回 3．児童・家庭福祉の実施機関（5）p.129参照。

f. 障害児相談支援事業を行うものの指導

　障害児や保護者が児童相談所よりも地域の障害児相談支援事業による指導を受けることが好ましい場合などに行う。

g. 保護者等に対する指導

　児童虐待などを行った保護者などに対して、児童相談所は家族復帰などの目的や児童虐待防止の目的によって指導を行う。家族再復帰プログラムや虐待防止プログラムなどにしたがって指導を行う。

　家庭裁判所は児童福祉法第28条により、家族分離が要求されたケースに関して家族分離終了後の家族環境などの調整のために、保護者等に関する指導を行うように都道府県等に勧告をすることができる。その場合、児童相談所は保護者指導を行う必要がある。

h. 訓戒・誓約措置

　保護者や子どもに対して児童相談所が、注意を促したり誓約を取り交わすなど文書の形で行う。

i. 里親委託措置

　里親への委託措置として以下の4種類がある。

　・養育里親　　・親族里親　　・短期里親　　・専門里親

j. 児童福祉施設入所措置指定・指定医療機関委託

　乳児院・児童養護施設・児童自立支援施設及び指定医療機関への入所措置である。施設入所措置においては、児童相談所は、子どもや保護者の承諾をできる限り行うこととされている。しかし児童虐待や家庭裁判所の審判などのケースでは、児童相談所は保護者等の意向に反する措置をすることもできる。

　年齢要件については、乳児院については乳児（おおむね2歳未満）、児童養護施設は乳児を除く子どもを対象としている。

　また、児童福祉施設の長や里親は、子どもへの監護権を有するとされ、懲戒など子どもにとって必要な措置をとることができるとされている。児童福祉施設等における体罰など児童虐待防止法に規定する行為に対しては、児童福祉法第25条の通告対象となり、子どもや保護者・施設職員からの通告に対して、児童相談所は施設への指導や措置変更等必要な対応を取らなければならない。

　児童福祉施設においても親権は優先され、保護者の面会や通信の

里親
第3回児童福祉法の実施内容、里親制度 p.33 参照。

年齢要件
2004（平成16）年児童福祉法改正により年齢要件が拡大され、乳児院においても愛着障害等の問題や兄弟ケースなど、必要に応じて幼児の入所も可能となった。施設に関しては、18歳に達しても必要に応じて20歳に達するまで延長ができる。さらに必要に応じては、20歳を超えての延長も可能となっている。

自由などは認められているが、児童虐待等により児童福祉法第28条による入所中の子どもへの保護者の面会や通信については、施設長は制限ができる。

また、2004（平成16）年児童福祉法改正において、乳児院・母子生活支援施設・児童養護施設・児童自立支援施設・情緒障害児短期治療施設については、退所後に定期的な訪問や相談などの継続のアフターケアを行うことになった。

k. 児童自立生活援助措置

児童養護施設・児童自立支援施設・情緒障害児短期治療施設に措置されてそこで措置解除された子どもについて、児童相談所は自立の援助および生活指導等が必要とする子どもを対象に、児童自立生活援助事業への措置を行う。

自立援助ホーム、施設、都道府県などは就職先の開拓や日常生活の相談などの援助を行う。また、生活福祉資金制度の活用や雇用促進住宅の入居促進等の専門機関による連携や定期的訪問・要保護児童対策地域協議会等による見守りなど必要な支援を行う。

l. 福祉事務所送致等

知的障害者福祉司・社会福祉主事による指導が必要とされる場合や助産施設や母子生活支援施設への入所措置や保育の必要がある場合、児童相談所は福祉事務所に送致を行う。

15歳以上の子どもで身体障害者更生援護施設や知的障害者援護施設に入所をさせる必要がある場合も措置を行う。

m. 家庭裁判所送致

ぐ犯少年および**触法少年**について児童相談所は、子どものために必要と判断した場合には家庭裁判所に送致をする。特に保護者や子どもの同意が得られない場合、少年法の保護処分として児童自立支援施設措置の必要性を認める場合などが考えられる。また、14歳以上で保護処分により少年院での矯正教育の必要性を認める場合などにも送致を行う。

また、一時保護や児童自立支援施設等において無断外出等著しい逸脱行動があり「強制的措置（行動の自由の制限）を必要とする」場合も、家庭裁判所に送致をしてその指示に従い、児童自立支援施

自立援助ホーム
第15回 p.198 参照。

ぐ犯少年（虞犯少年）
少年法で、刑罰法令に触れる行為をするおそれのある者をいう。

触法少年
14歳未満の児童で、刑罰法令に触れる行為をした者を14歳以上の犯罪少年と区別している。

設などで子どもの行動を制限する強制的な措置を期限を決めてとる場合もある。

n．家庭裁判所に対する家事審判の申し立て

児童虐待などの場合、児童福祉法第28条にもとづき保護者と子どもの意向に反して、施設入所措置や親権喪失宣言などの申し立てを児童相談所は家庭裁判所に行うことができる。親権喪失に伴う未成年後見人の選任や解任についても児童相談所が家庭裁判所に対して請求を行う。

児童福祉法第28条による施設措置などについては、2年を超えてはならないと規定されているので、児童相談所は、家庭復帰等の再統合に向けての環境整備や指導を行うこととされている。2年経過後も環境や関係の改善が見られない場合は、家庭裁判所の承認を得て期間の延長をすることができる。

③その他（一時保護）

児童相談所は子どもの安全確保などにおいて必要と認めたとき、一時保護所や里親や施設・福祉事務所・警察署などに委託するなどして、子どもの一時保護をすることができる。

一時保護をする内容としては、棄児や迷子、家出の保護など緊急的に保護が必要な場合、児童虐待や放置・放任などで一時保護を必要とする場合、子どもが自殺などをする恐れがあったり、他人に危害等を及ぼすような行為の恐れがある場合である。

都市部の児童相談所を中心に一時保護所がいっぱいの状況があるが、児童相談所は警察などによる非行等の身柄による引き継ぎ（通告）などについても拒否することはできない規定となっている。

3．児童相談以外の事業

（1）地域広報活動等

相談援助活動以外に児童相談所は、巡回指導や広報活動、研修活動など子どもに関する専門機関として事業を行っている。また、子どもの相談等に関する統計調査活動なども児童相談所が担っている。

家庭支援体制緊急整備促進事業は、児童虐待や少年非行等の問題や引きこもりなどの家庭から出ない子どもの問題に対応するために、家

庭児童相談室（福祉事務所）や児童福祉施設・主任児童委員などやボランティアなどと連携を取りながら、地域における家族支援などの体制整備を児童相談所が主体的に行う事業とされている。

特に児童虐待の防止については、児童虐待対応協力員を配置して児童福祉司とともに問題解決を図れるような制度となっている。そのために、児童相談所は地域における主任児童委員等に対して児童虐待防止に関する専門的な研修を行い、研修修了者を地域の協力員として配置するなどして地域活動の体制の整備も行っている。

（２）養子縁組

保護者のいない子どもや家庭環境にめぐまれない子どもに家庭環境を与えるために、これらの子どもに対して養育をすることのできる養親との養子縁組による相談などを児童相談所が受け付けたときには、里親認定と同じように児童相談所が調査や認定を行っている。養育里親から養子縁組の申し立てが比較的多いのが現状である。

児童相談所は、おおむね６か月の里親の期間を経て養子縁組が妥当と認めた場合、養子縁組希望者に対して家庭裁判所に申し立てを行うように助言する。特に実親との関係が分かりにくくなり、離縁も厳しく制限される**特別養子縁組**の場合は、慎重に配慮することが求められている。

（３）健康診査及び事後指導

乳児（１歳６か月）健診、幼児（３歳児）健診の結果、精神発達などの問題がある場合、児童相談所は精密健康診査や専門的な助言など、市町村と連携をとりながら相談援助を行う。また、必要に応じて児童福祉施設措置や医療機関等への紹介なども行う。

（４）障害児事業

児童相談所が行う障害児に係る事業としては、在宅重症心身障害児訪問指導事業と在宅障害児指導がある。

特別養子縁組
1987年に民法改正により設けられた制度で、戸籍上実子と同じように「長男」等と記載をされ、実の親子関係となる。これに対して普通養子縁組については、戸籍上は「養子」と記載をされ、実の親との関係は残る。

(5) 特別児童扶養手当・療育手帳判定事務等

　重度障害児が特別児童扶養手当を受給するための知的障害の認定について、児童相談所も認定の診断書の発行をすることができる。

　療育手帳の判定については、児童相談所及び知的障害者更生相談所が行う。児童相談所では障害の有無や程度などについて、医師と児童心理司などによって診断・観察・検査等の判定を行っている。

４．児童相談所と市町村・各種機関との連携

（１）要保護児童対策地域協議会

　2004（平成16）年の児童福祉法改正により、それまでの児童虐待防止ネットワークから地域における保護の必要な子ども（被虐待児童から非行少年までを含めた）に関する情報や家族への支援などを行う要保護児童対策地域協議会（以下協議会とする）を、地方公共団体は設置できるようになった。設置については2007（平成19）年の児童虐待防止法及び児童福祉法の改正により設置の努力が義務化され、設置の促進が図られている。2008（平成20）年の改正により、妊娠期からの子育て支援も協議会の役割とされた。

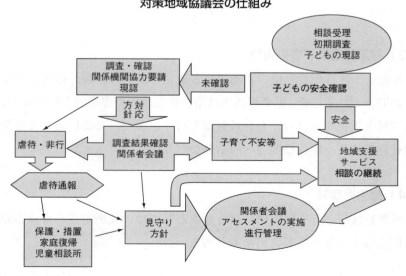

図表13－3　地域ネットワークによる支援要保護児童対策地域協議会の仕組み

出所：筆者作成

協議会の運営の主体は市町村であり、児童相談所は専門的なバックアップ機関となった。そのため児童相談所は、協議会の設置にともない要保護児童に関する情報の共有化や援助方針などについて、協議会の関係者と協議をして地域での援助活動を展開することとなった。また児童相談所は、協議会などを通じて要保護児童に関する情報提供の要請や見守りなどの協力要請も行うこととなった。
　さらにそれぞれの事例の評価を関係者が行うこととなっており、児童相談所の専門的なバックアップによってこれらの運用が行われることが期待されている。そのためには、児童相談所は協議会との連携を図り、ケースマネジメント（相談ケースの進行管理）はもちろんのことネットワークマネジメント（連携の調整や協議・運用等）に関しても専門機関として期待される。
　また協議会は、児童養護施設・児童自立支援施設等を退所した子どもの自立支援などに関しても、情報の共有化により家族環境や就労等における支援活動も行うこととなった。施設入所中の子どもの情報についても施設等との連携が求められている。情報や支援方針の共有など子どもの自立支援のためにも児童相談所の役割は大きくなっている。

（2）児童虐待の対応

　児童虐待への対応については、2004（平成16）年児童虐待防止法の改正により市町村も通報の窓口となり、2008（平成20）年4月からは、児童虐待通報による子どもの安全確認（48時間以内）を児童相談所だけでなく市町村も行うこととなった。その結果、児童相談所は緊急性の高い事例や立ち入り調査などの必要性の高い事例を専門的に扱うように位置づけられた。
　被虐待児童の対応のうち施設入所や里親委託などの家族分離を行ったのは約1割で、残りの約9割は在宅のままでの相談援助活動をしている。児童虐待の約70％は心理的や身体的虐待であり、在宅での支援が中心とならざるを得ない状況にある（図表13－4参照）。このことからも要保護児童対策地域協議会や市町村との連携による虐待防止の援助活動は、児童相談所の主要な業務となっている。また、児童虐

待の早期発見などのためにも地域における情報の収集は非常に重要となり、市町村機関との連携や教育機関、医療機関等との日ごろからの連携は児童相談所の欠かせない業務である。

図表13－4　児童虐待への対応

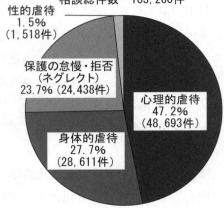

出所：厚生労働省「平成28年度　福祉行政報告例の概況」より筆者作成

(3) 児童虐待対応の強化

①民法改正による親権停止の請求等

　2011（平成23）年4月から施行された「民法等の一部改正する法律」により、児童相談所長は親権の停止・喪失・管理権喪失の請求を行うことができるようになった。これまでは親権喪失の請求を児童相談所長が行うこととされていたが、親権喪失は親子関係の維持や再復帰において大きな障害となっていたが、2年間の親権停止請求ができることとなり、児童虐待等からの救済措置として子どもの権利擁護が図られやすくなった。

　また、里親委託中等親権者等がいない場合に、児童相談所長や児童福祉施設長・里親などが親権を行使できるように以下のように児童福祉法も合わせて改正された。

②児童相談所長の権限の強化

　児童相談所長は、一時保護児童で親権者（未成年後見人等）がいない場合などは、監護や教育・懲戒権などについて親権の行使が認められた。子どもの安全を護るために緊急的な対応要求する場合は、親権者や未成年後見人の意に反して一時保護などを行うことができるとさ

れた。

　ただし養子縁組については、都道府県知事の許可に基づいて承諾をしなければならない。また、2月を超えて親権者や未成年後見人の意思に反して一時保護を続ける場合には、児童福祉審議会の意見を聴取しなければならないことも規定された（親権停止や喪失請求中は除く）。

③児童福祉施設長等（小規模居住型児童擁護事業＝ファミリーホーム長等）の権限の強化

　児童福祉施設の長は、親権者や未成年後見人がいない児童に対して、親権の行使ができることとなった。ただし、児童相談所長は、親権者等のいない児童については、未成年後見人の請求をすることも求められている。

　子どもの安全を護るために緊急的な対応を要する場合は、親権者や未成年後見人の意に反して一時保護などを行うことができるとされた。施設長等のこれらの親権行使を親権者や未成年後見人は妨げてはならないと明記された。

（4）市町村との連携及び専門的な助言等

　2016（平成28）年の児童福祉法改正により、市町村・都道府県・国のそれぞれの役割や責務が明確化をされた。

　市町村は、基礎自治体として地域社会における子どもの支援に関するサービス（業務）を担う。その範囲は、妊産婦まで広げられ妊娠期から子育て期における地域社会での継続的な支援を担うことが明確化された。具体的には、市町村の役割・業務として子どもだけでなく妊産婦まで含めた相談や支援、調査、情報提供が位置付けられ、妊娠期からの虐待防止のための子育て支援策など実施が求められ、新たな名称として母子健康包括支援センター（子育て世代包括支援センター＝母子保健法）など相談拠点の整備なども示された。

　都道府県は市町村に対して専門的な知識やスキルに基づく助言や援助を行い市町村の身近な場所（地域）における支援をサポートする。

　また、市町村の枠を超えた広域行政での対応が必要な子どもへのサービス（業務）を行うものとされた。より広域行政に性格を生かし

た調整機関、専門背に基づくバックアップ機関としての性格が明確化された。児童相談所は、市町村と連携をして子どもや妊産婦に関する市町村間の連絡調整、情報提供、医学・心理学・教育学・社会学及び精神保健上の判定や調査判定にもとづく専門的な知識や技術を要する指導などや助言を行うこととされている。さらに役割分担の明確化に伴い事案送致については、これまでは市町村から児童相談所への事案の送致しかなかったが、今回の法改正で児童相談所から市町村への事案の送致もできることとなり役割分担の明確に伴う双方向的な連携が行われる仕組みとなった。

　国は、児童福祉法の理念・目的にそって市町村や都道府県のサービスが（業務）が行われるように体制の確保や施策を行い、市町村・都道府県に助言・情報提供を行うなどそれぞれの役割や業務が示された。

（5）保健所・保健センターなどとの連携

　児童相談所の保健所や保健センターとの連携としては、相談援助の実際において、アルコール依存症や精神的な問題をもつ場合や育児ストレス・**産後うつ**・育児ノイローゼなどの精神保健的な問題、さらには健診における発達相談や障害のある子どもへの療育指導等、保健指導などでの協力を求めることが多い。とくに児童虐待などへの対応では、家族全体への援助が必要なことから、保健所や保健センターとの連携を強化することは児童相談所にとって重要なことになる。

（6）その他

　このほか児童相談所は、児童家庭支援センター・知的障害者更生相談所・身体障害者更生相談所・発達障害者支援センター・児童福祉施設・里親等との連携も日常的に行われている。また、DV等や児童虐待においては婦人相談所・配偶者暴力相談支援センターや警察との連携も必要となる。

　さらに市町村の教育機関との連携についても、児童虐待の発見や対応、不登校やひきこもりなどへの対応などにおいて連携協力は不可欠である。スクールカウンセラーや**スクールソーシャルワーカー**等の専門職や教育センター等における臨床心理士や相談員等専門職の配置が

産後うつ
マタニティーブルーとも呼ばれ、出産後のホルモンのバランスが崩れや授乳の負担により母親が抑うつ的になること。周りの理解や支援が少なく、ストレスが高じると虐待や心中に発展する危険もある。

スクールソーシャルワーカー
第10回 p.133 参照。

進んでおり、それらとの連携も非常に重要となっている。また、DV対応や児童虐待対応などで速やかな転校の必要性がある場合も少なくなく、市町村の教育委員会との連携を図る必要がある。

2016（平成28）年の児童福祉法改正では、児童相談所の権限強化の一環として司法に関する機能強化が図られ、児童相談所に弁護士を配置することが示された。虐待防止法改正では、臨検・捜索では家庭裁判所の許可により行えるようにし、これまでのように再出頭要求を行うことや保護者の地域調査拒否などの要件を満たすなどの条件を待つ必要がなくなり、子どもの安全確保の迅速性が図られている。

児童福祉法改正の付則では、児童虐待防止・予防のために法改正後2年以内に児童相談所の業務ありかた・要保護児童への対応（保護に関する手続きのありかた・司法の関与のありかた等）や専門的人材の確保や養成のありかたなどの検討を行い必要な対策（措置）を講ずることが示された。

5．児童相談所の活動の実際と課題
（1）児童相談所の相談受付の実態

児童相談所の相談受付では、児童虐待防止の早期発見・子どもの安全確保を迅速に図るために2015（平成27）年、全国共通ダイヤル189（いちはやく）が導入された。導入当初は、入電後の説明等が長く通報に結びつかないなどの批判があったが、2016（平成28）年4月に改善され接続率も改善された。

毎年11月に行われるオレンジリボンキャンペーン（虐待防止月間）など、児童虐待防止に関する啓発活動などもあり、児童虐待への関心や子どもの育成などにおける相談などの必要性が周知されてきた結果ともいえる。また、虐待の定義の拡大（面前DVの導入）や懲戒権の規定の明確化（児童虐待防止法改正（2016（平成28）年）親権者はしつけにおいて監護・教育に必要な範囲を超えて懲戒をしてはならない）などにより、児童虐待への関心の高まりが背景にある。

平成27年度の児童相談所虐待相談は103,206件（速報値）で、相談経路では、警察等（前年比37％増）からの通報が著しく増えている。警察のほかは近隣知人（17％）、学校等（8％）、家族（8％）で増え

ている。警察からの通報が増えたのは、家族内でトラブルへの介入で特に面前DVなどでは、警察は児童相談所に児童虐待通報を行うことを徹底することなどによる。

児童相談所での相談件数は、2014（平成26）年で420,128件の対応件数となっている。相談種別では「障害相談」が183,506件（構成割合43.7%）と最も多く、次いで「養護相談」が145,370件（同34.6%）、「育成相談」が50,839件（同12.1%）となっている。児童虐待相談の増加に伴い養護相談の構成割合は年々増加している特徴が見てとれる。

（2）児童相談所の専門性

児童福祉法改正により、児童相談所の専門性の確保のためにスーパーバイザーの配置や弁護士や医師の配置などが明確化された。あわせて児童福祉司の専門性向上のために研修なども位置付けられた。

専門性が求められる児童福祉司の業務内容は児童相談所運営指針によると次のようなものとなる。

①子ども、保護者等から子どもの福祉に関する相談に応じること
②必要な調査、社会診断（子どもや保護者等の置かれている環境、問題と環境の関連、社会資源の活用の可能性等を調査し、どのような援助が必要であるかを判断するために行う診断）を行うこと
③子ども、保護者、関係者等に必要な支援・指導を行うこと
④子ども、保護者等の関係調整（家族療法など）を行うこと

そして、このような業務を行う児童福祉司の任用基準は、児童福祉法に定められており以下のようになっているが必ずしも専門性が求められてきているといいがたい現状があった。

①都道府県知事の指定する児童福祉司等養成校を卒業、又は都道府県知事の指定する講習会の課程を修了した者
②大学で心理学、教育学もしくは社会学を専修する学科等を卒業し、指定施設で1年以上相談援助業務に従事したもの
③医師及び社会福祉士
④社会福祉主事として2年以上児童福祉事業に従事した者であって、厚生労働大臣が定める講習会の課程を修了したもの

⑤上記と同等以上の能力を有する者であって、厚生労働省令で定めるもの

いわゆる三科目主事といわれる社会福祉主事資格での任用が可能であり、必ずしも専門性が高いと言えず自治体の任用制度で社福祉専門職採用を進める自治体の数も多くはない現状がある。

2016（平成28）年の児童福祉法改正により、児童相談の専門性を高めるために、児童相談所へのスーパーバイザーの配置や児童福祉司任用後の研修の義務化を図るなどしている。また、児童福祉司の配置基準（政令）に基づく自治体の児童福祉司は人口4万人に1名とし、児童虐待相談件数に応じて上乗せができるように改訂をされた。

あわせて児童福祉司の専門性も課題となり、国は以下のような任用の基準を示した。示された基準では、従前の基準と大きく変わることもなく社会福祉従事者であればだれでも児童福祉司に任用されることであり、児童福祉司の専門性とは何かを示す答えとはなりえていない。自治体によっては、福祉職の専門職任用を行っており社会福祉士を受験資格としてソーシャルワーカーの養成に努めているところも増えてきてはいる。今後も児童福祉司は、子ども子育てに関わる中で家族支援や保護者へのサポート、そして子どもの権利擁護等子どもという視点から幅広い対応を求められ、ソーシャルワークによるサポートを行う専門職（社会福祉士）として児童福祉司の専門性はますます求められている。

（3）児童相談所と社会福祉士

児童相談所は児童虐待防止・対策の中核的機関であることがますます求められる。しかし、公的機関としての専門性に関しては、厚生労働省も児童福祉司の増員を自治体に求める一方で研修等の実施を行い確保するように要請をしている。一部自治体では、社会福祉士の資格を要件とする福祉職の採用を進めている。

また、要保護児童対策地域協議会や地域包括支援センターなどさまざまなネットワークが自治体において展開をされ、セーフティネットや予防対策などへの対応が図られている。こんにちは赤ちゃん事業など福祉や保健との連携による子育て支援の展開も盛んである。

子育て支援の担当者や児童相談所の児童福祉司や児童心理司、児童家庭相談室（福祉事務所等）の相談員が、ソーシャルケースワーカーとしての専門性を確保するための経験や研修の実施は、自治体にとって今後の課題である。

図表13－5　児童福祉司の任用資格取得過程

主任児童福祉司任用後の研修を義務化

主任児童福祉司（スーパーバイザー）　5年以上の児童福祉司経験者

児童福祉司　任用後の研修を義務化

都道府県等による任用

児童福祉司任用資格

① 都道府県知事の指定する養成校を卒業又は都道府県知事の指定する講習会の課程を修了した者
② 大学（大学院、外国の大学含む）において、心理学、教育学、社会学を専修し卒業
　　⇒指定施設で1年以上相談援助業務に従事
③ 社会福祉士　精神保健福祉士　医師

指定講習会の課程を修了後任用資格　　児童福祉司任用資格

社会福祉主事から任用

① 社会福祉主事として2年以上児童福祉事業に従事
② 社会福祉主事たる資格を得た後、以下の合計が2年以上
　　社会福祉主事として児童福祉事業に従事＋児童相談所所員
③ 社会福祉主事たる資格を得た後3年以上児童福祉事業に従事

指定施設で1年以上相談援助業務に従事⇒児童福祉司任用資格

助産師　教員（1種）　保健師　⇒　指定講習会の課程を修了

指定施設で2年以上　相談援助　業務に従事⇒児童福祉司任用資格

看護師　保育士　教員（2種）　⇒　指定講習会の課程を修了

児童指導員　　　　　　　　　⇒　指定講習会の課程を修了

出所：厚生労働省「児童福祉法等の一部を改正する法律施行について」より

さらに深く学ぶために

1）加藤曜子・安部計彦編集『子どもを守る地域ネットワーク　活動実践ハンドブック　要保護児童対策地域協議会の活動方法・運営

Q&A』中央法規出版、2008
 2）山縣文治編集『子どもと家族のヘルスケア　元気なこころとからだを育む』ぎょうせい、2008

社会福祉実践との関連を考えるために
1）児童相談所が地域で果たすべき役割についてまとめてみよう。
2）児童相談所におけるソーシャルワーカーの役割とその課題を考えよう。

参考文献
1）東京都児童相談所「東京都児童相談所業務概要　2016年版」
2）厚生労働省「児童相談所運営指針」2016年9月29日

第14回：児童・家庭への相談援助活動の理論と基本

学びへの誘い

　児童・家庭への相談援助においては、児童だけでなく、家族への援助が重要になることが、他の相談援助活動と大きく異なる点である。第14回では、児童・家庭への相談援助活動を行う際の基本的な視点について学ぶ。

1．児童・家庭への相談援助で重要な視点
（1）家族全体を支える視点
①子ども支援から家族支援へ

　児童・家庭福祉援助に関わる時には、対象が「児童（子ども）」であることに十分配慮する必要がある。子どもは大人の所有物ではなく、独立した人格を有する存在であることを認識して援助に当たる必要がある。

　また、子どもは発達段階にあり、周囲の大人による支援が必要な存在という認識も重要である。子どもが抱えている問題は、子どもとその家族の問題として考える必要がある。援助が必要な子どもの背景には、多くの場合、家族問題が存在する。したがって、家族支援の視点を持つことが重要になる。

②家族再統合の視点

　家族再統合は、児童・家庭福祉の中でも新しい概念である。家族再統合の考え方が登場したことで、たとえば児童虐待ケースにおいて、児童相談所には、子どもと家族が適当な関係を持てるように、あるいは、子どもが家族の中で安心して生活できるようなかかわりが求められるようになった。

　この場合の家族再統合は、「家庭復帰」を意味する場合と、「家族機能の向上」として使用される場合とがあり、まだ統一的な理解がされていない。

（2）子どもの発達の視点
①子どもの発達の理解

　児童・家庭福祉においては、子どもの発達の理解が欠かせない。子

どもは発達途上であること、周囲の大人の働きかけによって日々変化し、成長することに留意する必要がある。たとえば、子どもが引き起こす問題行動に対する適切な援助には、発達の視点が欠かせない。

②パーマネンシーの視点

1980年、アメリカにおいて、子どものパーマネンシーを重視した対応を行うことが法制化された。パーマネンシーとは、児童の成長発達を考えた場合、養子縁組や里親委託により安定した（permanency）親子関係を結ぶ方が望ましいという考え方である。パーマネンシーを保障するためのサービスを**ファミリープリザヴェーション**という。

日本においても、パーマネンシーに関する研究が進められているが、福祉現場において普及するまでには至っていない。たとえば、児童虐待への対応において、子どもの生命と安全の確保を優先するための親子分離が行われていることからも、パーマネンシーがまだ十分に浸透していないことがうかがえる。

③愛着関係形成の視点

イギリスの精神医学者である**ボウルビー**は、子どもの情緒の安定性の基礎は、子どもと母親との人間関係が親密かつ継続的で、しかも両者が満足と幸福感に満たされるような人間関係にあることを指摘した。ボウルビーはこのことを「愛着」（attachment）という言葉を用いて説明している。

良好な愛着は、その後の安定した人間関係の基礎となるだけでなく、共感性や道徳性の発達の基礎となると考えられている。言い換えれば、愛着の形成に問題があると、人間関係の形成はもちろん、共感性や道徳性の発達に大きな影響を与える。そのため、乳幼児期の養育で最も大切なことは、健康維持と愛着関係形成と考えられている。

社会的養護が必要な子ども、特に乳幼児のもっとも大きな問題は、養育者（親）との愛着関係が断ち切られるか、あるいは愛着関係が形成されていないことである。援助者は、子どもの愛着関係の形成が必要となる。さらに、子どもの家庭復帰・里親委託の場合には、養育者の愛着関係を相手に移す作業が必要になり、そのための方法が求められる。

パーマネンシー
permanency
通常、日本語訳されることはなく、このまま使われる。

ファミリープリザヴェーション
family-preservation
「家族維持」と訳して使われる場合もある。

ボウルビー
（J.M.Bowlby 1907-1990）
乳児と母親との親密なやり取りを母子相互作用と呼び、愛着を形成する上で大切であると指摘した。

2．児童・家庭への援助で重要な姿勢
（1）施設内での権利擁護と虐待防止

①児童の権利保障の視点

　児童は権利を持ち、それを行使する主体である。児童福祉施設に入所する児童は、それまでに自分の権利を侵害されている場合が多い。同時に、児童にとって、家庭で親とともに生活できないということ自体が、深刻な権利の侵害である。養護問題を未然に防ぐことが、児童の権利保障として、社会的養護の本質である。児童福祉施設における児童への援助では、施設入所に至る経過で受けていた権利侵害からの回復と、児童の権利を施設内においても保障する視点が重要となる。

　児童がどのような権利を有する存在であるかは、**「児童の権利に関する条約」** に明記されている。「生存権」や「発達権」はもちろん、「意見表明権」や「信教の自由」といった、**市民的権利** についても、児童は権利主体として保障されている。

> **児童の権利に関する条約**
> 第2回 p.17 参照。
>
> **市民的権利**
> 「表現の自由」「思想・良心・宗教の自由」「結社・集会の自由」などの諸権利をさす。これらの権利は、従来、子どもであるが故に制限されるべきと考えられてきたが、児童の権利に関する条約により、子どもの年齢、発達に応じて権利保障するべきであることが明文化された。

②児童の意向の慎重

　施設入所に際して、児童はそれまでの生活との大きな変化に直面することになる。児童にとって、大きな不安を伴うものであるから、児童相談所は児童に対して、措置の理由や内容等について、十分な説明を行い、児童自身の意見を聞き、意向を尊重することが重要である。

　1997（平成9）年の児童福祉法改正において、児童相談所が施設入所等の措置をとるにあたり、児童の意向聴取が盛りこまれ、児童又は保護者の意向と児童相談所の措置方針が異なる場合は、児童福祉審議会の意見を聴取することが義務付けられた。

③『子どもの権利ノート』

　児童が、入所する施設を自分で選択することは現状では困難である。そのため、施設入所にあたり、少しでも不安を軽減し、施設での生活を過ごすために、これからの生活について事前に説明を受けることが重要になる。

　多くの自治体では、**『子どもの権利ノート』** を作成し、施設に入所する際に、児童に配布している。『子どもの権利ノート』には、施設生活についての情報と、施設生活において保障される権利が書かれている。

> **子どもの権利ノート**
> 子どもの権利や施設生活の情報の伝え方は自治体によって異なる。大きくは、日常生活で子どもが遭遇する場面で質問を設定し回答する「Q＆A型」、子どもの権利を明言して伝える「提言型」に分けられる。

図表14－1　東京都『子どもの権利ノート』の例

東京都では施設に入園している子どもたちに、子どもの権利条約に準拠した、「子どもの権利ノート」を配布しています。このノートは、子どもたちの生活上の諸権利が守られるだけでなく、「友愛」「やさしさ」「希望」「夢」を豊かに培いながら、人生を主体的に生きていくことを目指して作成され、小学校4年生以上の子どもたちに配られています。

あなたへのメッセージ
　このメッセージはあなたをおうえんする大人たちからのものです。あなたは、この地球に一人しかいない、とっても大切な人です。そんなあなたには、大きな夢や希望を持ってほしいと思っています。そして、幸せになってほしいのです。だから、あなたが、つらいとき、苦しいとき、悲しいとき、なやんでいるとき、どんなときでも、あなたのそばで、心配したり、おうえんしたりします。そして、うれしいときは、一緒によろこびたいと思っています。
　わたしたちは、心や体にしょうがいを持った人も、赤ちゃんも、子どもも、お年よりも、大切にしたいと思っています。
　そして、みんなが平和で幸せだと思える社会にしたいとがんばっています。
　あなたも、あなたのやさしさや思いやりの心で、てつだってください。

「子どもの権利ノート」ってなあに？
　あなたが、施設で明るく元気よく生活できるように、この「子どもの権利ノート」を作りました。このノートには、あなたが、できることやしてもよいこと、「あなたの権利」が書いてあります。「権利」というのは、むずかしいことではありません。あなたとみんなの幸せが守られるように、だれもが同じようにできることやしてもよいことなのです。
　「権利」が、自分だけの「権利」だったり特別の人の「権利」だったりしてはいけません。だから、たくさんの人が生活している施設では、みんながなかよくくらせるように「ルール」や「やくそく」を大切にしています。あなたも、「ルール」や「やくそく」を守って、お友だちとなかよく、元気よく楽しく、くらしてください。
　それから、このノートには、施設や児童相談所の人が、あなたを守るためにしてくれることも書いてあります。施設や児童相談所の人たちは、あなたが施設でこまったときや、助けてほしいとき、あなたのためにできるかぎりのことをします。このノートにかかれていることや、施設のことでわからないことがあったら、どんなことでも施設や児童相談所の人に聞いてください。あなたに分かるようにせつめいします。

子どもは、一人ひとり大切にされます。
　人は一人ひとりちがっています。だから、男だから、女だから、はだの色がちがうから、言葉がちがうから、考え方などがちがうから、しょうがいがあるからといって、いじめたり、いじわるをすることはいけないことです。
　施設や児童相談所の人は、あなたやあなたの友だちを大切な人だと考えています。
　あなたがいじわるされたり、なかまはずれにされたり、あるいはされている友だちを見たりしたら、かならず施設や児童相談所の人に話してください。どうしたらよいか一緒に考え助けてくれます。
　このノートの後ろに書かれているところに電話をしても助けてもらえます。

施設のこと、家族のこと、わからないことは、どんなことでも聞くことができます。
　「どうして、施設に行くの？」「施設はどんなところ？」「お父さんやお母さんはどうしてるの？」「いつになったら家に帰れるの？」
　施設のことや家族のこと、これからあなたがどうなるのかや、あなたのことをどう考えているのかなど、わからないことを聞きたいと思うことはあたりまえのことです。そんなときは、施設や児童相談所の人に聞いてください。あなたにわかるように、せつめいをします。それから、「私はこう思う」「私はこうしたい」と意見や希望を言うこともできます。あなたの意見や希望もきちんと聞いて大切にします。

家族とあったり、手紙を出したり、電話をしたりすることは、大切にされます。
　家族は、とても大切です。だから、はなれてくらしていると心配になったり、会いたくなったりします。そんなとき手紙を書いたり、電話をしたり、会いに来てもらったり、会いに行ったりすることができます。家族に会いたいと思っても、なかなか会えないときには、施設や児童相談所の人に相談してくださ

い。でも、あなたの心を傷つけてしまうことがあるときは、会わせてあげられないこともあります。また、あなたがいやなときは「会いたくない」と言ってください。あなたの気持ちや意見を大切にします。

ないしょにしたいことは、まもられます。
　家族のこと、好きな人のこと、体のことなど、あなたがないしょにしてもらいたいことは、ひみつとして守ります。もちろん、あなたの日記や手紙をかってに読んだりしません。どうしても、ないしょにするやくそくを守ってもらえないときは、施設のほかの人や児童相談所の人に話してください。あなたの秘密がまもられるようにしてくれます。あなたも、ほかの人のひみつは、大切にして守ってください。

自分のものは、自分で持っていられます。
　自分のものは、自分で持っていることができます。でも、ほかの人にめいわくをかけるものやあぶないないものは、施設に持ってくることはできません。それから、なくしたらこまるものやこわされたらこまるもの、置く場所がないものなどは、施設の人に相談してください。いっしょにどうしたらよいか考えてくれます。自分のものだけでなく、ほかの人のものやみんなで使うものも大切にしてください。

新聞、本、テレビ・・・　いろいろなものを見たり聞いたりすることは、大切にされます。
　いろいろなことに興味をもって、テレビや新聞、本などを、見たり聞いたり読んだりすることは良いことです。でも、あなたの心や体のためにならないものもありますから、「だめだよ」と言われることもあります。でも、どうしていけないかわからないときは、「なぜ」と聞いてください。せつめいをしてもらえます。

いろいろなことを考えたり、信じたりすることは、大切にされます。
　いろいろなことを考えたり、信じたり、良いこと・悪いことを自分で判断したりすることは、とてもだいじなこととして大切にされます。でも、ほかの人の心をきずつけたり、めいわくをかけたりすることはしないでください。
　それから、「わたしは、こう思います。」と自分の意見を言うことも大切されます。あなたも、ほかの人の考えや意見を大切にしてください。

ぶたれたり、いじめられたり、いやだと思うことはされません。
　施設や児童相談所の人は、あなたが悪いことをしたら「いけない」としかります。だからといって、ぶったり、いじめたり、悪口を言ったり、食事やおやつを食べさせなかったりはしません。大人も子どもも、ぶったり、いじわるしたり、むししたりすることは、いけないことです。そのようなことをされたら、施設のほかの人や児童相談所の人に「助けて」と言ってください。どうしたらよいかあなたといっしょに考えて、あなたを助けます。ほかの人がそのようなことをされているのを見たら教えてください。同じように助けます。このノートの後ろに書かれているところに、電話をしても助けてもらえます。

いやらしいと感じたり、いやだと思うことから、守ってもらいます。
　体にさわられたり、のぞかれたり、へんなことをされたり、いやらしいことを言われたりして、いやだと思ったら、勇気を出して「やめて」と言ってください。そして、言えても言えなくても、必ず施設や児童相談所の人に、こんなことをされたと話してください。あなただけでなく、そんなことをされてこまっている友達がいたり、そんなことをしている人を見たりしたら、学校の先生や施設、児童相談所の人に話してください。あなたや、あなたの友だちも守ってもらえます。
　このノートの後ろに書かれているところに、電話をしても守ってもらえます。

けんこうで元気よくくらすことは、大切にされます。
　明るく元気よくくらすことは、とても大切なことです。
　だから施設では、食事のことや、洋服のこと、毎日すごす部屋のことなども、もっと良くなるように、努力をしています。それから、病気にならないようにしたり、病気になったらお医者さんにみてもらったりして、早く元気になるようにもしています。もしも、心や体のことで、わからないことや心配なことがあったら、施設の人に相談をしてください。いろいろなことを教えてもらえます。

知ろうとすること学ぶことは、大切にされます。
　自分の夢や希望のためにいろいろなことを知ろうとしたり、たくさんのことを学ぼうとすることは大切なことです。だから、いろいろなことを教えてもらえる学校は、大切にしてください。それから、施設でも、勉強はもちろんのこと、いろいろなことを学ぶことができます。生活のこと、友達のこと、心や体のこと、しょうらいのことなど、施設の人と話してみてください。あなたといっしょに考えたり、調べたり、あな

たにおしえたりします。
遊ぶことは、大切にされます。
　遊ぶことは、子どもの仕事。遊びながら友だちを作ったりいろいろなことを知ったりすることは、大切なことです。だから、施設ではキャンプ、ハイキングなどいろいろな行事を、みんなで楽しくやっています。もちろん、野球やサッカー、バスケット、バレーボールなどをしたり見に行ったり、また、歌ったり演奏したり聞きにいったり、絵をかいたり見にいったり、物を作ったり、いろいろなことができます。でも、いろいろなことをして遊べるけれども、人に迷惑をかけることもあるし、お金のかかることもあるから、施設の人とよく相談しながら遊んでください。

助けあうことを大切にします。
　たくさんの人が生活をしている施設。みんなで助け合って、楽しくくらせるように、自分のできることで、お手つだいをしましょう。小さな子と遊んであげたり、お手つだいをすると、「ありがとう。」と言われてうれしくなったり、やさしい心になったりします。それから、いろいろなこともおぼえられます。それは、とても大切なことです。

あとがき
　この子どもの権利ノートは、「権利」を大切にするために、子どもたちや大人たちが集まって、みんなで考えて作りました。このノートをよんでみて、もっとこんなこと書いてほしいなと思うことがあったら、お手紙をください。今度このノートを作りかえるときに、あなたの意見を役だて、よりよいものにしていきたいと思います。このノートを大切にしてください。そして、施設での生活を、楽しく、明るく、元気よくすごしてください。

どんなことでもよいですから、意見のある人は手紙を書いてください。待っています！
送り先　児童相談センター
〒162-0052　新宿区戸山3－17－1
電話 03-3205-7156
あなたの児童相談所とあなたの担当児童福祉さんのお名前
　困ったとき相談したいことがあるときの連絡さきです。
　あなたの児童相談所　　　　　　　　（　　　　　　　　）
　あなたの担当児童福祉司　　　　　　（　　　　　　　　）
　助けてほしいとき電話をするところ　（　　　　　　　　）

出所：東京育成園ホームページ

④施設内での虐待防止

　児童福祉施設は児童の権利を保障することを目的としていることは前述の通りである。その中において、児童虐待の発生は絶対にあってはならないことである。しかしながら、現実に**施設内虐待**が発生していることが事実である。施設入所に至るまでにすでに何らかの権利侵害を受けてきた児童に対しては、いっそう深刻な被害を与えることになる。

　施設内虐待の予防策として、以下の3点があげられる。
　1）職員全体で、人権尊重の理念と意識を明確に持てるように不断の努力をすること。
　2）施設が地域で孤立しないようにすること。施設を地域社会に開放したり、第三者評価等を通して、地域や関係機関等が支援して

施設内虐待
従来は職員による子どもへの体罰やせっかんを指したが、近年では年長児や攻撃的児童から年少児やおとなしい子どもへのいじめや暴力も含む。職員の目の届かない所での陰湿な虐待が問題となっている。被虐待児の増加による虐待の連鎖現象といわれる。

くれる関係を作ること。
　3）児童の行動上の問題への対応技術を身につけること。児童がなぜそのような行動をとるのかが理解できず、適切な対応方法についての専門的知識と技術がないまま、ただ児童の行動をコントロールすれば、より激化し、職員による虐待が生じるケースが多数ある。

　2008（平成20）年の児童福祉法改正により、児童福祉施設職員、里親、児童相談所の一時保護職員等による虐待を「被措置児童等虐待」と規定し、これらを発見した者の通告義務、通告があった場合の都道府県や都道府県児童福祉審議会などが講ずべき措置等、施設内虐待等の防止規定が設けられた。

（2）社会への適応と自立支援

　1997（平成9）年の児童福祉法改正により、児童養護施設や児童自立支援施設等の理念について、児童の保護から自立の支援へと転換が図られた。これに伴い、個々の児童に関する**自立支援計画**の策定が義務づけられた（図表14－2）。

　自立支援計画の策定は、入所後の児童の状態等に対する適切な評価（アセスメント）にもとづく。また、児童相談所と協議の上、定期的に再評価がなされる。

（3）虐待の再生産の防止

①虐待と家族への援助

　児童虐待が、児童への著しい人権侵害であること、心身の成長と人格の形成に重大な影響を与えることは、児童虐待の防止等に関する法律第1条に明記されている通りである。児童虐待の早期発見、対応、予防は、児童・家庭への援助において、最も重要な姿勢の1つである。

　児童虐待への対応を行う際、被害者である児童はもちろんのこと、加害者である親もしくは家族への支援についても重要になってくる。育児不安、育児ストレス等、出産・育児の困難さが理解されるとともに、児童虐待が特別なことではない、どの家庭でも発生しうるという考えが一般的になっている。

　育児不安や育児ストレスは、子どもを育てる親のほとんどが、程度

自立支援計画
自立支援計画に施設としての課題や具体的支援目標が明確化されることで計画的な自立支援が期待でき、子どもや保護者の意向が盛り込まれることで子どもの意見表明権が保障されること等、自立支援計画の意義は大きい。

図表14-2 自立支援計画票（記入例）

自立支援計画票

施設名	□□児童養護施設	作成者名			
フリガナ 子ども氏名	ミライ コウタ ミライ 幸太	性別	男・女	生年月日	○年○月○日（11歳）
保護者氏名	ミライ リョウ ミライ 良	続柄	実父	作成年月日	×年×月×日

主たる問題	被虐待経験によるトラウマ・行動上の問題
本人の意向	母が自分の間違いを認め、謝りたいといっていることを聞いて、確かに持ってもいいという気持ちもあるが、出身学校に戻りたい。
保護者の意向	母親としては、自分のこれまでしてきたことに対し、不適切なものであったことを認識し、改善しようと意欲がでてきており、関係の回復・改善を望んでいる。
市町村・保育所・学校・職場などの意見	出身学校としては、定期的な訪問などにより、家庭を含めた支援をしていきたい。
児童相談所との協議内容	入所後の経過（3か月間）をみると、改善しようと取り組み始めており、本児も施設生活に適応し始めており、母親、児相の援助活動を積極的に受け入れ取り組んでいることなどを活用しつつ親子関係の調整を図る。
【支援方針】	本児の行動上の問題の改善及び父からトラウマからの回復を図ると共に、母親の養育ストレスを軽減しつつ養育方法について体得できるよう指導を行い、その上で家族の再統合を図る。
第○回 支援計画の策定及び評価	次期検討時期：△年 △月

子ども本人

【長期目標】盗みなどの問題性の改善及びトラウマからの回復

支援上の課題	支援目標	支援内容・方法	評価（内容・期日）
被虐待体験や学校でのいじめ体験などから体感性の獲得をめざす。対人関係性への不信感や恐怖感が強い。	職員等との関係性を深め、人間に対する信頼感の獲得をめざす。	定期的に職員と一緒に取り組む作業を行い、関係性の構築を図る。また、被虐待体験に起因する不安性の体験における虐待体験の修正。	年 月 日
短期目標（優先的・重点的課題）	盗みなどの行動上の問題の発生経過について、認知の状態の把握と発生の防止を考えられるようにする。	得意なスポーツ活動などを通じて自己信頼感を持ち、活動の場を設け自己表現の促進を図る。また、行動上の問題に至った心理状態の理解を促す。	少年野球チームの主力選手として活動する機会を設け、活動の発生の育成を図る。また、グループ場面を活用し、他児とのコミュニケーション能力を高める機会や、対人的に最も上の働きかけなどに取り組ませる。	年 月 日
	自分がどのような状況におかれ、行動上の問題を起こすのか、その行動を引き起こす感情などの理解を深め、また、虐待経験との関連を理解できるよう認識することが十分にできていない。	他児に対し表現する機会を与え、対人コミュニケーション機能を高めるとともに、虐待発生状況についての発生場面状況について丁寧に声かけなど他児への働きかけを考え、虐待サポートする。		年 月 日

家庭（養育者・家族）

【長期目標】母親と本児との関係性の改善を図ると共に、父親、母親が本児との関係でどのような心性状態になり、それが虐待行為の開始及び悪化にどのように結びついていったのかを理解できるようにする。

支援上の課題	支援目標	支援内容・方法	評価（内容・期日）
母親の虐待行為に対する認識は深まりつつあるが、抑制するための技術を体得していない。	自分の行動が子どもに与える（与えた）影響について理解し、虐待行為を回避・抑制する技術を獲得しながら、本児の成長歴を振り返り、息子の今どきの心理状態を理解する。	児童相談所における月2回程度の個人面接の実施（月2回程度）。	年 月 日
短期目標（優先的・重点的課題）	思春期の児童への養育技術（ペアレンティング）が十分に身についていない。	思春期児童に対する養育技術を獲得できるようにする。	これまで継続してきたペアレンティング教室への参加（隔週）。	年 月 日
	父親の役割が重要であるが、指示されたことは行うもののその役割についての意識は十分ではない。	週末は可能な限り帰宅し、家族内での面会を促し、本人における父親支援を行い、児童相談所での個人及び夫婦面接（月1回程度）。	キーパーソンとしての自覚を持ち、家族調整や養育への参加意欲を高め、母親の心理状態に対する理解を深め、母親への心理的なサポーターとしての役割を担えるようにする。	年 月 日

地域（保育所・学校など）

【長期目標】定期的なフォローアップが得られる体制のもとでの家族所在しくは家族全体との関係の調整を図る。

支援上の課題	支援目標	支援内容・方法	評価（内容・期日）
定期的なフォローアップの参加、警察、民間団体、活動サークルなど	地域からのフォローアップが得られる体制のもとでの家族所在しくは家族全体との関係の調整を図る。	主任児童委員、教育委員会	年 月 日
短期目標	サークルなどへの参加はするようになるものの、近所づきあいがなく、孤立ぎみ。	ネットワークに対するきあう範囲の拡充を図る。	主任児童委員が開催しているスポーツサークルや学校のPTA活動への参加による地域との関係づくり。	年 月 日

総合

【長期目標】地域からのフォローアップが得られる体制のもとでは、父親、母子関係の改善を図るとともに、家族を含めた家族全体の調整を図る。

支援上の課題	支援目標	支援内容・方法	評価（内容・期日）
親と本人との関係に着目するとともに、父親、母親の関係改善が必要、再統合が可能かどうかも見極める。	出身学校の担任などと本人との関係性の維持、強化を図る。	定期的な通信や面会などにより、交流を図る。	年 月 日
短期目標	悪く、母子関係の改善が必要、再統合が可能かどうかも見極める。	徐々に母親が関係を改善することを設け、その達成を行う。	通信などを活用した本人と母親との関係調整を図る。	年 月 日

【特記事項】通信については開始するが、面会については本児の状況を踏まえつつ判断する。

出所：児童自立支援計画研究会編『子ども・家族への支援計画を立てるために―子ども自立支援計画ガイドライン―』

の差はあれ、感じている。それらがそのまま児童虐待に移行するのではなく、さまざまな「**虐待のリスク因子**」が関係することが指摘されている。ただ、このようなリスク因子を持っていても、良好な人間関係の経験によって虐待が発生しないこともある。

②虐待の防止

親の負担、不安感を軽減することであるが、リスク因子を抱える親の多くは、自ら支援を求めることに消極的であったり、できなかったりする。したがって、支援を求められた際に援助を行うといった対策では不十分で、専門家やボランティアが積極的に家庭を訪問するなどの、訪問型サービスの実施、拡充が求められる。

厚生労働省は、2008（平成20）年の児童福祉法改正により、「子育て支援事業」を法律上位置づけた。2012（平成24）年には「子ども・子育て支援法」「認定こども園法の一部改正」「子ども・子育て支援法及び認定こども園法の一部改正法の施行に伴う関係法律の整備等に関する法律」から成る子ども・子育て関連3法が成立した。

これは、子ども・子育て支援新制度とよばれ、2015（平成27）年4月より本格施行となった。

虐待のリスク因子
虐待を行う親自身が虐待を受けて育った成育歴、夫婦不和、貧困、地域からの孤立といった親自身の問題、未熟児、障害児、よく泣き、なだめにくい「手のかかる子ども」といった子ども自身の問題があげられる。

さらに深く学ぶために

1）日本児童福祉協会『子ども・家族の相談援助をするために』2005
2）空閑浩人編著『ソーシャルワーク入門』ミネルヴァ書房、2009

社会福祉実践との関連を考えるために

1）子どもの発達について、乳児期、幼児期、学童期、思春期ごとに特徴を調べ、まとめてみよう。
2）子どもが自立するとはどういうことか、自立に向けた支援を行う上で何が必要か、それぞれ具体的に考えてみよう。

参考文献

1）社会福祉士養成講座編集委員会『児童や家庭に対する支援と児童・家庭福祉制度』中央法規出版、2009

第14回：児童・家庭への相談援助活動の理論と基本

図表14－3　子ども・子育て新制度における地域子ども・子育て支援事業

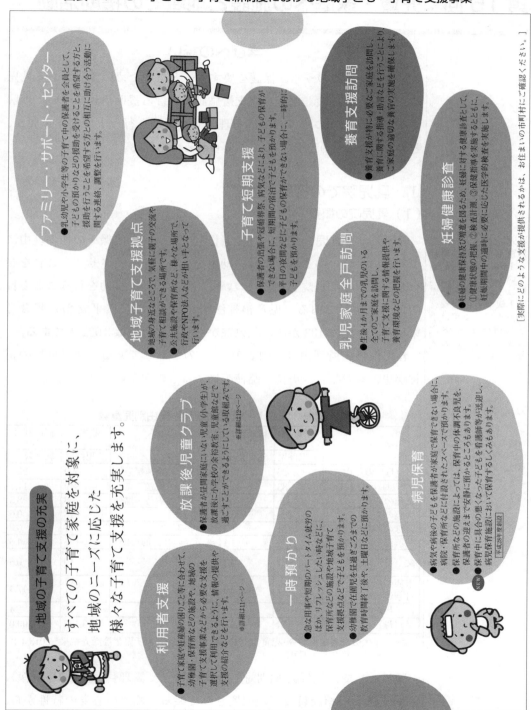

出所：内閣府『子ども・子育て支援新制度なるほどBOOK』平成28年4月改訂版より

第15回：児童・家庭への施設と地域での援助活動

学びへの誘い

児童福祉施設のうち、保護を要する子どものための施設である乳児院、児童養護施設、児童自立支援施設における援助活動について理解する。それぞれの施設の生活を理解し、援助を行う上で何が重要か、どのようなことが課題としてあげられるかを知る。

1．乳児院での援助と実際
(1) 乳児院の概要

乳児院は、**乳児**（保健上、安定した生活環境の確保その他の理由により特に必要のある場合には、幼児を含む）を入院させて、これを養育し、あわせて退院した者について相談その他の援助を行うことを目的とする施設である（児童福祉法第37条）。2015（平成27）年3月末現在、全国に133か所の乳児院があり、在所児は3,022人である。

乳児院の入所理由は、図表15－1のとおりである。父（母）の精神疾患、養育拒否、虐待・酷使等によるものが多い。

> **乳児**
> 児童福祉法では児童を18歳未満と定めている。さらに、乳児は1歳未満、幼児は1歳から小学校就学前まで、少年は小学校就学から18歳に達するまで、と区分している。

図表15－1　養護問題発生理由別児童数

	児童数	構成割合(%)		児童数	構成割合(%)
	乳児院児	乳児院児		乳児院児	乳児院児
父（母）の死亡	26	0.9	父（母）の精神疾患等	699	22.2
父（母）の行方不明	83	2.6	父（母）の放任・怠だ	349	11.1
父母の離婚	56	1.8	父（母）の虐待・酷使	268	8.5
両親の未婚	195	6.2	棄児	18	0.6
父母の不和	41	1.3	養育拒否	217	6.9
父（母）の拘禁	139	4.4	破産等の経済的理由	146	4.6
父（母）の入院	103	3.3	児童の問題による監護困難	19	0.6
家族の疾病の付き添い	11	0.3	その他	547	17.4
次子出産	19	0.6	不詳	77	2.4
父（母）の就労	134	4.2	総数	3,147	100.0

出所：厚生労働省雇用均等・児童家庭局『児童養護施設入所児童等調査結果』2013（平成25）年2月1日現在

職員として、看護師、個別対応職員、栄養士、調理員、医師（嘱託医）、家庭支援専門相談員などが配置されている。乳児の心身の特性から、とりわけ医学的配慮がなされている。乳児を直接援助する看護師の配

置基準は、おおむね乳児1.6人につき看護師1人以上、満2歳以上3歳未満の幼児おおむね2人につき1人以上、満3歳以上の幼児おおむね4人につき1人以上となっており、看護師に代えて一部は保育士・児童指導員でも可能である（児童福祉施設の設備及び運営に関する基準第21条）。

（2）乳児院での生活

乳児院では、毎日定時に授乳、食事、おむつ交換、入浴、日光浴および安静を行う。定期的に身体測定を実施し、随時健康診断を実施し、乳児の身体発達および精神発達を保障する。乳児の特性上、疾病、とりわけ感染症の予防、事故防止には十分な配慮が必要である。

（3）愛着関係の保障

乳児は、愛着行動によって、母親から自分への働きかけを引き起こし、母親は、乳児からの行動にタイミング良く応答する、この相互作用により、愛着関係が形成される。乳児院の入所児は、入所段階で親と離れるため、施設において、職員と新たに愛着を形成し、基本的信頼感を獲得することが、その後の人格形成上重要となってくる。乳児院の最大の役割は「愛着関係の形成」である。

そのため乳児院では、1歳になっても、児童養護施設に措置変更せずに、年齢超過での対応を行ってきた。1997（平成9）年の児童福祉法改正により、乳児院の入所対象年齢はおおむね2歳未満までとなり、2004（平成16）年の児童福祉法改正では、入所対象年齢は就学前までとなった。同時に、児童養護施設に乳児から入所できるようになった。このことにより、職員との関係を途中で分断することなく乳幼児期を過ごせる環境が整備されつつある。

（4）アフターケア

乳児院で築かれた愛着関係は、退所後も保ち続ける必要がある。その点で、アフターケアが重要になってくる。2004（平成16）年の児童福祉法改正では、退所児童のアフターケアが施設の目的に盛り込まれた。これに伴い、入所児童の早期家庭復帰等を図るため、施設入所

前から退所まで、さらに、退所後のアフターケアに至るまでの、総合的な家族調整を行う**家庭支援専門相談員（ファミリーソーシャルワーカー）**が配置されることになった。

家庭支援専門相談員
第11回 p.141参照。

(5) 今後の課題

乳児院では、乳幼児に接する職員がほとんど女性であるため、男性に出会うと怖がってしまう場合が多くある。そのため、一部の乳児院では、男性ボランティアに乳幼児に関わってもらう「パパボランティア」といった活動を行っている。具体的には、散歩や行事の引率などが行われている。

今後求められる援助としては、緊急時の短期入所・通所利用や地域における児童養育支援センターとしての機能があげられる。具体的には、電話による育児相談や、**デイケア**、**トワイライトステイ**などがある。

デイケア
保育所などへの入所待機乳児や、保護者が家族の通院に同行するため、日中だけ乳児を預かる事業。

トワイライトステイ
1991（平成3）年より父子家庭等夜間養護事業として取り組まれ、現在では児童夜間養護事業として行われている。父子家庭では父親が仕事により帰宅が夜間になるため、その児童を乳児院などに通所させ、父親が帰宅するまで夕食の提供等を行い、家庭生活の安定を図る。第6回 p.76参照。

2. 里親制度・養子縁組

(1) 里親制度

里親とは児童福祉法第6条4項で「養育里親及び厚生労働省令で定める人数以下の要保護児童を養育することを希望する者であって養子縁組によって養親となることを希望するものその他のこれに類する者として厚生労働省令で定めるもののうち都道府県知事が第27条第1項第3号の規定により児童を委託する者として適当と認めるものをいう」と規定されている。

里親制度が制定された当初は、孤児など、親がいない児童が多かったため、養子縁組可能なケースがほとんどであり、里親＝養子里親と考えられていた。しかし、家庭養育の困難さからくる養護問題の増加から、社会的養育としての里親制度の必要性が高まった。

2002（平成14）年、「里親制度の運営について」という厚生労働省雇用均等・児童家庭局長通知が出され、「里親制度は、家庭での養育に欠ける児童等に、その人格の完全かつ調和のとれた発達のための温かい愛情と正しい理解を持った家庭を与えることにより、愛着関係の形成など児童の健全な育成を図るものであること」と示された。また、「里親の認定等に関する省令」、「里親が行う養育に関する最低基準」

第15回：児童・家庭への施設と地域での援助活動

の2つの省令により、社会的養護の担い手として里親が明確に位置づけられた。

里親家庭を募集しています！
里親制度は、健やかな育ちの場を求める子どものための制度です。

里親の種類　里親には次の4つの種類があります。

養育里親	様々な事情により家族と暮らせない子どもを一定期間、自分の家庭で養育する里親です。
専門里親	養育里親のうち、虐待、非行、障害などの理由により専門的な援助を必要とする子どもを養育する里親です。
養子縁組を希望する里親	養子縁組によって、子どもの養親となることを希望する里親です。
親族里親	実親が死亡、行方不明等により養育できない場合に、祖父母などの親族が子どもを養育する里親です。

里親になるまでの流れ　里親になるには、以下の手続が必要です。

❶相談
里親制度について詳しくご説明いたします。里親についてご理解いただきましたら、ご家族同意の上でお申し込みください。

❷調査・研修
児童相談所の担当職員が家庭訪問し、調査を行います。その間、里親制度等に関する研修を受講していただきます。

❸審査・登録
児童福祉審議会等での審議を経て里親として認定されると、里親名簿に登録されます。

❹更新
養育里親は5年、専門里親は2年ごとに更新研修を受講していただきます。

教えて！里親 Q&A

Q1　里親になるために資格は必要ですか？
A1　一定の要件を満たしていれば、特別な資格は必要ありません。里親さんに望まれることは、子どもが大好きで明るく健康的なご家庭であることです。

Q2　里親って養子縁組のことですか？
A2　里親には養子縁組を前提とする里親や、事情があって家庭で生活できない子どもを一定期間養育していただく養育里親などがあります。
里親＝養子縁組ではありません。

Q3　子どもを育てるのは大変そう。子育て経験がないのですが、疑問や悩みを相談することはできますか？
A3　里親さんが安心して活動していただけるように、研修以外に、里親専門の相談員等が電話や訪問により、里親さんの話をお聞きして一緒に解決方法を考えます。また、地域の里親会による支援や交流活動もあります。
初めから完璧な里親なんていません。
子どもと一緒に生活を楽しみ、学ぶ姿勢が大切です。

Q4　共働きでも里親になれますか？
A4　共働きの里親さんもおられます。子どもの養育に支障のない範囲での共働きは問題ありません。詳しいことはお近くの児童相談所にご相談ください。

出所：厚生労働省『里親制度普及のためのリーフレット』2015

191

（2）里親の種類

　2008（平成20）年の児童福祉法改正により、里親は、**養育里親、専門里親**、養子縁組里親、**親族里親**の4類型に区分されている。養育里親については、研修が義務化された。2010（平成22）年1月の「子ども子育てビジョン」では、里親等委託率を平成26年度に16％とする目標が示された。さらに、2011（平成23）年7月の「社会的養護の課題と将来像」においては、今後10数年の里親等委託率を3割以上とする目標が示されたように、里親制度の推進、充実が進められている。

里親の種類	対象児童
養育里親	要保護児童
専門里親	次に掲げる要保護児童のうち、都道府県知事がその養育に関して特に支援が必要と認めた者 ①児童虐待等の行為により心身に有害な影響を受けた児童 ②非行等の問題を有する児童 ③身体障害、知的障害又は精神障害がある児童
養子縁組里親	要保護児童
親族里親	次の要件に該当する要保護児童 ①当該親族里親に扶養義務のある児童 ②児童の両親その他当該児童を看護する者が死亡、行方不明、抗菌、入院等の状態になったことにより、養育が期待できないこと

（3）養子縁組

　養子縁組とは民法において規定されており、実の親子関係がないものとの間に嫡出子として縁組を行い、実子と同等の身分を与えて相続・扶養などの権利義務を発生させ、法律的に親子関係を成立させることである。養子縁組には、**普通養子縁組**と**特別養子縁組**がある。

3．児童養護施設での援助の実際

（1）児童養護施設の概要

　児童養護施設は、保護者のない児童（乳児を除く。ただし、安定した生活環境の確保その他の理由により特に必要のある場合には、乳児を含む。）、虐待されている児童その他環境上養護を要する児童を入所させて、これを養護し、あわせて退所した者に対する相談その他の自立のための援助を行うことを目的とする施設である（児童福祉法第41条）。満18歳に達した者でも、必要に応じて、満20歳に達するまで在所が可能となっている。2015（平成27）年3月末現在、全国に

普通養子縁組
従来からある養子縁組で、養親は成人であれば独身者でも良い。養子の年齢も制限はない。

特別養子縁組
社会的養護を必要とする児童が対象で、養親は25歳以上の夫婦、養子は原則として6歳未満と定められている。

601 か所の児童養護施設があり、在所児童は 28,183 人である。

児童養護施設には、職員として、児童指導員、保育士、栄養士、調理員、医師（嘱託医）、個別対応職員、家庭支援専門相談員（ファミリーソーシャルワーカー）が配置されている（乳児が入所している施設では看護師も配置される）。児童を直接援助するのは児童指導員と保育士である。その配置基準は、満 2 歳に満たない幼児おおむね 1.6 人につき 1 人以上、満 2 歳以上満 3 歳に満たない幼児おおむね 2 人につき 1 人以上、満 3 歳以上の幼児おおむね 4 人につき 1 人以上、少年おおむね 5.5 人につき 1 人以上となっている（児童福祉施設の設備及び運営に関する基準 42 条）。

（2）児童養護施設の入所理由・状況

児童福祉法制定当時の児童養護施設は、戦災孤児、引き上げ孤児、棄児、疾病による父母の死亡等、親のいない児童が数多く入所していた。最近では、そのような、親がいない理由での入所は減少しており、親が生存しているがさまざまな事情により家庭で養育できないケースが増加している。

入所理由の主なものは「父母の虐待・酷使」「父母の放任・怠だ」「父母の精神疾患」等である。一般的に「虐待」とされる「放任・怠だ」「虐待・酷使」「棄児」「養育拒否」を合計すると、児童養護施設児の 38％を占める。

図表 15 − 2　養護問題発生理由別児童数

	児童数	構成割合(%)		児童数	構成割合(%)
	児童養護施設児	児童養護施設児		児童養護施設児	児童養護施設児
父（母）の死亡	663	2.2	父（母）の精神疾患等	3,697	12.3
父（母）の行方不明	1,279	4.3	父（母）の放任・怠だ	4,415	14.7
父母の離婚	872	2.9	父（母）の虐待・酷使	5,411	18.1
両親の未婚	＊	＊	棄児	124	0.4
父母の不和	233	0.8	養育拒否	1,427	4.8
父（母）の拘禁	1,456	4.9	破産等の経済的理由	1,762	5.9
父（母）の入院	1,304	4.3	児童の問題による監護困難	1,130	3.8
家族の疾病の付き添い	＊	＊	その他	3,619	12.1
次子出産	＊	＊	不詳	857	2.9
父（母）の就労	1,730	5.8	総数	29,979	100.0

注）＊は調査項目としていない。
出所：厚生労働省雇用均等・児童家庭局『児童養護施設入所児童等調査結果』2013（平成 25）年 2 月 1 日現在

（3）児童養護施設の形態

　児童養護施設は、児童にとって、家庭に代わる生活の場である。一日の生活の流れは、基本的には一般家庭と変わりはない。図表15－3に、児童養護施設の日課の例をあげる。

図表15－3　児童養護施設における日課モデル

学　童		幼　児	
6：30	起床	6：30	起床
6：45	清掃	6：45	清掃
7：00	朝食	7：00	朝食
7：45	学校登校	8：00	自由保育
		12：00	昼　食
			午睡
		15：00	おやつ
15：45	下校		自由保育
	おやつ	16：00	入浴
	学習時間		
17：30	清掃		
18：00	夕食	18：00	夕食
18：30	入浴		
19：00	学習時間		
20：00	自由時間	20：00	就寝
21：00			
～23：00	就寝		

出所：筆者作成

　ただし、児童養護施設は、数名から多い場合は数十名の児童が職員とともに共同で生活を営むため、生活形態は、施設ごとに異なる。児童養護施設の生活形態は「大舎制」「中舎制」「小舎制」「地域小規模児童養護施設（グループホーム）」の4つに分けられる。それぞれの特性は以下の通りである。

①大舎制

　最低20名から、多い施設では100名以上の児童が1つの集団として生活を送る形態。この形態では、全員が一斉に食事のできる食堂、調理室、男女それぞれ共同で使用する風呂、トイレなどがある。一般家庭と比較して、設備、規模ともに大規模となる。児童養護施設設立時、多くの施設が大舎制で、変革されずにそのまま現在に至ったこともあり、現在でも多くの児童養護施設で大舎制の形態がとられている。共同生活のルールを身に付け、集団生活ができるようになるという利

点があるが、児童1人ひとりへのきめ細かい援助が行いにくいという問題点も指摘される。

②中舎制

　15人前後の児童が暮らせる生活形態。現行制度のもとでは、職員の配置、業務と児童のニーズとの折り合いが最もつけやすい形態とされる。児童の年齢にあわせ、小学校低学年の児童3～4人で1部屋、中・高校生には2人・1人部屋といった居室空間、共同利用する食堂や風呂は児童の人数に応じた確保がしやすい。

③小舎制

　施設敷地内に、10人前後の児童を1つの生活単位として暮らす寮舎を何棟か設けたり、大きな建物をアパート形式のように独立したユニットにし、そこで生活する形態。この形態では、1つの寮舎に、台所、風呂、食堂、トイレ、居間がそれぞれ設置される。また、児童の居室も、年齢や性別、児童のニーズ等にあわせ、個室、2人部屋等で確保される。日常生活は、基本的にすべて1つの寮舎内で行うことができる。一般の家庭生活により近い形態である。担当職員も、固定されることが多いため、児童と職員が継続した関係の下で生活することができる。

④地域小規模児童養護施設（グループホーム）

　小舎制の生活形態を、施設から地域社会の中に移した形態。定員6名で、基本的な建物・設備は小舎制と同様であるが、施設とは機能が完全に分かれる。施設を離れ、地域で生活を展開するところに大きな特徴がある。町内において、1軒の家として参加することになるため、職員は、地域に対する配慮と働きかけが求められる。小舎制よりも、さらに一般家庭に近い環境で支援ができる。

（4）小規模化と家庭的ケア

　虐待や育児困難家庭の増加、深刻化に伴い、要保護児童への援助、保護者支援等、児童養護施設には、高度な専門的対応が求められている。特定の大人との安定的な関係を保障するうえでも、施設での生活単位の小規模化や、グループホームの充実等が課題となっている。

　2003（平成15）年、社会保障審議会児童部会の下に設置された「社会的養護のあり方に関する専門委員会」報告書に今後の社会的養護の

方向が示された。そこでは、今後の社会的養護は個別化、小規模化、地域化が指標とされた。これをふまえ、厚生労働省は2004（平成16）年度予算において、地域小規模児童養護施設（グループホーム）の大幅拡充をはじめ、被虐待児など、特に手厚い援助を必要とする児童を対象とした小規模グループによるケア体制をすべての児童養護施設に1つは整備することとした。

2008（平成20）年の児童福祉法改正では、**「小規模居住型児童養育事業」** が新しく制度化され、社会福祉法の**第二種社会福祉事業**に定められた。

> **小規模居住型児童養育事業**
> 要保護児童の委託先として、養育者の住居で要保護児童を養育する事業（ファミリーホーム）。養育者の要件等事業に関する要件や、都道府県の監督等必要な規定が設けられている。
>
> **第二種社会福祉事業**
> 社会福祉法第2条3項に定められている。第一種社会福祉事業ほど強い規制が必要ではない事業が該当する。

（5）児童養護施設での援助

児童養護施設での援助内容は、大きく「生活指導」「学習指導」「就職・進学・自立支援」「家族関係調整」に分けられる。

①生活指導

児童養護施設に入所する児童の多くが、入所前に虐待環境にある等、安定した日常生活を送ることができていなかったケースが多い。基本的な生活習慣が獲得できていない、生活リズムが極端に不規則、食生活により偏食が極端に激しい、そのために心身の問題を抱えていたりと、さまざまである。児童養護施設の児童への生活指導は、衣食住生活の安定のもとに、基本的生活習慣の確立が基盤となる。

②学習指導

入所児童の多くが、入所前の生活において、学習できる環境になかったケースが多い。そのため、学習習慣が全く備わっていなかったり、基礎学力が著しく低下しているといった課題を抱えている児童も多い。学習指導においては、できる限り個別的時間や空間を設定して援助をすすめ、基礎学力や学習習慣を身につけることで、児童の将来の選択肢を広げることが求められる。

③就職・進学・自立支援

中学卒業後の進学か就職、高校卒業後の進路の決定は、入所児童の自立支援の重要な課題である。児童養護施設児童の高校進学率は高くなったが、高卒後の進路は一般に比べ進学率は低く、就職が多い。

また、入所前の家族との生活において、虐待を受けたり、不適切な関係をかさねたことで、生活そのものへの意欲を喪失し、さらには、

社会的に自立することが困難な児童が多くみられる。そのため、施設退所後も継続的な支援が必要となる。1997（平成9）年の児童福祉法改正で、児童養護施設の目的に「自立支援」が加わったことで、施設入所中だけでなく退所後のアフターケアの取り組みが展開されることになった。

図表15－4　中学校卒業後の進路
（平成26年度末に卒業した児童のうち、平成27年5月1日現在の進路）

	進学				就職		その他	
	高校等		専修学校等					
児童養護施設児　2,462人	2,343人	95.2%	45人	1.8%	45人	1.8%	29人	1.2%
（参考）全中卒者　1,175千人	1,157千人	98.5%	4千人	0.3%	4千人	0.3%	9千人	0.8%

出所：厚生労働省雇用均等・児童家庭局『社会的養護の現状について』2016

図表15－5　高等学校卒業後の進路
（平成26年度末に高等学校を卒業した児童のうち、平成27年5月1日現在の進路）

	進学				就職		その他	
	大学等		専修学校等					
児童養護施設児　1,800人	200人	11.1%	219人	12.2%	1,267人	70.4%	114人	6.3%
うち在籍児　293人	52人	17.7%	50人	17.1%	142人	48.5%	49人	16.7%
うち退所児　1,507人	148人	9.8%	169人	11.2%	1,125人	74.7%	65人	4.3%
（参考）全高卒者　1,064千人	580千人	54.5%	239千人	22.5%	189千人	17.8%	56千人	5.3%

出所：厚生労働省雇用均等・児童家庭局『社会的養護の現状について』2016

④家族関係調整

　親のいない児童が数多く入所していた児童福祉法制定当時の児童養護施設では、親に代わって養育するという、家庭代替の役割が中心であった。しかし、現代においては、施設に入所する児童の家庭背景は大きく変化している。親や家族がいて、施設に入所する児童が増加している現状では、児童の養育のみならず、家庭復帰や家族再統合を視野に入れた、家族への援助が必要となっている。家庭関係調整を主に担うのは、家庭支援専門相談員であるが、より有効な援助を展開するためには、児童を直接援助している児童指導員、保育士との連携が不可欠である。

（6）児童自立生活援助事業

　児童自立生活援助事業は、義務教育終了後に就労、あるいは18歳になって児童養護施設、児童自立支援施設を退所したが、家庭復帰や

就職がうまくいかずに社会的自立が十分できていない児童を対象に行われる。5名から20名くらいの小規模の共同生活ができる住宅において、職員（保育士や児童指導員）もしくは2年以上児童福祉事業に従事した者が、就職支援、日常生活の援助や生活指導、さまざまな相談支援を行う。

児童自立生活援助事業が行われる住宅は、**自立援助ホーム**と呼ばれる。1997（平成9）年の児童福祉法改正によって、第二種社会福祉事業となり、児童居宅生活支援事業の1つとなった。2015（平成27）年3月末現在、全国118か所で実施されている。

自立援助ホーム
義務教育終了後の15～20歳までの青少年が就職して社会に適応できるよう、日常生活の指導までを行う。

4．児童自立支援施設での援助の実際
（1）児童自立支援施設の概要

児童自立支援施設とは、不良行為をなし、又はなすおそれのある児童及び家庭環境その他の環境上の理由により生活指導等を要する児童を入所させ、又は保護者の下から通わせて、個々の児童の状況に応じて必要な指導を行い、その自立を支援し、あわせて退所した者について相談その他の援助を行うことを目的とする施設である（児童福祉法第44条）。児童自立支援施設は明治時代における**感化院**が始まりであり、1934（昭和9）年の少年教護法の施行に伴い、少年教護院に名称変更、その後、児童福祉法の成立に伴い教護院となり、1997（平成9）年の児童福祉法改正において児童自立支援施設に名称変更された。

感化院
1883（明治16）年、池上雪枝が非行少年のための施設を大阪に設置したのが始まりとされる。1900（明治30）年に感化法が成立し、各地に感化院が設立された。

職員として、施設長、**児童自立支援専門員**、**児童生活支援員**、嘱託医、精神科医又は精神科嘱託医、栄養士などが配置されている（児童福祉施設の設備及び運営に関する基準第80条）。2011（平成23）年4月1日現在、全国に58か所の施設があり、在所児は1,524名である。

児童自立支援専門員
児童自立施設において児童の自立支援を行う者。児童福祉施設の設備及び運営に関する基準第82条に該当するものでなければならない。

（2）入所児童の状況

児童自立支援施設には、児童相談所が学校や警察からの通告、保護者からの相談により、施設への入所措置が必要と判断された児童が入所する。また、家庭裁判所からの保護処分による送致の決定に従って入所措置が取られた児童も入所する。従来からの「不良行為をなし、又はなすおそれのあるもの」に加え、家庭での虐待などにより、日常

児童生活支援員
児童自立支援施設において児童の生活支援の行う者。社会福祉士、保育士のいずれかの資格を持つか、3年以上児童自立支援事業に従事した者でなければならない。

生活の基本的な生活習慣が習得されていないなどの理由で、施設での援助が必要な児童も増加している。2004（平成16）年3月1日現在、入所している児童は、小学生約9％、中学生約78％、高校生約3％、その他約9％である。

（3）児童自立支援施設での援助
　1997（平成9）年の児童福祉法改正により、児童自立支援施設の対象や目的も改正されている。具体的には、施設の目的が教護から児童の自立支援へと改められたこと、対象児童が「家庭環境その他の環境上の理由により生活指導等を要する児童等」まで拡大されたこと、それまでの義務教育に準ずる教育に代わり、地域内の小中学校や施設敷地内に設立された分校に就学すること、入所形態に加え、自宅などから施設に通所して指導を受ける通所形態がもうけられたことである。
　入所児童には新たに、虐待を受けた児童が見られることから、これらの児童への支援の充実が求められている。

（4）地域の中の施設
　児童自立支援施設においても、児童養護施設と同様に、自立支援に向けて、施設退所後のかかわり（アフターケア）がより重要になっている。
　退所後は、生活の拠点の確保と、就労支援が重要になるが、施設の専門的な機能を活用し、地域住民に向けて地域相談支援等のサービスを積極的に行うことで、施設への理解・認識が深まり、施設へのニーズが高まると考えられる。同時に、児童自立生活援助事業との適切な連携は、児童が社会へより円滑に適応する上で、今後より必要となるだろう。

さらに深く学ぶために
1）望月彰編著『子どもの社会的養護』建帛社、2009
2）児童虐待防止対策支援・治療研究会編『子ども・家族への支援・治療をするために』日本児童福祉協会、2004

社会福祉実践との関連を考えるために
1）子どもの自立支援に向けて、児童養護施設職員としてどのような

関わりが必要か、大舎制、中舎制、小舎制、グループホームそれぞれの形態に応じて考えてみよう。
2）乳児院、児童養護施設、児童自立支援施設と地域との関わりについて、具体的に考えてみよう。

参考文献
1）山縣文治編『よくわかる子ども家庭福祉　第5版』ミネルヴァ書房、2008
2）児童自立支援対策研究会編『子ども・家族の自立を支援するために』日本児童福祉協会、2005

索引

あ

愛着関係 …………………………………… 189
アウトリーチ ……………………………… 48
赤沢鍾美 …………………………………… 13
アタッチメント（attachment）（愛着） 16, 179
アフターケア ………………………… 165, 189

い

1歳6か月健康検査 ……………………… 123
育児相談 …………………………………… 79
育児放棄・怠慢 …………………………… 47
意見表明権 ………………………………… 17
石井十次 …………………………………… 12
石井亮一 …………………………………… 12
医師その他の医療関係者 ………………… 59
いじめ ……………………………………… 159
一時保育事業・特定保育事業 …………… 123
一時保護 ……………………………… 160, 166
一時保護施設 ……………………………… 154
インターネット異性紹介事業を利用して児童を誘引する行為の規制等に関する法律（出会い系サイト規制法） ………………………… 66

う

ウェルフェアからウェルビーイング …… 76

え

NPO ………………………………………… 153
NPO法人等 ………………………………… 73
エリザベス救貧法 ………………………… 14
エレン・ケイ ……………………………… 18
エンゼルプラン …………………………… 82

お

親子分離等 ………………………………… 162

か

改正 ………………………………………… 36
学童保育 …………………………………… 38
家事審判の申し立て ……………………… 166
家族再統合 ………………………………… 178
家族再復帰プログラム …………………… 164
学校（教育委員会） ……………… 40, 132, 147
学校教育法 ………………………………… 148
学校との連携 ……………………………… 147
家庭裁判所 …………………………… 32, 129
家庭裁判所送致 …………………………… 165
家庭支援専門相談員 ……… 139, 140, 141, 190
家庭支援体制緊急整備促進事業 ………… 166
家庭児童相談室 …………………… 27, 126, 166
家庭生活支援員 …………………………… 71
公営住宅の優先入居 ……………………… 71
家庭相談員 ………………………………… 126
家庭復帰 …………………………………… 140
家庭訪問 …………………………………… 79
寡婦 ………………………………………… 68
寡夫控除 …………………………………… 110
寡婦日常生活支援事業 …………………… 71
寡婦福祉 …………………………………… 73
寡婦福祉資金 ……………………………… 69
感化事業 …………………………………… 13
監護 ………………………………………… 92
監護権 ……………………………………… 164

き

虐待死 ……………………………………… 76

201

虐待のリスク因子	186	子ども家庭福祉の領域	36
虐待防止プログラム	164	子ども・子育て関連3法	86
教育相談機関	148	子ども・子育て支援新制度	39
行政委嘱ボランティア	153	子ども・子育てビジョン	39
行政機関	120	子どもの権利条約	26
矯正教育	165	子どもの権利ノート	180
強制的措置	130, 165	子どもの最善の利益	162
行政不服審査法	162	子どもの貧困	9
行政への申請	33	子どもの貧困対策の推進に関する法律	40
協力関係機関	120	雇用均等・児童家庭局	120
		こんにちは赤ちゃん事業	175

く

国の役割と機能	120
ぐ犯少年	165
訓戒・誓約措置	164

け

警察	172
契約サービス	115
契約による施設	33
ケースマネジメント	169
健康診査	78, 79, 167

こ

合計特殊出生率	2
更生保護事業法	131
更生保護事業を営むもの	63
更生保護施設（更生保護事業）	131
厚生労働省設置法	120
公的機関	120
行動自由の制限	130
国際家族年	19
国民年金法	112
子育て支援活動	134
子育て支援サービス	79
子育て支援事業	31
子育て短期支援事業	110, 123

さ

3歳児健康診査	123
済世顧問制度	131
在宅重症心身障害児訪問指導事業	167
在宅障害児指導	167
裁判所法	129
里親	172
里親委託措置	164
里親制度	33, 190
三位一体の改革	94

し

支援費制度	115
支給要件児童	92
事業主拠出金	91
事後指導	167
次世代育成支援対策推進法	84
施設内虐待	183
施設入所措置や親権喪失宣言	166
施設保育士	137
市町村	32, 122
市町村事務	123
市町村長	93
市町村の役割と機能	122
実施機関	120
指定医療機関委託	164

索 引

指定都市 …… 122	児童手当制度 …… 90
児童委員 …… 29, 63, 153	児童手当制度の目的 …… 90
児童委員指導 …… 163	児童手当法の概要 …… 94
児童委員・主任児童委員 …… 131	児童の権利に関する条約（子どもの権利条約） …… 17, 180
児童育成事業 …… 96	
児童買春 …… 66	児童の定義 …… 26
児童買春、児童ポルノに係る行為等の処罰及び児童の保護等に関する法律（児童買春・ポルノ法） …… 66	児童部会 …… 124
	児童福祉司 …… 29, 129, 131, 154, 157
	児童福祉司指導 …… 163
児童家庭支援センター …… 129, 172	児童福祉施設 …… 172
児童家庭支援センター指導 …… 163	児童福祉施設最低基準改正 …… 140
児童家庭相談 …… 122	児童福祉施設入所措置指定 …… 164
児童・家庭福祉 …… 120	児童福祉施設の種類 …… 33
児童・家庭福祉サービス …… 134	児童福祉審議会 …… 26, 124, 125
児童虐待 …… 44	児童福祉の施策内容 …… 30
児童虐待相談件数 …… 44, 46	児童福祉白亜館会議 …… 15
児童虐待対応協力員 …… 167	児童福祉法 …… 44
児童虐待の対応 …… 169	児童福祉法第25条 …… 123
児童虐待の定義 …… 47	児童福祉法の構成 …… 22
児童虐待防止等に関する法律 …… 44	児童福祉法の対象 …… 26
児童虐待防止ネットワーク …… 168	児童福祉法の理念 …… 24
児童虐待防止法 …… 44, 141	児童福祉六法 …… 22, 69
児童虐待防止法の目的 …… 46	児童扶養手当 …… 57, 76
児童憲章 …… 25	児童扶養手当制度 …… 100, 105
児童指導員 …… 140, 157	児童扶養手当法 …… 101
児童自立支援施設 …… 129, 198	児童訪問援助事業 …… 110
児童自立支援専門員 …… 198	児童養護施設 …… 129
児童自立生活援助事業 …… 165, 197	市民権の制限を伴う措置 …… 156
児童自立生活援助措置 …… 165	社会・援護局 …… 121
児童心理司 …… 157	社会福祉協議会 …… 73, 152
児童生活支援員 …… 198	社会福祉士 …… 175
児童相談所 …… 27, 32, 125	社会福祉主事 …… 126, 131
児童相談所運営指針 …… 154	社会福祉主事指導 …… 163
児童相談所長 …… 32	社会福祉法人 …… 70, 73
児童相談所の専門性 …… 174	社会保障審議会 …… 124
児童相談所の相談援助活動 …… 157	就業支援サービス …… 72
児童相談所の組織 …… 157	周産期医療ネットワーク …… 80
児童相談所の目的 …… 154	重度精神薄弱児扶養手当法 …… 112
児童相談所の目的と役割 …… 154	受給認定事務 …… 101
児童相談所の役割 …… 154	主任児童委員 …… 132, 134, 153

主任児童委員制度 …………………… 29	
主任児童委員設置運営要綱 ………… 132	
障害児事業 …………………………… 167	
障害児相談支援事業を行うものの指導 164	
障害児福祉手当 ……………………… 111	
障害者基本法 ………………………… 42	
障害者施策 …………………………… 42	
障害者自立支援法 ………………… 31, 80	
障害者自立支援法にもとづく契約施設 … 33	
障害者の権利に関する条約（障害者の権利条約） …………………………… 43	
障害のある児童 ……………………… 30	
障害福祉サービス …………………… 31	
障害福祉年金 ………………………… 111	
小学校及び中学校の教諭の普通免許状授与に係る教育職員免許法の特例等に関する法律 …………………………………… 150	
小規模居住型児童養育事業 ………… 196	
少子化社会対策基本法 ……………… 84	
少子化社会対策大綱 ………………… 84	
少子化対策推進基本方針 …………… 84	
小舎制 ………………………………… 195	
情緒障害児短期治療施設 …………… 129	
小児慢性特定疾患治療研究事業 …… 80	
少年院 ………………………………… 130	
少年鑑別所 …………………………… 130	
少年法 …………………………… 130, 159	
触法少年 ……………………………… 165	
助産師 ………………………………… 79	
女性 2000 年会議 …………………… 56	
女性に対する暴力の根絶を目ざす国際社会における取組み …………………… 56	
女性に対する暴力の撤廃に関する宣言 … 56	
女性の人権 …………………………… 56	
自立援助ホーム ………………… 165, 198	
自立支援 ……………………………… 45	
自立支援医療（育成医療） ………… 79	
新エンゼルプラン …………………… 82	
審議機関（児童福祉審議会） … 120, 123	
人権擁護委員 ………………………… 63	
心身に有害な影響を及ぼす言動 …… 56	
新生児訪問 …………………………… 79	
新生児訪問指導 ……………………… 145	
親族里親 ………………………… 164, 192	
身体障害者更生援護施設 …………… 165	
身体障害者更生相談所 ……………… 172	
身体障害者（知的障害者）相談員 …… 134	
身体的虐待 …………………………… 47	
身体に対する暴力 …………………… 56	
信用失墜行為の禁止 ………………… 137	
心理相談 ……………………………… 133	
心理的虐待 …………………………… 47

す

スクーリング・サポート・ネットワーク整備事業 ……………………………… 148
スクールカウンセラー ………… 148, 172
スクールカウンセラー等活用事業 … 132
スクールカウンセラーを派遣する調査研究事業 ………………………………… 132
スクールソーシャルワーカー … 9, 133, 172
スクールソーシャルワーカー等活用事業 133
健やか親子 21 ………………………… 77

せ

生活福祉資金制度 …………………… 165
性的虐待 ………………………… 47, 66
性的搾取 ……………………………… 66
制度化されたボランティア ………… 134
世界女性会議における行動綱領 …… 56
接近禁止命令 ………………………… 61
全国共通ダイヤル 189 ……………… 173
全国保育士会倫理綱領 ……………… 140
専門里親 ………………………… 164, 192

そ

ソーシャルケースワーカー ………… 176

索　引

ソーシャルワーク ………………………… 133
措置権（行政処分） ……………… 154, 156
措置施設 …………………………………… 33
措置制度 ………………………………… 115

た

第5条1項に規定する障害福祉サービス　31
待機児童対策 ……………………………… 39
第三者評価機関や団体 ………………… 134
大舎制 …………………………………… 194
対人援助 ………………………………… 140
代理によるミュンヒハウゼン症候群 …… 48
短期里親 ………………………………… 164
短期入所生活援助（ショートステイ）… 76
男女平等社会 ……………………………… 56
男性優位社会 ………………………… 54, 56

ち

地域子育て支援センター事業 ………… 123
地域保健センター ……………………… 123
地域保健法 ………………………… 29, 128
知的障害者援護施設 …………………… 165
知的障害者更生相談所 …………… 168, 172
知的障害者福祉司 ………………… 126, 163
地方分権一括法 ………………………… 133
地方分権化推進法 ……………………… 133
中央児童福祉審議会 …………………… 124
中央省庁等改革のための国の行政組織関係法律
　の整備に関する法律 ……………… 120
中核市 ……………………………… 73, 122
中舎制 …………………………………… 195
直接利用施設 ……………………………… 33

つ

通報の努力義務 …………………………… 59
つどいの広場事業 ……………………… 123

て

DV特有のサイクル ……………………… 57
DVの発見体制 …………………………… 59
DV被害者の一時保護 …………………… 61
DV被害者の保護 ………………………… 61
DV防止法の背景 ………………………… 54
DV防止法の目的 ………………………… 55
デイケア ………………………………… 190

と

東京婦人補導院 …………………………… 63
特定不妊治療費助成事業 ………………… 81
特別区（東京23区） …………………… 122
特別児童扶養手当 ………………… 111, 168
特別児童扶養手当制度 ………………… 111
特別児童扶養手当等の支給に関する法律 111
特別児童扶養手当法 …………………… 112
特別障害者手当 ………………………… 111
特別福祉手当 …………………………… 111
特別養子縁組 ……………………… 167, 192
都道府県 ……………………… 32, 102, 122
都道府県・指定都市の役割と機能 …… 122
都道府県社会福祉協議会 ……………… 152
留岡幸助 …………………………………… 13
ドメスティック・バイオレンス …… 47, 54
トワイライトステイ …………………… 190

に

乳児 ……………………………………… 188
乳児院 …………………………………… 129
乳児死亡率 ………………………………… 76
入所型児童福祉施設 …………………… 140
乳幼児健康支援事業 …………………… 123
乳幼児健康診査 ………………………… 145
妊産婦 ……………………………… 26, 145
任用資格 ………………………………… 136

ね

ネグレクト	47
ネットワーキング	81
ネットワークマネジメント	169

の

野口幽香	13

は

パーマネンシー	179
配偶者	47
配偶者からの身体的暴力	60
配偶者からの暴力	56
配偶者からの暴力の防止及び被害者の保護に関する法律	54
配偶者暴力相談支援センター	59, 60, 172
売春防止法	61, 62
派遣家庭情報交換事業	110
パターナリズム	17
発達障害者支援センター	172
母親学級	79
犯罪者予防更生法	130

ひ

ひきこもり	149, 172
被虐待児童	169
非行問題等	159
ひとり親家庭	68, 109
病児・病後児保育事業	146

ふ

ファミリー・サポート・センター	152
ファミリーソーシャルワーカー	190
ファミリーソーシャルワーク	140
ファミリープリザヴェーション	179
福祉オンブズマン	134
福祉関係八法	36
福祉事務所	32, 102, 125
福祉事務所送致	165
福祉手当	111
福祉文化分科会	124
福祉六法	125
父子家庭	109
父子家庭等支援事業	110
婦人相談員	60, 63, 66
婦人相談所	61, 63, 64, 172
婦人保護事業	61
婦人保護施設	61, 63, 65
婦人補導院	64
普通養子縁組	192
不登校	172
不妊専門相談センター	80
不妊治療	80
フレーベル	18

へ

ベヴァリッジ報告書	15
ペスタロッチ	18

ほ

保育・子育て（家庭）支援	36
保育士資格	136
保育士試験	136
保育士定数	146
保育士の役割	136
保育士養成施設	136
保育所児童保育要録	150
保育所の優先入所	71
保育所への優先入所	72
保育所保育士	137
保育所保育指針	38, 150
保育の実施	32

索 引

放課後児童クラブ	38
放課後児童健全育成事業	123
方面委員制度	131
訪問介護員	71
ボウルビー	179
ホームフレンド	76
ホームヘルプサービス	115
保健サービス	78
保健師	79
保健所	30
保健所・保健センター	128
保健所・保健センターなどとの連携	172
保護観察所	130
保護更生	62, 63
保護司	63, 130, 134
保護司法	130
保護者	47
保護者等に対する指導	164
保護処分	130, 165
保護命令制度	61
母子及び父子並びに寡婦福祉制度にかかわる財源	73
母子及び父子並びに寡婦福祉法	68
母子及び父子並びに寡婦福祉法の目的	68
母子家庭及び父子家庭並びに寡婦介護人派遣事業	71
母子家庭及び父子家庭自立支援給付金事業	70
母子家庭及び父子家庭自立支援教育訓練給付金	70
母子家庭及び父子家庭自立支援高等技能訓練促進費	70
母子家庭等	68
母子家庭等・自立支援センター事業	72
母子家庭及び父子家庭日常生活支援事業	71
母子家庭・父子家庭	68
母子・父子寡婦福祉資金	69
母子・父子休養ホーム	70
母子健康センター	77, 128
母子健康手帳	78
母子・父子自立支援員	72
母子生活支援施設	32, 61, 129
母子世帯	57
母子・父子福祉施設	70
母子・父子福祉センター	70
母子・父子福祉団体	73
母子保健	76
母子保健サービス	80, 128
母子保健制度にかかわる財源	80
母子保健対象の定義	77
母子保健法	128
母子保健法の概要	76
母子保健法の目的	77
母子保護の実施	31
ホスピタリズム問題	16
母性	76
補導処分	62, 63
保母から保育士へ	136
ボランティア	153

ま

マススクリーニング検査	78
マタニティマーク	81

み

未熟児訪問	79
未成年後見人	47
未成年後見人の選任や解任	166
民間協力機関	120
民生委員	63
民生委員児童委員	134
民生委員法	131

め

名称独占	137

や

夜間養護（トワイライトステイ） …… 76, 190

ゆ

揺さぶられっ子症候群 ……………… 48

よ

養育医療 ……………………………… 79
養育里親 ……………………… 164, 192
養護・自立支援 ……………………… 40
養子縁組（特別養子縁組）…… 130, 167
要保護児童 …………………………… 159
要保護児童対策地域協議会 …… 41, 159, 168
要保護児童の通告 …………………… 132
要保護児童の保護措置等 …………… 32
要保護児童発見者の通告義務 ……… 123
要保護女子 ……………………… 63, 64
要保護女子の一時保護 ……………… 64
要保護性 ……………………………… 129
予防接種 ……………………………… 79

り

療育 …………………………… 30, 80
療育指導 ……………………………… 79
療育手帳判定事務等 ………………… 168
療育の給付 …………………………… 30
療育の指導等 ………………………… 30
療育（療護）………………………… 42
利用契約制度 ………………………… 126
両親学級 ……………………………… 79
臨検 …………………………………… 45

る

ルソー ………………………………… 18

わ

ワークライフバランス ……………… 3

編著者略歴

大溝　茂　　　　桜美林大学健康福祉学群教授
　　　　　　　　法政大学大学院社会科学研究科修士課程修了
　　　　　　　　横浜市社会福祉職，昭和女子大学専任講師等を経て現職に至る。

太田　由加里　　田園調布学園大学人間福祉学部教授
　　　　　　　　法政大学大学院人間社会研究科人間福祉専攻博士後期課程修了
　　　　　　　　博士（人間福祉）
　　　　　　　　調布学園短期大学専任講師、田園調布学園大学専任講師・准教授を経て現在に至る。

執筆者一覧

尾﨑　慶太	（関西国際大学）	第1、2、7回
岩井　浩英	（鹿児島国際大学）	第3回
勝　智樹	（鹿児島医療技術専門校）	第3回
髙市勢津子	（大阪キリスト教短期大学）	第4、5回
太田由加里	（田園調布学園大学）	第6回
石田賀奈子	（神戸学院大学）	第8、9回
大溝　茂	（桜美林大学）	第10回
井上　仁	（日本大学）	第13回
曽野　麻紀	（洗足こども短期大学）	第11、12、14、15回

©Shigeru Omizo, Yukari Ota 2017

児童や家庭に対する支援と児童・家庭福祉制度
Social support and welfare services for Children and their families

2017年 3月30日　第1版第1刷発行

編　著　大_{おお}　溝_{みぞ}　茂_{しげる}
　　　　太_{おお}　田_た　由_ゆ　加_か　里_り

発行者　田　中　久　喜

発行所
株式会社　電　気　書　院
ホームページ　www.denkishoin.co.jp
(振替口座　00190-5-18837)
〒101-0051　東京都千代田区神田神保町1-3 ミヤタビル2F
電話(03)5259-9160／FAX(03)5259-9162

印刷　中央精版印刷株式会社
Printed in Japan ／ ISBN978-4-485-30402-0 C3036

- 落丁・乱丁の際は，送料弊社負担にてお取り替えいたします．
- 正誤のお問合せにつきましては，書名・版刷を明記の上，編集部宛に郵送・FAX（03-5259-9162）いただくか，当社ホームページの「お問い合わせ」をご利用ください．電話での質問はお受けできません．また，正誤以外の詳細な解説・受験指導は行っておりません．

JCOPY 〈(社)出版者著作権管理機構 委託出版物〉
本書の無断複写（電子化含む）は著作権法上での例外を除き禁じられています．複写される場合は，そのつど事前に，(社)出版者著作権管理機構（電話：03-3513-6969，FAX：03-3513-6979，e-mail: info@jcopy.or.jp）の許諾を得てください．また本書を代行業者等の第三者に依頼してスキャンやデジタル化することは，たとえ個人や家庭内での利用であっても一切認められません．